Julgamento com Perspectiva de Gênero

Julgamento com Perspectiva de Gênero:

Casos Comentados pelas Magistradas do Tribunal Regional do Trabalho da 2ª Região

Coordenação:
Lorena de Mello Rezende Colnago

LACIER

LACIER
Lacier Livraria e Editora
www.livrarialacier.com.br

Rua Doutor Quirino, 808 – Centro
CEP 13015-081 – Campinas, SP – Brasil

Maio, 2023.

Diretor: *Lacier José de Rezende*
Diretor assistente: *Eduardo Soares Aureliano*
Projeto de capa: *Eduardo S. Aureliano*
Projeto gráfico e editoração eletrônica: *Peter Fritz Strotbek – The Best Page*

Ficha Catalográfica

Dados Internacionais de Catalogação na Publicação (CIP)
(Câmara Brasileira do Livro, SP, Brasil)

J94 Julgamento com perspectiva de gênero : casos comentados pelas magistradas do tribunal regional do trabalho da 2ª região / Coordenação: Lorena de Mello Rezende Colnago. — 1. ed. — Campinas, SP : Lacier Editora, 2023.
266 p. ; 17 x 24 cm.

ISBN 978-65-88805-57-2

1. Protocolo de julgamento — Brasil. 2. Igualdade de gênero — Aspectos jurídicos. 3. Direito do trabalho — Brasil. I. Colnago, Lorena de Mello Rezende.

CDU 342.726(81)

Índices para catálogo sistemático:

1. Protocolo de julgamento - Brasil

Angela Schmidt da Rosa – Bibliotecária – CRB-14/1171

Sumário

Discriminação Regional

Discriminação Religiosa

Discriminação Estética

Acessibilidade

Proteção à Maternidade

Violência Sexual

Rol das Autoras

Ana Paula Pavanelli Corazza Cherbino — Juíza do Trabalho do Tribunal Regional do Trabalho da 2ª Região desde 2015. Pós-Graduada em Direito do Trabalho e Processo do Trabalho pela Universidade de São Paulo — USP (2013). Graduada em Direito pela Universidade Presbiteriana Mackenzie (2008).

Beatriz Helena Miguel Jiacomini — Desembargadora Federal do Trabalho. Vice-Ouvidora do TRT2 biênio 2022-2024.

Camila Franco Lisboa — Juíza do Trabalho no Tribunal Regional do Trabalho da 2ª Região. Mestranda em Direito do Trabalho e da Seguridade Social na Universidade de São Paulo (USP). Graduada em Direito pela Pontifícia Universidade Católica de São Paulo (PUC/SP).

Dulce Maria Soler Gomes Rijo — Juíza do Trabalho Titular do TRT2.

Eliane Pedroso — Juíza do Trabalho no Tribunal Regional do Trabalho da Segunda Região (TRT-2) desde 1994. Graduada em Direito pela Pontifícia Universidade Católica de São Paulo e em Letras, com habilitação em Linguística, pela Universidade de São Paulo. Possui especialização em Direito Social pela Universidad de Salamanca e em Neurociências pela Faculdade Israelita de Ciências da Saúde Albert Einstein, com Certificado Internacional de Excelência no curso *Autism Spectrum Disorder in Adolescence*, promovido pelo *Child Behavior Institute of Miami* e Certificação em *Fundamentals of Neuroscience 1, XSeries Program, Harvard University*. É Integrante do Centro Interdisciplinar de Estudos sobre a Criança de SP. Membra do Conselho de Ética da Organização Neurodiversa pelo Direito dos Autistas, Brasil. Compõe o Conselho Consultivo de Comunicação Social e o Comitê Gestor do Portal do TRT-2. Membra da Comissão Permanente de Acessibilidade e Inclusão do TRT-2.

Erotilde Ribeiro dos Santos Minharro — Juíza do Trabalho. Pós-Graduada em Direito do Trabalho e Segurança Social pela Universidade de Lisboa. Doutora e mestre em Direito do Trabalho e Direito da Seguridade Social pela Faculdade de Direito da Universidade de São Paulo. Professora titular das disciplinas de Direito Processual do Trabalho e de Compliance nas Relações Trabalhistas e Previdenciárias da Faculdade de Direito de São Bernardo do Campo. Pesquisadora do Núcleo de Pesquisa e Extensão "O Trabalho além do Direito do Trabalho", do Departamento de Direito do Trabalho da Faculdade de Direito da Universidade de São Paulo.

Fernanda Itri Pelligrini — Juíza do Trabalho do Tribunal Regional do Trabalho da 2ª Região desde 2009. Ex-Juíza do Trabalho do Tribunal Regional do Trabalho da 3ª Região (2008/2009). Ex-Promotora de Justiça do Ministério Público do Estado de Goiás (2004/2005). Ex-Promotora Substituta do Ministério Público do Estado do Paraná (2005/2008). Pós-Graduada em Psicologia Analítica, abordagem Junguiana, pela Universidade de São Caetano do Sul — USCS (2020/2022). Pós-graduada em História da Arte — A Arte como Expressão Social da Renascença à Modernidade pela Pontifícia Universidade Católica de São Paulo — PUC (2022). Professora de Direito Penal III - Faculdade Estadual de Direito do Norte Pioneiro — UNESPAR (2005). Autora do livro *Surdo*. Graduada pela Faculdade de Direito de São Bernardo do Campo (1997/2001).

Heloísa Menegaz Loyola — Juíza do Trabalho Titular do Tribunal Regional do Trabalho da 2ª Região. Pós graduada em Direito do Trabalho e Segurança Social pela Universidade de Lisboa. Mestre em Direito pela Pontifícia Universidade Católica de São Paulo.

Ivani Contini Bramante — Desembargadora Federal do Trabalho. Professora da Faculdade de Direito de São Bernardo do Campo. Doutora pela PUC/SP. Especialista em Relações Coletivas Comparada pela OIT/Torino/Itália. Membro da Academia Brasileira de Direito da Seguridade Social — ABDSS. Membro do Instituto de Pesquisa e Estudos de Direito da Seguridade Social — IPEDIS. Professora convidada do Instituto Jus Gentium Conimbrigae Núcleo de Direitos Humanos da Universidade de Coimbra. Pesquisadora do Núcleo Além do Trabalho da USP/SP. Membro do Instituto Nacional de Proteção de Dados.

Julia Pestana Manso de Castro — Juíza do Trabalho Substituta do Tribunal Regional do Trabalho da 2ª Região desde 2019. Pós-Graduanda em Segurança Digital, Governança e Gestão de Dados pela PUC-RS. Pós-Graduada em Direito Constitucional pela Universidade Estácio de Sá – RJ. Graduada pela Universidade Federal do Rio de Janeiro em 2011.

Juliana Varela de Albuquerque Dalpra — Juíza do Trabalho do Tribunal Regional do Trabalho da 2ª Região desde 2015. Juíza do Trabalho do Tribunal Regional do Trabalho da 23ª Região no período de 2011 a 2015. Pós-Graduada em Direito do Trabalho — UniCuritiba — Centro Universitário Curitiba — UniCuritiba. Pós-Graduada em Direito do Trabalho e Seguridade Social pelo Instituto de Direito do Trabalho da Universidade de Lisboa, Portugal. Graduada em Direito pela Pontifícia Universidade Católica do Paraná (2006).

Juliana Wilhelm Ferrarini Pimentel — Juíza do Trabalho do TRT da 2ª Região, desde 2011. Graduada pela Universidade Mackenzie. Especialista em Direito do Trabalho pela Pontifícia Universidade Católica de São Paulo.

Laila Mariana Paulena Macedo — Juíza do Trabalho no Tribunal Regional do Trabalho da 2ª Região desde 2019. Professora Universitária Centro Universitário do Brasil – UNIBRASIL (2009/2019). Advogada (2006/2019). Bacharel em Direito pela Universidade Federal do Paraná. Especialista em Direito e Processo do Trabalho.

Laura Rodrigues Benda — Juíza do Trabalho do TRT da 2ª Região, desde 2015. Juíza do Trabalho do TRT da 15ª Região, entre 2010 e 2015. Gestora Regional do Trabalho Seguro do TRT da 2ª Região, desde 2017. Integrante da AJD (Associação dos Juízes para a Democracia), da qual foi Presidenta no biênio 2017/2019. Diretora Adjunta de Direitos Humanos da AMATRA 2 nos biênios 2016/2018 e 2018/2020. Colunista de *Sororidade em Pauta*, no portal *Carta Capital*. Autora de artigos e livros sobre gênero e direitos humanos.

Lorena de Mello Rezende Colnago — Juíza do Trabalho na 2ª Região. Ex-juíza do trabalho da 9ª Região. Doutora em Direito do Trabalho e Seguridade Social (USP, 2022). Mestre em Processo (UFES, 2008). Ocupante da cadeira n. 11 da Academia Brasileira de Direito do Trabalho — ABDT. Gestora Regional no TRT2 do Trabalho Decente e Seguro desde 2019. Gestora Nacional do Trabalho Seguro (2023/2024). Coordenadora Acadêmica e Conselheira da EJUD2 (2022-2024). Representante da AMB Mulheres pela AMATRA2 (2023-2024). Coordenadora Científica da *Revista LTr* desde 2020. Membro do Conselho Editorial da Revista AMATRA2, TRT9 e TRT2.

Luciana Bezerra de Oliveira — Juíza do Trabalho. Titular da 57ª Vara do Trabalho de São Paulo do TRT da 2ª Região. Especialista em Direito e Processo do Trabalho pela Faculdade de Direito do Mackenzie. Especialista em Direito Civil e Direito Processual Civil pela Unisanta — Universidade Santa Cecília.

Milena Barreto Pontes — Juíza do Trabalho do TRT da 2ª Região desde 2010. Ex-Juíza do Trabalho do TRT da 9ª Região (Paraná, 2009/2010). Pós-Graduada em Direito do Estado pela Unyahna (Bahia/2005). Mestre em Direito Internacional e Justiça pela Universidade de Fordham (Nova York/2020).

Roselene Aparecida Taveira — Juíza do Trabalho do Tribunal Regional do Trabalho da 2ª Região desde 2019. Ex-Juíza do Trabalho do Tribunal Regional do Trabalho da 15ª Região (2014/2019). Especialista em Direito do Trabalho pela Faculdade de Direito da Universidade de São Paulo. Graduada pela Faculdade de Direito de São Bernardo do Campo (2006).

Silvana Abramo Margherito Ariano — Desembargadora aposentada do TRT2. Membra do Conselho Editorial da Revista do TRT2. Pesquisadora do Núcleo de Pesquisa e Extensão NTADT-USP. Ocupante vitalícia da Cadeira 34 da Academia Paulista de Direito do Trabalho – APDT.

Sueli Tomé da Ponte — Desembargadora Federal do Trabalho. Ouvidora do TRT2 biênio 2022-2024.

Yara Campos Souto — Juíza do Trabalho Substituta no Tribunal Regional do Trabalho da 2ª Região desde 2019. Antes disso, foi Analista Judiciário, atuando como Assistente de Ministro do Tribunal Superior do Trabalho (2015 a 2019). Graduada em Direito pela Universidade Federal de Minas Gerais (2013).

Apresentação

No Brasil e no mundo, vê-se um incremento das Políticas Públicas Judiciárias para a promoção da dignidade humana. Alinhado aos Objetivos de Desenvolvimento Sustentável (ODS) 5 e 16 da Agenda 2030 da Organização das Nações Unidas, o Conselho Nacional de Justiça aprovou a Resolução n. 492/2023, que torna obrigatórias, para o Judiciário nacional, as diretrizes do Protocolo para Julgamento com Perspectiva de Gênero.

Julgar com lentes de gênero e de equidade implica para os tribunais considerar as particularidades dos agentes do processo, com percepção das desigualdades históricas, políticas, socioeconômicas e culturais a que parte da população, especialmente as mulheres, esteve sempre sujeita. Afinal, somente à luz da diversidade e representatividade necessárias, tem-se uma prestação jurisdicional legítima na sociedade plural e multifacetada em que vivemos, que está retratada e é exigida na Constituição.

Em bom momento, as magistradas do Tribunal Regional do Trabalho de São Paulo, sob a coordenação da juíza Lorena de Mello Rezende Colnago, realizaram importante pesquisa quanto às decisões proferidas pelo primeiro e segundo graus do TRT da 2ª Região e de outros Tribunais do Trabalho, para aferir e trazer à comunidade jurídica e à população as diversas possibilidades concretas de aplicação do Protocolo de Julgamento com Perspectiva de Gênero.

O primeiro artigo, assinado pela Desembargadora Ivani Contini Bramante, é um convite ao aprofundamento da legislação internacional e nacional sobre a temática da perspectiva de gênero. Fixadas as balizas, os artigos que se seguem, nesta obra dividida em dez sessões, foram elaborados a partir de julgados dos tribunais que compuseram a amostra da pesquisa.

A primeira sessão chama a atenção para o trabalho doméstico e para o caso de repercussão nacional envolvendo a morte de uma criança que acompanhou a mãe ao trabalho, sob os cuidados da empregadora.

A segunda sessão, sobre transexualidade e transfobia, traz situações em que foi debatido o uso social do nome como um direito da personalidade, nas empresas, bem como a discriminação estrutural quanto à homoafetividade.

Etarismo, especialmente quanto às mulheres, tema candente, caro não apenas ao Direito do Trabalho, contou igualmente com oportuna abordagem.

A sessão seguinte, sobre clivagem racial, abordará a situação das mulheres negras no mercado de trabalho. Ao lado dessa sessão, a discriminação regional, com as especificidades de nosso país de dimensões continentais.

O viés religioso, praticado quanto às religiões de origem africana e muçulmana, é outro tema impactante, eleito pelas magistradas para visibilizar hostilidades no ambiente laboral.

A discriminação estética das mulheres no mundo do trabalho, problema antigo com novos contornos, também ganhou uma sessão de especial destaque. Da mesma forma, a proteção à maternidade, com temas como a igualdade de acesso às mulheres mães de crianças com deficiência, que finalmente vem ganhando repercussão na jurisprudência nacional, bem como às lactantes e mães de filhos pequenos no mercado de trabalho.

Por fim, chega-se ao detalhamento do combate ao assédio sexual, com exemplos casuísticos de mulheres de todas as faixas etárias, desde aprendizes, e o ônus da prova, na seara processual.

Cada trabalho foi cuidadosamente pensado como forma de debater e aplicar as normas jurídicas brasileiras a partir da Resolução do Conselho Nacional de Justiça que instituiu a Cartilha de Julgamento com Perspectiva de Gênero, sem descurar da matriz internacional que fundamenta a necessidade de combate mais efetivo às violências no mercado de trabalho, especialmente às praticadas contra mulheres em todos os seus aspectos (físico, psicológico, social, biológico e espiritual).

A obra é um convite à leitura e ao aprofundamento sobre o modo como o Poder Judiciário Trabalhista tratou e está tratando o tema, sem perder a perspectiva deontológica.

Meus parabéns e especial agradecimento à coordenadora, juíza Lorena de Mello Rezende Colnago, e às autoras, pela sensibilidade e acurada pesquisa. Os leitores irão se deparar com textos precisos e profundos, que, com olhar institucional, bem combinam a amostragem fática regional com a disciplina normativa e construções doutrinárias sobre a matéria. Sem dúvidas, uma contribuição empírica e teórica inestimável para o construto da equidade na seara laboral.

Brasília, maio de 2023.

Morgana de Almeida Richa
Ministra do Tribunal Superior do Trabalho.
Coordenadora nacional do Observatório
Excelências Femininas do TST.

Prefácio

A imprescindível, relevante e inédita obra que tenho a honra de prefaciar tornou possível em razão do carinho, da dedicação, dos estudos e pesquisas e da experiência de julgadora de cada uma das autoras dos artigos que a compõe, assim como de sua Coordenadora, Lorena de Mello Rezende Colnago. Assim, vem a lume em momento muitíssimo especial: de reconstrução da Democracia no Brasil, de comemoração dos oitenta (80) anos da Consolidação das Leis do Trabalho (CLT) e dos trinta e cinco (35) da Constituição Federal Cidadã de 1988.

Esse histórico e abençoado ano de 2023 trás desde o alvorecer de 1º de janeiro, novos ares, alegrias, o despertar de novos projetos de vida, tempos de esperançar, de ampliar o espectro dos sonhos e de continuar firmes em nossa militância cidadã pela igualdade plena, por dias melhores, por uma sociedade mais justa e igualitária já preconizada na Constituição Federal Cidadã de 1988. São também novos tempos de reconstrução da Democracia, do Estado Democrático de Direito e das Instituições Democráticas. Enfim, ano especial em que se comemoram os oitenta (80) anos da Consolidação das Leis do Trabalho (CLT) promulgada em 1º de maio de 1943.

É tempo de reforçar os laços democráticos e de dar efetividade à constitucionalização dos direitos trabalhistas e sociais incorporados há exatos 35 anos atrás à Constituição Federal promulgada em 5 de outubro de 1988. São necessárias ações concretas, como a publicação desse livro, a fim de contribuir para o revigoramento da memória coletiva de cada brasileira e brasileiro, a fim de que possam se refazer dos traumas vivenciados nos últimos anos pretéritos. Além da pandemia e suas consequências nefastas, ocorreu o maior retrocesso social já experimentado no Brasil. O que se deu com a aprovação de normas legislativas de enfraquecimento do arcabouço protetivo dos Direitos Humanos Trabalhistas, do Direito Sindical, do Direito do Trabalho e da Justiça Social Trabalhista.

Com as medidas aprovadas e levadas a efeito no Brasil a partir do ano de 2016, deu-se a desregulamentação da legislação protetiva com a ampliação dos contratos de trabalho precarizados. O aumento da violência doméstica, do feminicídio, da violência no trabalho, dos assédios, dos adoecimentos físicos e mentais, da exploração do trabalho infantil e do trabalho em condições análogas às de escravos.

Há que mencionar ainda, as diversas crises desses anos findos agravadas por ações antidemocráticas levadas a efeito pelo então governo central, aliadas às diversas crises: social, política, econômica, com o acirramento da globalização neoliberal que visa a redução do papel do Estado na regulação e na proteção das relações sociais e de trabalho. O neoliberalismo nega o papel do Estado Democrático de Direito como fator fundamental para regular as relações econômicas, sociais e de trabalho.

Essa contextualização, ainda que em breve abordagem, é necessária quando se trata de um livro com estudos sobre temática tão importante para se atingir o objetivo da igualdade já assegurado em vasto arcabouço normativo nacional e internacional. Importantes medidas têm sido implementadas com ênfase para a igualdade, buscando-se assim mecanismos como o Controle da Convencionalidade, Recomendação CNJ n. 123/2022 de aplicação de normas internacionais para controle das normas nacional, o Protocolo para julgamento na perspectiva de gênero, com edição de normativas pelo Conselho Nacional de Justiça (CNJ), a última delas, a Resolução n. 492, de 17 de março de 2023, estabelecendo a adoção de diretrizes para o cumprimento do Protocolo de julgamento na perspectiva de gênero aprovado pela Portaria CNJ n. 27/2021.

A realidade brasileira dos últimos anos, aqui referida, constituiu a base para a reconstrução do Brasil, do Direito Social e todo esse contexto estabelece uma perfeita sintonia com o objetivo dessa obra que tenho o privilégio de prefaciar. Tudo que foi retratado nos artigos escritos que formam o livro, contribuirá em muito para a discussão e para encontrar caminhos para combater o aprofundamento da exclusão, o aumento da desigualdade econômica e social, mas, sobretudo, a desigualdade de gênero, de raça e todas as formas de desigualdades muito bem retratadas nesta obra fundamental, por todas as autoras dos artigos que a compõe.

Numa obra de tamanha grandeza que já no início, a identificamos como importante e inédita justificamos desde já: a tarefa de sintetizar em forma escrita é bem difícil. A essencialidade desta obra se constata a partir de seu título, passando pelo sumário e, por fim, pelos artigos. É de fácil constatação a sua imprescindibilidade para estudos e pesquisa na sua área de concentração. Ainda que a leitura tenha a finalidade de elaboração do prefácio, é possível constatar e afirmar a profundidade de conteúdos, a amplitude das pesquisas e das abordagens objetivas, práticas e de fácil compreensão mesmo a leitoras ou leitores leigas ou leigas em temáticas jurídicas.

Fica absolutamente clara a percepção do objetivo da coordenadora e das autoras, a intenção de transmitir às leitoras e leitores, a partir de suas próprias experiências e das práticas decisórias oriundas de suas funções de julgar, de interpretar e aplicar a lei, a jurisprudência e as normativas nacionais e internacionais destinadas a alcançar a igualdade plena. E ainda, como mandamento constitucional e direito fundamental de cidadania de cada litigante ou detentora ou detentor do direito à igualdade, que na realidade é cada cidadã e cada cidadão independente da judicialização ou não de cada caso concreto. A importância desta obra se dá também pela relevância dos temas abordados nos artigos que a compõem. São temas atuais, relevantes, instigantes e que despertam o interesse para o debate não somente no mundo do trabalho no Brasil. A igualdade de direitos, de tratamento, sem preconceitos e sem discriminação independente de sua natureza ou origem, diz respeito a direitos de cidadania protegido pela Constituição como direito fundamental. Não somente na ordem interna, mas na esfera internacional.

Às autoras dos artigos integrantes desta obra, escritos a partir de estudos, pesquisas e experiências práticas, a nossa homenagem e cumprimentos pela contribuição tão relevante para tornar realidade, nesse momento tão especial do nosso País. A cada autora e à coordenadora o nosso carinho, cumprimentos e o reconhecimento pelo esforço, pela dedicação, pelos estudos e pelas pesquisas levadas a efeito em contexto de quádrupla jornada a que todas nós mulheres estamos submetidas.

E nesse ponto, fazemos questão de mencionar nominalmente a cada uma das autoras, protagonistas desse grande acontecimento, que é esta obra imprescindível. São elas: Ivani Contini Bramante, Heloísa Menegaz Loyola, Beatriz Helena Miguel Jiacomini e Sueli Tomé Da Ponte, Luciana Bezerra de Oliveira, Laila Mariana Paulena Macedo, Juliana Varela de Albuquerque Dalpra, Silvana Abramo Margherito Ariano, Milena Barreto Pontes Sodré, Eliane Pedroso, Laura Rodrigues Benda, Lorena de Mello Rezende Colnago, Camila Franco Lisboa, Julia Pestana Manso de Castro, Fernanda Itri Pelligrini, Juliana Wilhelm Ferrarini Pimentel, Dulce Maria Soler Gomes Rijo, Yara Campos Souto, Ana Paula Pavanelli Corazza Cherbino e Erotilde Ribeiro dos Santos Minharro.

Nosso carinho, cumprimentos e homenagem à sua Coordenadora e autora de artigos deste livro, a Doutora Lorena de Mello Rezende Colnago, essa mulher gigante como pessoa humana, mulher, magistrada, pesquisadora, jurista e que em tempos bem recentes, além do Doutoramento na USP/SP com honras e louvores, resultando a sua tese em importante obra publicada, a Doutora Lorena, por merecimento e justiça, passou a ser protegida pelo selo da imortalidade, eleita que foi para integrar a Academia Brasileira de Direito do Trabalho, a ABDT.

E para concluir, registramos a gratidão pelo convite e formulamos votos de sucesso com esta publicação a qual dignifica o Direito do Trabalho, o Processo do Trabalho, o mundo do trabalho. Além do que, contribui para a efetividade do direito fundamental à igualdade assegurada na Constituição Federal brasileira, em Normas Internacionais e Tratados dos quais o Brasil é signatário. Cumprimentos à Editora e a todas e todos que contribuíram de alguma forma para a concretização do sonho e do projeto desta obra nesse memorável e histórico ano de 2023.

Brasília, 28 de março de 2023.

Delaíde Alves Miranda Arantes

Ministra do TST. Mestra em Direito pela Universidade de Brasília – UnB. Ouvidora-Geral da Justiça do Trabalho – TST/CSJT. Integrante do Grupo de Pesquisa Trabalho, Constituição e Cidadania (UnB/DF/CNPq), da Associação Juízes para a Democracia – AJD e da Associação Luso-Brasileira de Juristas do Trabalho – JUTRA (2023/2024).

Protocolo para Julgamento com Perspectiva de Gênero no Âmbito Trabalhista[1]

Ivani Contini Bramante

Em 2021, foi publicado o Protocolo para Julgamento com Perspectiva de Gênero, que decorreu de estudos realizados pelo Grupo de Trabalho instituído pela Portaria n. 27, de 2 de fevereiro de 2021, do CNJ, para colaborar com a implementação das politicas nacionais, conforme Resoluções ns. 254 e 255, de 4 de setembro de 2018, do CNJ, destinadas ao enfrentamento da violência contra as mulheres pelo Poder Judiciário e ao incentivo à participação feminina no Poder Judiciário.

1. Introdução

O foco das breves considerações é uma sintetização dos temas abordados no Protocolo para Julgamento com Perspectiva de Gênero, sobre a política judiciária de efetividade dos direitos humanos e à luz da aplicação das normas internacionais e nacionais e dos precedentes da Corte Interamericana de Direitos Humanos.

A Constituição Federal, no arts. 5º, §§ 1º, 2º e 3º, estabelece que direitos e garantias previstos em tratados internacionais assinados pelo Brasil se somam ao conjunto daqueles expressos na Carta Magna. Em 2016 o CNJ e a Corte Interamericana de Direitos Humanos assinaram um acordo para memorando de entendimento que tornou o Conselho Nacional de Justiça "o guardião da jurisprudência da Corte em língua portuguesa".

Desde então, o Portal do CNJ mantém uma página com as principais decisões da Corte Interamericana de Direitos Humanos, traduzidas do espanhol, língua oficial da Corte, para o português.

Na 61ª Sessão Extraordinária, de 15 de dezembro de 2021, o Conselho Nacional de Justiça recomendou aos Tribunais e magistrados a observarem as decisões e seguirem

(1) Artigo publicado de modo inédito na *Revista LTr*, n. 87, n. 4, abr. 2023.

a jurisprudência da Corte Interamericana de Direitos Humanos, bem como os Tratados e Convenções vigentes e, ainda a procederem o controle da convencionalidade.

Em 2021, foi publicado o Protocolo para Julgamento com Perspectiva de Gênero, que decorreu de estudos realizados pelo Grupo de Trabalho instituído pela Portaria n. 27, de 2 de fevereiro de 2021, do CNJ, para colaborar com a implementação das políticas nacionais, conforme Resoluções ns. 254 e 255, de 4 de setembro de 2018, do CNJ, destinadas ao enfrentamento da violência contra as mulheres pelo Poder Judiciário e ao incentivo à participação feminina no Poder Judiciário.

Tem o Protocolo, como uma de suas premissas,

"o diálogo multinível com os sistemas internacionais de proteção, na medida em que adota o 'modelo de protocolo latino-americano de investigação de mortes violentas de mulheres por razões de gênero (feminicídio)', cuja adesão do Brasil ocorreu em 2016; e observa a recomendação da Corte Interamericana de Direitos Humanos de adoção de protocolos oficiais de julgamentos com perspectiva de gênero, para que casos de violência contra a mulher sejam tratados de forma diferenciada."

O documento, em sua primeira parte, traz os conceitos fundamentais para a sua aplicação, como "sexo", "gênero", "identidade de gênero" e "sexualidade" e discorre sobre as questões fundamentais acerca das desigualdades estruturais e estereótipos decorrentes do gênero, a questão do trabalho e da violência como manifestação da desigualdade entre as pessoas.

Na segunda parte traz um guia aos magistrados, para a atuação sempre atenta ao respeito às pessoas e às desigualdades de gênero e suas consequências.

Na terceira parte, há uma análise pormenorizada das consequências do tratamento diferenciado do gênero em cada uma das áreas do direito.

2. Origens do Protocolo para Julgamento com Perspectiva de Gênero

O protocolo decorre do amadurecimento institucional do Poder Judiciário em razão do reconhecimento das desigualdades que grassam na sociedade em todos seus aspectos, quais sejam, histórico, social, cultural e político.

Não se pode admitir que o sistema judicial seja conivente com os erros históricos e não considere, na interpretação e aplicação da norma, seus fins sociais e a finalidade do próprio ordenamento jurídico, precipuamente considerando o disposto nos arts. 1º, III e IV, 3º, I, III e IV, 4º, II e 5º, I, da Constituição Federal, além das normas internacionais das quais o Brasil é signatário.

Após a publicação da Lei Maria da Penha, em 07 de agosto de 2006, várias foram as iniciativas adotadas para promover a compreensão e aplicação da norma, como as Jornadas de Trabalho do Conselho Nacional de Justiça, o Fórum Nacional de Juízas e Juízes de Violência Doméstica e Família e as coordenadorias referentes à violência contra a mulher nos Tribunais de Justiça.

A Recomendação n. 123, de 07 de janeiro de 2022, do CNJ, como meio de dar concretude à proteção das pessoas prevê a priorização do julgamento dos processos em tramitação relativos à reparação material e imaterial das vítimas de violações a direitos humanos determinadas pela CIDH em condenações envolvendo o Estado brasileiro e que estejam pendentes de cumprimento integral. Outra recomendação é que os Tribunais e juízes realizem o controle de convencionalidade nos julgamentos de casos concretos, que tratem de direitos humanos, para compatibilizar com as determinações das Convenções internacionais ao ordenamento jurídico brasileiro. A Convenção de Viena sobre o Direito dos Tratados, proclamada em 1969 e válida no Brasil desde 2009, afirma que não é possível descumprir o disposto em um Tratado Internacional com base no direito interno.

Na perspectiva latino-americana, a Corte Interamericana de Direitos Humanos desponta como expoente interpretativo da Convenção Americana sobre Direitos Humanos, de forma a firmar precedentes e standards interpretativos mínimos a serem seguidos pelos Estados. O CNJ lançou um Painel de Monitoramento e informações sobre o cumprimento das medidas de reparação exigidas pela Corte IDH ao Brasil, e mostra o resumo dos casos.

3. Finalidade do Protocolo para Julgamento com Perspectiva de Gênero

O Protocolo para Julgamento com Perspectiva de Gênero foi instituído como meio de orientação para a atuação dos magistrados nos casos concretos, de modo que sejam observados os fatos relativos às discriminações e preconceitos decorrentes do gênero, como meio de concretização da isonomia e efetivação de políticas de equidade.

4. Conceitos

4.1. Sexo

Historicamente o conceito de sexo se refere aos aspectos biológicos e cromossômicos da pessoa ao nascer, o que as divide em homens e mulheres ou machos e fêmeas. Entretanto, tal classificação encontra-se completamente obsoleta, por ensejar grande discriminação entre as pessoas. Assim, por se hodiernamente o conceito de sexo muito simplista, não mais se o utiliza para referir às pessoas, tendo dado lugar ao conceito de gênero.

4.2. Gênero

Por gênero se entende o conjunto de características que a sociedade atribui aos diferentes sexos. Gênero não é um conceito da biologia, portanto, mas cultural.

As crianças de pequena idade, por estarem em formação, não possuem predileção por um brinquedo, roupa, cor ou hábito. Tais "preferências" são impostas pela sociedade que impõe o que deve uma menina ou um menino gostar.

Por diversas vezes o preconceito se inicia ao nascer, no qual os homens são vestidos com cor azul e ganham bola de presente e as mulheres são colocadas com cor rosa e podem brincar com bonecas. Qualquer fato ou preferência distinta pode ensejar o olhar questionador e preconceituoso de terceiros e, por vezes, a própria família.

Não apenas os gostos e preferências marcam o gênero, mas as questões sociais como raça, idade, classe social etc.

Como afirmado no Protocolo,

> "A ideia de que associamos características culturais historicamente determinadas a certos grupos — o que, então, passa a constituir a forma como eles são vistos e tratados — é o que se encontra por trás da famosa frase: 'Ninguém nasce mulher: torna-se mulher', da filósofa Simone de Beauvoir. Ser mulher não significa nascer do sexo feminino (ou seja, ser uma 'fêmea'), mas, sim, ver-se atribuída de uma série de características que vão para além da biologia."

Tais características atribuídas historicamente pela sociedade forjam as pessoas que se veem impelidas a se comportar e agir de uma determinada maneira, o que reflete, inclusive, no mercado de trabalho, no qual se observa a colocação da maioria de mulheres em trabalhos domésticos e dos homens nas atividades melhor remuneradas.

No âmbito político a situação se repete. Conforme afirmado no Protocolo:

> "Quanto à política, mulheres continuam sub-representadas. Isso ocorre em parte porque entende-se que as mulheres são inaptas para ocuparem cargos públicos ou então porque não são dadas oportunidades para elas. Ao serem excluídas desse meio, as mulheres perdem a chance de dar ênfase a pautas necessárias para melhorar questões relevantes à desigualdade de gênero. Esses são apenas exemplos."

Nas eleições de 2022, 33% dos candidatos eram mulheres, sendo que elas comporão 18% da Câmara dos Deputados. Agrava o pequeno número de mulheres eleitas, o fato de que aproximadamente 25% são cônjuges de políticos(2).

(2) Disponível em: <https://www.jota.info/opiniao-e-analise/artigos/mulheres-na-politica-a-desigualdade-entre-o-mesmo-genero-23102022> Acesso em: 16 dez. 2022.

Dos 27 governadores eleitos em 2022, há apenas duas mulheres, nos Estados do Rio Grande do Norte e Pernambuco.

Para o senado, dos 27 eleitos, quatro são mulheres, representes nos Estados de Tocantins, Pernambuco, Distrito Federal e Mato Grosso do Sul(3).

A parca participação das mulheres da política brasileira demonstram o preconceito estrutural que vigora na sociedade.

Da mesma forma como na vida política, a discriminação atinge o trabalho das mulheres que, de acordo com o IBGE, ganham, em média, 20% a menos do que os homens no Brasil sendo o desemprego maior entre as mulheres(4).

4.3. Identidade de gênero

Não obstante o gênero, como afirmado, ser uma construção social, que exige determinado comportamento de acordo com o sexo biológico, algumas vezes determinada pessoa não se identifica com o sexo ou o gênero com que nasceu.

Os termos "sexo", "gênero", "expressão de gênero", "orientação sexual" e "transgênero" dentre outros, revelam a transversalidade conceitual do domínio gênero, e no âmbito científico extrapolam a biologia, conformando um dissenso não apenas terminológico, mas potencialmente entremeado por capitais simbólicos(5).

Os termos linguísticos carregam em si dilemas classificatórios e os vários rótulos, logo exigem uma análise e identificação das interpretações diferentes. Assim, colhem-se da linguagem popular as seguintes expressões sociais:

(I) Andrógino: pessoa que vive sem ser percepcionada como masculina ou feminina, nem adotando comportamentos associados a qualquer dos gêneros binários, pessoa que apresenta características masculinas e femininas;

(II) Bombeada ou Bombada: ser injetado com silicone livre, um modo barato, mas ilegal para alterar a sua forma do corpo;

(III) Cisgênero ou cis: pessoa cujo gênero designado à nascença é concordante com a identidade de gênero esperada, segundo o modelo tradicional. É, portanto,

(3) Disponível em: <https://www12.senado.leg.br/noticias/materias/2022/10/02/veja-quem-sao-os-27-senadores-eleitos-neste-domingo>. Acesso em: 16 dez. 2022.

(4) Disponível em: <https://g1.globo.com/dia-das-mulheres/noticia/2022/03/08/mulheres-ganham-em-media-205percent-menos-que-homens-no-brasil.ghtml>. Acesso em: 16 dez. 2022.

(5) *International Society for Knowledge Organization (ISKO)*. Disponível em: <http://isko-brasil.org.br/?page_id=711>. Acesso em: 10 dez. 2016. Ver Marcia Maria Melo Quintslr, Bianca da Costa Maia Lopes, Fernanda do Valle Galvão, Michelle Louise Guimarães da Silva. Visibilidade social de indivíduos transgênero e sistemas de organização do conhecimento. *Inf. Inf.*, Londrina, v. 22, n. 2, p. 235 – 264, maio/ago. 2017. Disponível em: <http:www.uel.br/revistas/informacao/>.

uma pessoa que segue o modelo tradicional de gênero. As pessoas cis, têm, por exemplo, a possibilidade de ter um cartão de cidadão que representa a sua identidade, ou de ter acesso mais facilitado à habitação, à educação e ao trabalho;

(IV) Cissexismo: a crença de que as pessoas cisgênero são inerentemente superiores ou "mais normais" do que as pessoas *trans*.

(V) Crossdresser: pessoa que gosta de se vestir com roupa e acessórios associados a outro gênero, seja por razões sexuais ou não;

(VI) Drag: forma de expressão que geralmente envolve representação exagerada de características de gênero. Uma pessoa é chamada *"drag queen"* se agir enquanto mulher, ou *"drag king"* se agir enquanto homem;

(VII) F2M/FTM: pessoa a quem foi atribuído à nascença o sexo feminino e que faz a transição para o masculino;

(VIII) "Gender bender": alguém que mantém as características gerais associadas ao seu papel de gênero, mas que lhes desafia os limites e o que é socialmente aceito (ex. um homem de vestido que continua a ser percepcionado como homem de vestido);

(IX) *"Gender queer"*: qualquer pessoa que não aceita a expectativa de se limitar apenas às duas apresentações de gênero autorizadas pela nossa cultura;

(X) Gênero não binário: uma pessoa que não se identifica nem como homem, nem como mulher, exclusivamente ou de forma geral;

(XI) Homem *trans* ou homem transgênero: pessoa que foi designada mulher à nascença, mas que vive e ou se identifica como homem;

(XII) Identidade de gênero: autopercepção do nosso gênero, aquele que sentimos pertencer ou com o qual nos sentimos identificados (homem, mulher, não binário, etc);

(XIII) MTF/M2F: pessoa a quem foi atribuído à nascença o sexo masculino e que faz a transição para o feminino;

(XIV) Mulher/rapariga real: um termo muito ofensivo usado para descrever mulheres não *trans*;

(XV) Mulher *trans* ou mulher transgênero: pessoa que foi designada homem à nascença, mas que vive e/ou se identifica como mulher;

(XVI) Não *op*: alguém que vive como mulher ou homem, mas não pretende fazer operação genital;

(XVII) Orientação sexual: Gênero ou gêneros pelos quais nos sentimos atraídos. A orientação sexual é independente da identidade de gênero;

(XVIII) Orquiectomia: um termo médico para a castração;

(XIX) *Out*: vivendo abertamente sobre o seu estado ou identidade de *trans*;

(XX) *Pack*: colocar um objeto na roupa que sugere a presença de um pênis;

(XXI) Pós-*op*: realizou uma vaginoplastia ou faloplastia;

(XXII) Pré-op: não fez vaginoplastia ou faloplastia, mas planeja;

(XXIII) *Queer*: termo abrangente, qualquer pessoa fora das normas de gênero, inclui: os gays, lésbicas, bissexuais, pessoas trans, pessoas heterossexuais não conformes (exemplo: rapazes efeminados). Nos Estados Unidos é frequentemente usado para referir orientações sexuais não orientadas para um único gênero. É também reivindicado, movimento LGBTI na luta pela liberdade sexual.

(XXIV) Sexo: características anatômicas e ou cromossômicas que apresentamos quando nascemos;

(XXV) *Tlovers:* pessoas que se sentem atraídas por pessoas trans;

(XXVI) *Trans*: termo abrangente para pessoas que não se conformam ou identificam com as expectativas de gênero associadas com o sexo que lhes foi designado à nascença. Inclui identidades de gênero como gênero fluído, genderqueer, bigênero ou agênero;

(XXVII) Transfobia: medo ou receio irracional de pessoas *trans*, mas também violência institucional, médica e social dirigida a pessoas *trans*;

(XXVIII) Transmisoginia: ideia de que a feminilidade e o ser feminino são vistas como inferiores e que existem benefícios do ser masculino e da masculinidade. Permite perceber como a transfobia intensifica a misoginia com que as mulheres *trans* são confrontadas.

Nos últimos 50 anos, termos "queer", "transexual", "cisgênero", "transgênero", "travesti" e *"drag queen"* surgiram em diversos contextos, diante da ampliação da discussão sobre o tema da identidade de gênero e da orientação sexual em suas particularidades(6). Exemplo: uma criança nasce com órgãos sexuais femininos, e a medicina e a família a designam como do gênero feminino. Entretanto essa pessoa se autodetermina na esfera

(6) Para mais informações, consultar o sítio eletrônico da *"The World Professional Association for Transgender Health"*. Disponível em: <http://www.wpath.org/>. Acesso em: 10 dez. 2016. (Marcia Maria Melo Quintslr, Bianca da Costa Maia Lopes, Fernanda do Valle Galvão, Michelle Louise Guimarães da Silva. Visibilidade social de indivíduos transgênero e sistemas de organização do conhecimento. *Inf. Inf.*, Londrina, v. 22, n. 2, p. 235-264, maio/ago. 2017. Disponível em: <http:www.uel.br/revistas/informacao/>.)

psicossocial como homem: *pessoa binária, homem transgênero, homem transexual, trans-masculino, homem trans, trans-homem, gênero designado, travestis, binário de gênero, gêneros binário* etc. De outra vertente temos a *pessoa cis, cisgênero, cissexual, não binaridade* e de *identidade de gênero.*

As pessoas que não se identificam com o gênero com que nasceram são vítimas de muitos preconceitos, o que exige uma atuação firme do Poder Judiciário para evitar que tal situação ocorra.

Assim, importante questionamento é realizado pelo Protocolo:

> "Pessoas que não se conformam com o gênero a elas atribuído ao nascer foram e ainda são extremamente discriminadas no Brasil e no mundo, na medida em que a conformidade entre sexo e gênero continua a ser a expectativa dominante da sociedade. **Dessa forma, recomenda-se que magistradas e magistrados comprometidos com julgamentos na perspectiva de gênero se perguntem: essas expectativas estão guiando determinada interpretação e/ou reforçando tais expectativas de alguma maneira, em prejuízo ao indivíduo envolvido na demanda?**"

Registe-se a votação histórica da ADI n. 4.275 no Supremo Tribunal Federal que decidiu favoravelmente à mudança de nome e de sexo nos documentos civis, independente de cirurgia de transgenitalização e ou de autorização judicial, e que trouxe impactos nos direitos civis e políticos , com desdobramentos no direito eleitoral.

O Tribunal Superior Eleitoral aprovou uso do nome social aos candidatos na urna. A questão jurídica debatida ficou em torno da expressão "cada sexo", mencionada no art. 10, § 3º, da Lei das Eleições (Lei n. 9.504/1997), segundo o qual cada partido ou coligação preencherá o mínimo de 30% e o máximo de 70% para candidaturas de cada sexo. Ficou decido que a expressão, "cada sexo" refere-se ao gênero e não ao sexo biológico.

O então presidente do Tribunal Superior Eleitoral, Ministro Luiz Fux, lembrou que a ADI n. 4.275 reconheceu a identidade de gênero das pessoas transgênero (travestis, mulheres transexuais e homens trans), bem como o direito de alteração do nome, sem a exigência de laudos, de cirurgia de mudança de sexo e ou autorização judicial.

Assim, a retificação de nome poderá ser feita diretamente no cartório de registro civil, sem burocracias jurídicas e ou laudos exaustivos que serviam para postergar o sofrimento dessa população. A autodeclaração de homens ou mulheres transgêneros, que não se identificam com o sexo biológico, como transexuais ou travestis, será considerada na verificação do cumprimento das cotas obrigatórias de gênero dos partidos políticos.(7)

Em resumo, de acordo com a decisão do Tribunal Superior Eleitoral, Processo Consulta 0604054-58.2017.6.00.0000, relator Ministro Tarcísio Vieira, acolhe por unanimidade, a partir de uma consulta enviada pelo Senado, por conta de requerimento elaborado pelo movimento VoteLGBT, restou assegurado, a partir das eleições de 2018:

> (I) o direito das pessoas transgêneros e transexuais ter suas identidades de gênero e nomes sociais respeitados para fins de direitos políticos e eleitorais;
>
> (II) o direito aos candidatos transexuais e transgêneros de ocupar vaga eleitoral em consonância com sua identidade de gênero;
>
> (III) doravante as mulheres transexuais concorrerão nas cotas destinadas a candidatas do "sexo feminino".
>
> (IV) tanto os homens quanto as mulheres transexuais e travestis podem ser contabilizados nas respectivas cotas de candidatura masculina e feminina.
>
> (V) Doravante, o alistamento eleitoral será feito nos termos art. 91 da Lei das Eleições, e a verificação do gênero para o efeito de registro de candidatura deverá: atender aos requisitos previstos na Resolução n. 21.538 e demais normas de regência" e aqueles que optarem pelo nome social deverão comparecer ao Cartório Eleitoral até o dia 9 de maio (data do fechamento do Cadastro Eleitoral) para se declararem transgêneros e com qual gênero que identificam, se masculino ou feminino.

Assim, a partir da votação da ADI n. 4.275, o dia 1º de março de 2018 foi eleito o "dia histórico" para o movimento trans no Brasil, pois as pessoas transgêneros e transexuais adquiriram seu direito de pertencimento, o direito de ser e viver quem realmente são, com o reconhecimento de sua humanidade.

4.4. Sexualidade

A sexualidade se refere às práticas sexuais e afetivas das pessoas. A sociedade estabelece como "padrão" de sexualidade a heterossexualidade, sendo a homossexualidade e a bissexualidade considerados comportamentos inadequados e, infelizmente, ainda objeto de preconceito e discriminação, o que impele a pessoa a se direcionar ao comportamento heterossexual, o que se denomina "heteronormatividade".

(7) Disponível em: <https://noticias.uol.com.br/politica/eleicoes/2018/noticias/2018/03/01/tse-decide-que-candidatos-trans-devem-contar-para-cotas-nas-eleicoes.htm?cmpid=copiaecola>.

5. Espécies de violência decorrente de gênero

O Protocolo traz importante quadro que resume os tipos de violência de gênero existentes:

Tipo	Definição e exemplos
Violência Sexual	Investidas sexuais (de cunho explicitamente sexual ou não) não consensuais. As condutas incluem: estupro (individual, coletivo, corretivo, de adultos ou de vulneráveis), importunação sexual, assédio sexual no ambiente de trabalho, prostituição forçada, exploração sexual, pornografia de vingança. As condutas incluem: penetrar, coagir à prática de outros atos sexuais, tocar, abraçar, beijar, expor órgãos sexuais, ejacular, fazer comentários de cunho sexual, encarar, enviar fotos e/ou conteúdos não solicitados de cunho sexual através de redes sociais.
Violência Física	Agressões físicas, leves ou graves. As condutas incluem: lesão corporal, violência doméstica, feminicídio, violência obstétrica.
Violência Psicológica	Intimidação, ameaças de violência física à vítima, a pessoas a ela relacionadas e ao próprio abusador, *gaslighting*, isolamento, cárcere privado, ataques à autoestima, ofensas, exposição em redes sociais, revista vexatória. **A Lei n. 14.188/2021 alterou o Código Penal para criminalizar esse tipo de violência no art. 147-B.**
Violência Patrimonial	Destruição de bens e propriedade privada, ocultação de patrimônio, subtração da participação nos lucros em sociedades empresárias, invisibilização no recebimento de heranças, apropriação dos rendimentos, inviabilização da administração de recursos financeiros, simulação de contratos, não pagamento de pensão alimentícia.
Violência Moral	Diminuição da figura da mulher perante a sociedade ou grupos de amigos, tentativa de desvalorizar o comportamento da mulher em processos relativos ao direito de família para obtenção da guarda dos filhos; pornografia de vingança.
Violência Institucional	Violências praticadas por instituições, como empresas (ignorar ou minimizar denúncias de assédio sexual), instituições de ensino (permitir atividades sexistas, como trotes e/ou músicas machistas), Poder Judiciário (expor ou permitir a exposição e levar em consideração a vida sexual pregressa de uma vítima de estupro, taxar uma mulher de vingativa ou ressentida em disputas envolvendo alienação parental ou divórcio).
Violência Política	Ação, conduta ou omissão com a finalidade de impedir, obstaculizar ou restringir os direitos políticos da mulher, subtraindo dela a efetiva possibilidade de participar ativamente nas tomadas das decisões do Estado. **Configura violência política, ainda, qualquer distinção, exclusão ou restrição no reconhecimento, gozo ou exercício de seus direitos e de suas liberdades políticas fundamentais em razão do gênero (Lei n. 14.192/2021).**

6. Desigualdade estrutural

A sociedade atribui a homens e mulheres diferentes características com significados e valores distintos, sendo que normalmente se dá ao feminino pouco valor e se o associa à passividade e emoção e não à razão, diversamente do que ocorre com o masculino, associado à atitude, agressividade e racionalidade.

Marilyn French, em sua obra Beyond Power afirma que "no princípio era a mãe, o Verbo veio depois", conforme ensina Rose Marie Muraro na brilhante introdução histórica ao *Malleus Maleficarum*. E isso se dá por ser feminina a primeira concepção de Deus, sendo Gaia a criadora do mundo, da qual nascem os protodeuses, o que foi sendo alterado pelo tempo até a imagem de um Deus homem , que no conceito ocidental é um Deus onipotente, onipresente e onisciente que cria o mundo e no final o homem, para após criar a mulher, a partir do próprio homem por ele criado.

Assim, a própria imagem de Deus foi levada a ser do homem, como modo de legitimar a visão social do maior poder a ele conferido. Isso gerou evidente preconceito na estrutura da sociedade e estigmatiza as pessoas pelo gênero, conectada a capacidade e condições de exercer as funções mais relevantes na sociedade e, por consequência normaliza, de forma cruel, a violência, seja ela doméstica, moral e sexual e a divisão sexual do trabalho.

Como citado no Protocolo,

> "O Instituto de Pesquisa Econômica Aplicada (Ipea) divulgou, em novembro de 2019, que, dos mais de 6 milhões de brasileiros que se dedicam ao trabalho doméstico, 92% são mulheres — em sua maioria negras (63% do total), de baixa escolaridade e oriundas de famílias de baixa renda37. Esses dados são fruto de uma herança escravocrata, conforme apontado pelo Ipea, de uma sociedade tradicionalmente patriarcal e da expressiva desigualdade de renda no Brasil."

E conclui:

> "• desigualdade é fruto da existência de hierarquias sociais estruturais, que moldam desde a forma como enxergamos membros de grupos, os papéis a eles atribuídos e relações interpessoais, até práticas institucionais e o direito.
>
> • É muito importante ter em mente que não existe uma desigualdade de gênero única e universal. Isso porque as experiências de desigualdade são constituídas por inúmeros marcadores sociais que se interseccionam, como raça e classe, por exemplo. Ou seja, a multiplicidade de opressões opera em diferentes graus e formas sobre as pessoas."

7. Divisão sexual do trabalho. Teoria do impacto desproporcional

Uma das formas de opressão se dá pela denominada "divisão sexual do trabalho" conforme anotado no Protocolo para Julgamento com Perspectiva de Gênero:

> "(i) a partir da construção histórica, social e cultural do gênero com base na ideia essencialista de que existiram alguns tipos de trabalho "naturalmente" masculinos e trabalhos "naturalmente" femininos; e (ii) da construção de uma hierarquia ao valorizar o trabalho masculino em comparação ao feminino, ou seja, há uma diferenciação, mas também uma hierarquização."

São várias as formas como as oportunidades de trabalho igualitárias são subtraídas das mulheres ou das pessoas vulneráveis: a) afastam a oportunidade de trabalho de tais pessoas, sob argumento de que objetivam protele-las; b) estereotipam determinadas atividades como sendo típicas do sexo feminino e do sexo masculino; c) procedem a distribuição desigual do trabalho doméstico; d) subvalorização do trabalho doméstico; e e) imposição social da responsabilidade prioritária ou exclusiva da mulher em relação ao cuidado da vida da entidade familiar que a faz ter uma jornada dupla e exaustiva.

Como muito bem analisado no Protocolo:

> "A divisão sexual do trabalho é simultaneamente fruto e reprodutora de desigualdades, reforçando-as no que se refere a estereótipos, assimetrias, hierarquias e desigualdades (materiais e simbólicas). A partir de uma perspectiva interseccional, é necessário relembrar que os papéis socialmente atribuídos variam de acordo com os marcadores sociais que incidem sobre as mulheres em sua diversidade, o que se reflete nas expectativas e oportunidades de trabalho. Sem prejuízo, é possível identificar alguns padrões — ainda que operem de maneiras distintas e que estejam em constante movimento.
>
> Um desses padrões é a divisão entre trabalho produtivo e trabalho reprodutivo. Historicamente, na sociedade capitalista, atribuiu-se aos homens o trabalho produtivo, que se dá na esfera pública, é remunerado, tem reconhecido valor social e por meio do qual se obtém renda suficiente para corresponder ao papel do gênero masculino de provedor. Paralelamente, atribuiu-se e naturalizou-se o ideário patriarcal de ser a mulher a responsável, única ou prioritariamente, pelo trabalho reprodutivo, ou de cuidado (remunerado e não remunerado), isto é, o trabalho de manutenção da vida e de reprodução da sociedade. O trabalho de cuidado tem dupla dimensão. Na esfera do espaço privado doméstico, pode ser realizado de forma gratuita ou remunerada, neste último caso, por profissionais como

empregadas domésticas, babás, cuidadoras e diaristas. Também o trabalho de cuidado se realiza na esfera externa ao ambiente privado, por meio de profissionais de saúde, limpeza, assistência social, educação e alimentação. Encontra-se aqui uma marcada diferença entre mulheres de diferentes raças e classes no Brasil: muitas vezes mulheres brancas, de classes mais altas, têm a possibilidade de transferir o trabalho doméstico para outras mulheres — que muitas vezes atuam na informalidade ou recebendo salários baixos."

Impõe-se, pois a revisão dos preconceitos e estereótipos sociais como forma de reverter o tratamento discriminatório e, por consequência, o acesso às mesmas condições e oportunidades de trabalho. Atente-se que a sociedade, em regra, naturaliza certos fatos absurdos e preconceituosos e minimiza a relevância das violências sexuais e assédios, resultando no cerceio da liberdade das mulheres, homossexuais, intergêneros e demais pessoas que sofrem discriminação em razão do gênero e opção sexual.

Assim, a atuação do Poder Judiciário se mostra sempre necessária, seja na tutela preventiva, por meio das medidas de urgência, seja por meio repressivo, para evitar minimizar as gritantes diferenças que grassam na sociedade. Cabe, pois, ao julgador a atenção às dificuldades das pessoas vulneráveis de acesso à tutela jurisdicional e à produção das provas justas e adequadas.

A atribuição de características às pessoas apenas por seu gênero decorre de uma preconcepção estrutural da sociedade sobre as características masculinas e femininas, hauridas de comportamentos diários à luz dos preconceitos enraizados no meio social.

De acordo com o Protocolo:

> "Apesar das alterações profundas na sociedade, como a entrada de grupos de mulheres tradicionalmente excluídas do mundo do trabalho de forma massiva no mercado e mudanças nas estruturas familiares, essas bases ideológicas patriarcais (princípios da separação e da hierarquia) permanecem incrustadas nas estruturas sociais, com consequências severas. Dentre elas:
>
> • A romantização do cuidado como uma tendência natural das mulheres, algo vinculado ao amor e, portanto, tendente à voluntariedade, embora, na realidade, seja trabalho;
>
> • A atribuição de determinadas ocupações como sendo tipicamente femininas (cozinheira, garçonete, professora infantil, secretária, comissária de bordo) ou masculinas (chef de cozinha, maître, professor universitário, diretor, piloto de aeronave). Isso influencia tanto em contratações e remuneração, como na percepção de trabalhadoras sobre si mesmas e seus papéis;

> • Distribuição desigual da carga do trabalho doméstico entre os sexos e entre mulheres de diferentes grupos sociais. Conforme dito anteriormente, algumas mulheres têm o potencial de transferir o trabalho doméstico a outras mulheres, enquanto essas últimas, em geral não têm;
>
> • Reforço de desigualdades sociais, em suas múltiplas dimensões, como as desigualdades de gênero, classe e raça. O trabalho doméstico e de cuidado remunerado — que é marcado por classe, gênero e raça — corresponde a remunerações mais baixas e a um pacote inferior de direitos trabalhistas (ausência de registro, extrapolação da jornada, condições insalubres de trabalho), além do alto índice de informalidade. Isso contribui para a chamada 'feminização da pobreza';
>
> • A naturalização da atribuição da responsabilidade prioritária ou exclusiva das mulheres sobre o cuidado também leva, no cotidiano concreto da vida — no que se denomina de dupla jornada — à desigualdade de oportunidades e de salários no mercado de trabalho. Como mulheres têm menos tempo livre para dedicar à criação de contatos e à capacitação, muitas vezes esbarram no chamado 'teto de vidro' ou 'piso pegajoso'."

É cediço que a discriminação pode ser direta e indireta, resultante de uma conduta, aparentemente neutra que provoca a discriminação relativamente a uma pessoa ou grupo de pessoas. Ao invés de se buscar a igualdade pela coibição do tratamento discriminatório, cumpre combater a discriminação indireta, ou seja, aquela que redunda numa desigualdade não oriunda de atos concretos ou de manifestação expressa de discriminação por parte de quem quer que seja, mas de práticas administrativas, empresariais ou de políticas públicas aparentemente neutras, porém dotadas de grande caráter discriminatório.

A teoria do impacto desproporcional (*disparate impact doctrine*) tem por objetivo combater a discriminação indireta. Reside na ideia de que toda e qualquer prática empresarial ou política governamental, de cunho legislativo ou administrativo, ainda que não provida de intenção discriminatória no momento de sua concepção, deve ser condenada por violação do princípio constitucional da igualdade material, se em consequência de sua aplicação, resultarem efeitos nocivos de incidência especialmente desproporcional sobre certas categorias de pessoas

Oriunda do Direito Norte-americano e com notória filiação ao princípio da proporcionalidade, a teoria do impacto desproporcional pode ser resumida na ideia de que

> "toda e qualquer prática empresarial, política, governamental ou semi-governamental, de cunho Legislativo ou administrativo, ainda que não provida de intenção discriminatória no momento de sua concepção, deve ser condenada por violação do princípio constitucional da igualdade material, se

em consequência de sua aplicação resultarem efeitos nocivos de incidência especialmente desproporcional sobre certas categorias de pessoas."(8)

Afigura-se fundamental que, na análise dos fatos trazidos ao conhecimento do Poder Judiciário, o magistrado observe os atos de discriminação indireta, que são tão perniciosos quanto as discriminações claras e diretas. A discriminação indireta é mais grave, porque traduz um pensamento estigmatizante reconhecido como normal por determinadas pessoas; deste modo deve ser objeto de alerta e correção na senda da concretização da isonomia.

8. Atuação policial na proteção da sexualidade e gênero

8.1. Operação "fada madrinha"

No ano de 2018, a operação "fada madrinha" da Polícia Federal prendeu cinco pessoas em investigação de esquema de tráfico internacional de transexuais brasileiras, submetidas a trabalho análogo à escravidão. A investigação teve início em novembro de 2017, quando recebeu a denúncia de que jovens eram aliciados pelas redes sociais na *internet*, com a promessa de procedimentos cirúrgicos faciais e corporais, para transformá-los em transexuais.

Os criminosos prometiam a participação das vítimas em concursos de misses na Itália. Entretanto, ao chegarem na Franca, as transexuais eram submetidas à exploração sexual e condição análoga à escravidão.

De acordo com a Polícia Federal, "Os investigados aplicavam silicone industrial no corpo das vítimas e as encaminhavam para clínicas médicas para implante de próteses mamárias, havendo indícios de que as próteses utilizadas eram provenientes de reuso"(9).

Não bastasse, o Ministério Público Federal, informou que, nas investigações, restou comprovada a aplicação de silicone industrial nas transexuais para modelagem de bocas, quadris e mamas, sendo que tal substância é utilizada para lubrificar máquinas e motores, sendo proibida pela Anvisa, pois pode causar necrose, embolia, deformidades e até a morte.

Proprietários de repúblicas e pensionatos também são investigados por oferecer e financiar os procedimentos cirúrgicos as vítimas, que se endividavam e se tornavam prisioneiras. Destarte, para conseguirem residir na república e poder alcançar a identidade de gênero, eram obrigadas a se prostituírem para efetuar o pagamento pela moradia e cirurgia. As transexuais também eram obrigadas, a adquirir itens dos suspeitos, como roupas, perucas, sapatos etc., o que as levava a um ciclo de endividamento interminável.

(8) GOMES, Joaquim B. Barbosa. *Ação Afirmativa & Princípio Constitucional da Igualdade.* Rio de Janeiro: Renovar, 2001. p. 24.

(9) Disponível em: <https://g1.globo.com/sp/ribeirao-preto-franca/noticia/2018/08/09/operacao-fada-madrinha-apura-suspeita-de-trafico-internacional-de-transexuais-e-trabalho-escravo.ghtml>.

As vítimas consideradas mais bonitas eram enviadas para a Itália para a participação em concursos de misses, o que gerava um maior endividamento. Quanto lá chegavam eram novamente submetidas à exploração sexual para o pagamento de dívidas com os criminosos.

O esquema criminoso foi descoberto em São Paulo, Goiás e Minas Gerais. De acordo com a Polícia Federal, os criminosos anunciavam a venda das transexuais pela *internet*, por cerca de US$ 15 mil, sendo que em 2017 pelo menos 11 transexuais foram traficadas pela quadrilha para a Itália.

8.2. Operação Cinderela

No ano de 2019 foi deflagrada a operação Cinderela, na qual a Polícia Federal prendeu cinco pessoas suspeitas de exploração de transexuais, tendo sido 38 vítimas resgatadas. As vítimas que não pagavam as suas dívidas eram submetidas a castigos físicos e morais tendo uma delas sido encontrada morta após aplicação de silicone industrial.

As transexuais chegavam a Ribeirão Preto já endividadas pelo valor da passagem e despesas de viagem, o que aumentava em razão dos procedimentos estéticos a que se submetiam. A dívida aumentava por serem obrigadas ao consumo de drogas e efetuavam o pagamento prostituindo-se. De acordo com a Polícia Federal, houve registro de aplicação de castigos físicos com pedaços de madeiras com pregos.

9. Atuação jurisdicional na proteção da sexualidade e gênero

No ano de 2021 comemora-se os dez anos do julgados da ADI n. 4.277 e da ADPF n. 132, pelo STF que, de forma brilhante, assegurou o direito à união homoafetiva, em decisão assim ementada:

> "1. ARGUIÇÃO DE DESCUMPRIMENTO DE PRECEITO FUNDAMENTAL (ADPF). PERDA PARCIAL DE OBJETO. RECEBIMENTO, NA PARTE REMANESCENTE, COMO AÇÃO DIRETA DE INCONSTITUCIONALIDADE. UNIÃO HOMOAFETIVA E SEU RECONHECIMENTO COMO INSTITUTO JURÍDICO. CONVERGÊNCIA DE OBJETOS ENTRE AÇÕES DE NATUREZA ABSTRATA. JULGAMENTO CONJUNTO. Encampação dos fundamentos da ADPF n. 132-RJ pela ADI n. 4.277-DF, com a finalidade de conferir "interpretação conforme à Constituição" ao art. 1.723 do Código Civil. Atendimento das condições da ação. 2. PROIBIÇÃO DE DISCRIMINAÇÃO DAS PESSOAS EM RAZÃO DO SEXO, SEJA NO PLANO DA DICOTOMIA HOMEM/MULHER (GÊNERO), SEJA NO PLANO DA ORIENTAÇÃO SEXUAL DE CADA QUAL DELES. A PROIBIÇÃO DO PRECONCEITO COMO CAPÍTULO DO CONSTITUCIONALISMO FRATERNAL. HOMENAGEM AO PLURALISMO COMO VALOR SÓCIO-POLÍTICO-CULTURAL. LIBERDADE PARA DISPOR DA PRÓPRIA SEXUALIDADE, INSERIDA NA CATEGORIA DOS DIREITOS FUNDAMENTAIS DO INDIVÍDUO, EXPRESSÃO QUE É DA AUTONOMIA DE VONTADE. DIREITO À INTIMIDADE E À VIDA PRIVADA. CLÁUSULA PÉTREA. O sexo das pessoas, salvo disposição constitucional expressa ou implícita em sentido contrário, não se presta como fator de desigualação jurídica. Proibição de preconceito, à luz do inciso IV do art. 3º da Constituição Federal, por colidir frontalmente com o objetivo constitucional de "promover o bem de todos". Silêncio normativo da Carta Magna a respeito do concreto uso do sexo dos indivíduos como

saque da kelseniana "norma geral negativa", segundo a qual "o que não estiver juridicamente proibido, ou obrigado, está juridicamente permitido". Reconhecimento do direito à preferência sexual como direta emanação do princípio da "dignidade da pessoa humana": direito à autoestima no mais elevado ponto da consciência do indivíduo. Direito à busca da felicidade. Salto normativo da proibição do preconceito para a proclamação do direito à liberdade sexual. O concreto uso da sexualidade faz parte da autonomia da vontade das pessoas naturais. Empírico uso da sexualidade nos planos da intimidade e da privacidade constitucionalmente tuteladas. Autonomia da vontade. Cláusula pétrea. 3. TRATAMENTO CONSTITUCIONAL DA INSTITUIÇÃO DA FAMÍLIA. RECONHECIMENTO DE QUE A CONSTITUIÇÃO FEDERAL NÃO EMPRESTA AO SUBSTANTIVO "FAMÍLIA" NENHUM SIGNIFICADO ORTODOXO OU DA PRÓPRIA TÉCNICA JURÍDICA. A FAMÍLIA COMO CATEGORIA SÓCIO-CULTURAL E PRINCÍPIO ESPIRITUAL. DIREITO SUBJETIVO DE CONSTITUIR FAMÍLIA. INTERPRETAÇÃO NÃO REDUCIONISTA. O *caput* do art. 226 confere à família, base da sociedade, especial proteção do Estado. Ênfase constitucional à instituição da família. Família em seu coloquial ou proverbial significado de núcleo doméstico, pouco importando se formal ou informalmente constituída, ou se integrada por casais heteroafetivos ou por pares homoafetivos. A Constituição de 1988, ao utilizar-se da expressão "família", não limita sua formação a casais heteroafetivos nem a formalidade cartorária, celebração civil ou liturgia religiosa. Família como instituição privada que, voluntariamente constituída entre pessoas adultas, mantém com o Estado e a sociedade civil uma necessária relação tricotômica. Núcleo familiar que é o principal lócus institucional de concreção dos direitos fundamentais que a própria Constituição designa por "intimidade e vida privada" (inciso X do art. 5º). Isonomia entre casais heteroafetivos e pares homoafetivos que somente ganha plenitude de sentido se desembocar no igual direito subjetivo à formação de uma autonomizada família. Família como figura central ou continente, de que tudo o mais é conteúdo. Imperiosidade da interpretação não reducionista do conceito de família como instituição que também se forma por vias distintas do casamento civil. Avanço da Constituição Federal de 1988 no plano dos costumes. Caminhada na direção do pluralismo como categoria sócio-político-cultural. Competência do Supremo Tribunal Federal para manter, interpretativamente, o Texto Magno na posse do seu fundamental atributo da coerência, o que passa pela eliminação de preconceito quanto à orientação sexual das pessoas. 4. UNIÃO ESTÁVEL. NORMAÇÃO CONSTITUCIONAL REFERIDA A HOMEM E MULHER, MAS APENAS PARA ESPECIAL PROTEÇÃO DESTA ÚLTIMA. FOCADO PROPÓSITO CONSTITUCIONAL DE ESTABELECER RELAÇÕES JURÍDICAS HORIZONTAIS OU SEM HIERARQUIA ENTRE AS DUAS TIPOLOGIAS DO GÊNERO HUMANO. IDENTIDADE CONSTITUCIONAL DOS CONCEITOS DE "ENTIDADE FAMILIAR" E "FAMÍLIA". A referência constitucional à dualidade básica homem/mulher, no § 3º do seu art. 226, deve-se ao centrado intuito de não se perder a menor oportunidade para favorecer relações jurídicas horizontais ou sem hierarquia no âmbito das sociedades domésticas. Reforço normativo a um mais eficiente combate à renitência patriarcal dos costumes brasileiros. Impossibilidade de uso da letra da Constituição para ressuscitar o art. 175 da Carta de 1967/1969. Não há como fazer rolar a cabeça do art. 226 no patíbulo do seu parágrafo terceiro. Dispositivo que, ao utilizar da terminologia "entidade familiar", não pretendeu diferenciá-la da "família". Inexistência de hierarquia ou diferença de qualidade jurídica entre as duas formas de constituição de um novo e autonomizado núcleo doméstico. Emprego do fraseado "entidade familiar" como sinônimo perfeito de família. A Constituição não interdita a formação de família por pessoas do mesmo sexo. Consagração do juízo de que não se proíbe nada a ninguém senão em face de um direito ou de proteção de um legítimo interesse de outrem, ou de toda a sociedade, o que não se dá na hipótese *sub judice*. Inexistência do direito dos indivíduos heteroafetivos à sua não equiparação jurídica com os indivíduos homoafetivos. Aplicabilidade do § 2º do art. 5º da Constituição Federal, a evidenciar que outros direitos e garantias, não expressamente listados na Constituição, emergem "do regime e dos princípios

> por ela adotados", verbis: "Os direitos e garantias expressos nesta Constituição não excluem outros decorrentes do regime e dos princípios por ela adotados, ou dos tratados internacionais em que a República Federativa do Brasil seja parte". 5. DIVERGÊNCIAS LATERAIS QUANTO À FUNDAMENTAÇÃO DO ACÓRDÃO. Anotação de que os Ministros Ricardo Lewandowski, Gilmar Mendes e Cezar Peluso convergiram no particular entendimento da impossibilidade de ortodoxo enquadramento da união homoafetiva nas espécies de família constitucionalmente estabelecidas. Sem embargo, reconheceram a união entre parceiros do mesmo sexo como uma nova forma de entidade familiar. Matéria aberta à conformação legislativa, sem prejuízo do reconhecimento da imediata auto-aplicabilidade da Constituição. 6. INTERPRETAÇÃO DO ART. 1.723 DO CÓDIGO CIVIL EM CONFORMIDADE COM A CONSTITUIÇÃO FEDERAL (TÉCNICA DA "INTERPRETAÇÃO CONFORME"). RECONHECIMENTO DA UNIÃO HOMOAFETIVA COMO FAMÍLIA. PROCEDÊNCIA DAS AÇÕES. Ante a possibilidade de interpretação em sentido preconceituoso ou discriminatório do art. 1.723 do Código Civil, não resolúvel à luz dele próprio, faz-se necessária a utilização da técnica de "interpretação conforme à Constituição". Isso para excluir do dispositivo em causa qualquer significado que impeça o reconhecimento da união contínua, pública e duradoura entre pessoas do mesmo sexo como família. Reconhecimento que é de ser feito segundo as mesmas regras e com as mesmas consequências da união estável heteroafetiva." (STF, ADI 4277, relator(a): AYRES BRITTO, Tribunal Pleno, julgado em 05.05.2011, *DJe*-198 DIVULG 13.10.2011 PUBLIC 14.10.2011 EMENT VOL-02607-03 PP-00341 RTJ VOL-00219-01 PP-00212)

Observe-se que a união de pessoas do mesmo sexo foi reconhecida por ato judicial e não pela iniciativa do Poder Legislativo, o que mostra, muitas vezes a dificuldade legislativa acerca de determinados temas em que a sociedade possui preconceito.

Da mesma forma, nos autos do STF/MI n. 4.733 e da STF/ADO n. 26 acolhe o crime de homofobia e homotransfobia, não tipificado legislativamente no Brasil.

> "EMENTA: DIREITO CONSTITUCIONAL. MANDADO DE INJUNÇÃO. DEVER DO ESTADO DE CRIMINALIZAR AS CONDUTAS ATENTATÓRIAS DOS DIREITOS FUNDAMENTAIS. HOMOTRANSFOBIA. DISCRIMINAÇÃO INCONSTITUCIONAL. OMISSÃO DO CONGRESSO NACIONAL. MANDADO DE INJUNÇÃO JULGADO PROCEDENTE. 1. É atentatório ao Estado Democrático de Direito qualquer tipo de discriminação, inclusive a que se fundamenta na orientação sexual das pessoas ou em sua identidade de gênero. 2. O direito à igualdade sem discriminações abrange a identidade ou expressão de gênero e a orientação sexual. 3. À luz dos tratados internacionais de que a República Federativa do Brasil é parte, dessume-se da leitura do texto da Carta de 1988 um mandado constitucional de criminalização no que pertine a toda e qualquer discriminação atentatória dos direitos e liberdades fundamentais. 4. A omissão legislativa em tipificar a discriminação por orientação sexual ou identidade de gênero ofende um sentido mínimo de justiça ao sinalizar que o sofrimento e a violência dirigida a pessoa gay, lésbica, bissexual, transgênera ou intersex é tolerada, como se uma pessoa não fosse digna de viver em igualdade. A Constituição não autoriza tolerar o sofrimento que a discriminação impõe. 5. A discriminação por orientação sexual ou identidade de gênero, tal como qualquer forma de discriminação, é nefasta, porque retira das pessoas a justa expectativa de que tenham igual valor. 6. Mandado de injunção julgado procedente, para (i) reconhecer a mora inconstitucional do Congresso Nacional e; (ii) aplicar, até que o Congresso Nacional venha a legislar a respeito, a Lei n. 7.716/1989 a fim de estender a tipificação prevista para os crimes resultantes de discriminação ou preconceito de raça, cor, etnia, religião ou procedência nacional à discriminação por orientação sexual ou identidade de gênero." (MI n. 4.733, relator(a): EDSON FACHIN, Tribunal Pleno, julgado em 13.06.2019, PROCESSO ELETRÔNICO *DJe*-238 DIVULG 28.09.2020 PUBLIC 29.09.2020)

Segundo o relatório observatório de mortes violentas de LGBTI+ no Brasil em 2020, 237 foram mortas em razão de sua orientação sexual ou identidade de gênero, sendo 161 travestis e transsexuais, 51 homossexuais masculinos, 10 homossexuais femininos, 3 homens transsexuais, 3 bissexuais e 2 heterossexuais confundidos com gays(10). Desde o ano 2000, até 2020, ocorreram 5.047 mortes violentas da população LGBTI+ no Brasil(11).

10. Guia para os magistrados pata julgamento na perspectiva de gênero

O Protocolo para Julgamento com Perspectiva de Gênero, na segunda parte traz o passo a passo, uma guia que deve ser observado pelos magistrados: primeira aproximação com o processo e com os sujeitos processuais; as medidas especiais de proteção dos vulneráveis, tais como tutela de urgência e ou de evidência; instrução processual diferenciada, com identificação dos fatos, inversão do ônus da prova se for o caso e valoração da prova com atribuição de peso à palavra da vítima; identificação do marco normativo internacional e nacional, bem como a existência de precedentes vinculantes e ou qualificados sobre direitos humanos e perspectiva de gênero; aplicação e interpretação do direito ao caso concreto à luz das considerações dos julgados em ações de controle de constitucionalidade, controle de convencionalidade, súmulas vinculantes, súmulas e orientações jurisprudenciais e teses em repercussão geral e recursos repetitivos etc..

11. Primeira aproximação com o processo

A primeira conduta do juiz no processo deve ser a identificação do conflito de interesses em discussão, não apenas em relação à matéria debatida, mas às "assimetrias de gênero, sempre em perspectiva interseccional, estão presentes no conflito apresentado".

Em alguns casos a questão referente ao gênero é latente. Entretanto, em determinados casos, pode a matéria estar velada.

O protocolo cita dois exemplos:

> "• Um inventário pode, a princípio, parecer algo neutro a gênero. Entretanto, ao refletir sobre este em contexto, é possível que o(a) julgador(a) perceba a omissão na antecipação da legítima a herdeiros homens, em detrimento a herdeiras mulheres. Esta é uma questão de gênero.
>
> • A definição de indenizações no âmbito do trabalho pode parecer neutra. Entretanto, se pensarmos que mulheres, em geral, ganham 30% a menos do que homens, uma questão de gênero emerge."

(10) Disponível em: <https://static.poder360.com.br/2021/05/Observatorio%E2%80%90de%E2%80%90Mortes%E2%80%90Violentas%E2%80%90de%E2%80%90LGBTI-13mai2021.pdf>.

(11) *Idem*.

Em certas situações referentes à opressão de grupos, como ocorre com a demarcação de terras indígenas que são naturalmente questões decorrentes de conflitos raciais e étnicos, podem ter subjacente matéria relativa a gênero, como violação do direito específico de mulheres ou crianças.

Para tal finalidade, o Protocolo sugere seja feita pelo magistrado o seguinte questionamento:

> "Nesse primeiro momento, é recomendável que o julgador se pergunte: é possível que desigualdades estruturais tenham algum papel relevante nessa controvérsia? A resposta só pode ser dada por meio de um olhar atento ao contexto."

12. Aproximação dos sujeitos processuais

Na atuação processual, o magistrado deve tratar as partes como pessoas relevantes para a solução do conflito e em respeito às condições pessoais de cada um.

De acordo com o Protocolo:

> **"A questão chave é: existem circunstâncias especiais que devem ser observadas para que a justiça seja um espaço igualitário para mulheres?**
>
> **Incluem, por exemplo:**
>
> **• Alguma das pessoas presentes em audiência é lactante?**
>
> **• Alguma das pessoas tem filhos pequenos?**
>
> **• Alguma das pessoas tem algum tipo de vulnerabilidade que possa tornar uma sessão desconfortável para ela?**
>
> **• As partes envolvidas no processo compreendem exatamente o que está sendo discutido?**
>
> **• As perguntas propostas às partes são suficientemente claras?**
>
> • A atenção à advogada gestante, lactante ou adotante, de que trata a Lei n. 13.363/2016, deve ser vetor, no que couber, para as demais mulheres envolvidas no processo. Nesse sentido, a magistrada ou o magistrado deve estar atento à duração dos atos e as precedências necessárias quando mulheres nessas condições estiverem envolvidas. Audiências longas devem ser conduzidas com atenção às pausas e precedências demandadas por gestantes e lactantes.
>
> • A comunicação, tanto oral quanto escrita, direcionada às partes deve observar a clareza necessária para que as destinatárias possam compreender

os comandos sem equívocos. Especial atenção deve ser adotada nos atos presenciais e nas inquirições. É preciso cuidado para que o vocabulário não seja obstáculo para a compreensão dos atos. É preciso, igualmente, atenção à privacidade das envolvidas, na medida do possível, bem como à eventual necessidade de inserção da parte ou testemunha em rede de apoio e proteção. Para tanto, é imprescindível postura que gere confiança e empatia em relação à pessoa atendida, comunicando sempre com clareza os limites de atuação do juízo."

13. Medidas especiais de proteção: tutelas de urgência ou de evidência

Matéria de fundamental importância reside na concessão de medidas de proteção. Verificado se tratar o caso de questão referente ao gênero, seja em relação de marido e mulher, pais e filhos, mulher e ex-namorado, empregador e empregada, deve-se verificar a necessidade de concessão de tutela *ab initio* para preservação do direito vindicado, como meio de fazer cessar eventual agressão.

> "Nesse ponto, questões relevantes são:
>
> • O caso requer alguma medida imediata de proteção (ex.: afastamento, alimentos, medidas de restrição ao agressor, medidas protetivas)?
>
> • As partes envolvidas estão em risco de vida ou de sofrer alguma violação à integridade física e/ou psicológica?
>
> • Existe alguma assimetria de poder entre as partes envolvidas?
>
> • Existem fatores relacionados ao contexto no qual a pessoa está inserida; fatores socioeconômicos ou aspectos culturais (ex.: cultura de não intervenção em brigas conjugais) que propiciam o risco?
>
> • Há alguma providência extra-autos, de encaminhamento ou de assistência às vítimas a ser tomada (ex: medidas de profilaxia ou interrupção da gravidez)?
>
> • O que significa proteger, no caso concreto?
>
> • A autonomia da mulher está sendo respeitada?"

14. Instrução processual diferenciada. Identificação de fatos. Inversão do ônus da prova. Valoração de provas

Deve-se atentar, na instrução processual, à possibilidade da atuação do magistrado gerar sensação de desconfiança com as autoridades públicas, sendo necessário impedir que atos decorrentes de desigualdades estruturais ocorram. O mesmo deve ocorrer com os peritos, assistentes sociais, policiais, que devem fazer cessar qualquer atividade que gera desigualdade entre as pessoas.

> "A questão chave nesse ponto é: a instrução processual está reproduzindo violências institucionais de gênero? A instrução está permitindo um ambiente propício para a produção de provas com qualidade?
>
> Subquestões incluem, por exemplo:
>
> • Perguntas estão reproduzindo estereótipos de gênero? (ex.: questionam qualidade da maternidade ou o comportamento da mulher a partir de papéis socialmente atribuídos?).
>
> • Perguntas estão desqualificando a palavra da depoente de alguma maneira? (ex.: questionam os sentimentos da depoente com relação à atual esposa de seu ex-marido ou qualquer ressentimento que possa existir entre as partes?).
>
> • Perguntas podem estar causando algum tipo de revitimização? (ex.: perguntas que exponham a intimidade da vítima, perguntas que façam a mulher revisitar situações traumáticas).
>
> • O ambiente proporciona algum impedimento para que a depoente se manifeste sem constrangimentos e em situação de conforto? (ex.: a depoente encontra-se cercada por homens? O acusado encontra-se na sala?79).
>
> • A depoente está sofrendo algum tipo de interrupção ou pressão que a impeça de desenvolver seu raciocínio?
>
> • Laudos de caráter técnico-científico ou social podem estar impregnados de estereótipos, dando excessiva importância para pontos que só importam por conta de desigualdades estruturais ou então deixando de fora questões que só são percebidas quando há atenção a dinâmicas de desigualdades estruturais?"

No que pertine ao ônus da prova a cargo da pessoa vulnerável e na perspectiva de gênero. A ONU editou a Recomendação Geral n. 33/2015 sobre o acesso das mulheres à Justiça e em seu item 15, "*b*", "*c*" e "*g*", determina aos Estados que:

> "15. A respeito da justiciabilidade, o Comitê recomenda que os Estados partes:
>
> (...)
>
> *b)* Ampliem o acesso irrestrito das mulheres aos sistemas de justiça e assim as fortaleçam para alcançar a igualdade de jure e de facto;
>
> *c)* Assegurem que os profissionais dos sistemas de justiça lidem com os casos de uma forma sensível a gênero;

(...)

g) Revisem as regras sobre o ônus da prova, a fim de assegurar a igualdade entre as partes, em todos os campos nos quais as relações de poder privem as mulheres da oportunidade de um tratamento justo de seus casos pelo judiciário."[12]

De acordo com a ONU, dentre os objetivos de Desenvolvimento Sustentável, destaca-se o de número 5, qual seja, "Alcançar a igualdade de gênero e empoderar todas as mulheres e meninas"

"5.1 Acabar com todas as formas de discriminação contra todas as mulheres e meninas em toda parte;

5.2 Eliminar todas as formas de violência contra todas as mulheres e meninas nas esferas públicas e privadas, incluindo o tráfico e exploração sexual e de outros tipos;

5.3 Eliminar todas as práticas nocivas, como os casamentos prematuros, forçados e de crianças e mutilações genitais femininas;

5.4 Reconhecer e valorizar o trabalho de assistência e doméstico não remunerado, por meio da disponibilização de serviços públicos, infraestrutura e políticas de proteção social, bem como a promoção da responsabilidade compartilhada dentro do lar e da família, conforme os contextos nacionais;

5.5 Garantir a participação plena e efetiva das mulheres e a igualdade de oportunidades para a liderança em todos os níveis de tomada de decisão na vida política, econômica e pública;

5.6 Assegurar o acesso universal à saúde sexual e reprodutiva e os direitos reprodutivos, como acordado em conformidade com o Programa de Ação da Conferência Internacional sobre População e Desenvolvimento e com a Plataforma de Ação de Pequim e os documentos resultantes de suas conferências de revisão;

5.a Realizar reformas para dar às mulheres direitos iguais aos recursos econômicos, bem como o acesso a propriedade e controle sobre a terra e outras formas de propriedade, serviços financeiros, herança e os recursos naturais, de acordo com as leis nacionais;

5.b Aumentar o uso de tecnologias de base, em particular as tecnologias de informação e comunicação, para promover o empoderamento das mulheres;

5.c Adotar e fortalecer políticas sólidas e legislação aplicável para a promoção da igualdade de gênero e o empoderamento de todas as mulheres e meninas em todos os níveis"[13]

Em relação ao assédio moral e sexual a situação, muitas vezes, torna-se ainda mais complexa a distribuição do ônus da prova. A Convenção n. 190 e a Recomendação n. 206, da OIT, determinam a observância de tribunais com pessoal especializado em casos de violência e assédio com base no gênero e alteração do ônus da prova em processos que

(12) Disponível em: <https://assets-compromissoeatitude-ipg.sfo2.digitaloceanspaces.com/2016/02/Recomendacao-Geral-n33-Comite-CEDAW.pdf>. Acesso em: 04 fev. 2021.

(13) Disponível em: <https://brasil.un. org/pt-br/sdgs/5>. Acesso em: 04 fev. 2021.

não sejam penais. No mesmo sentido decidiu a Corte Interamericana de Direitos Humanos, no Caso Velásquez Rodríguez *Vs.* Honduras:

> "135. À diferença do Direito Penal interno, nos processos sobre violações de direitos humanos, a defesa do Estado não pode descansar sobre a impossibilidade do demandante de alegar provas que, em muitos casos, não podem ser obtidas sem a cooperação do Estado."

Tal entendimento se ajusta com o disposto no art. 818, § 1º, da CLT e com os arts. 5º, 6º e 373, § 1º, do CPC.

Em fevereiro de 2021, o Conselho Nacional de Justiça, na abertura da 340ª Sessão Ordinária, no dia 19.10.2021, publicou o Protocolo para Julgamento com Perspectiva de Gênero de 2021, e dispõe que:

> "Uma análise a partir das lentes da perspectiva de gênero em demandas que questionem processos seletivos discriminatórios, sejam eles humanizados ou automatizados, permitiria a inversão do ônus da prova como meio de respeito à justiciabilidade, conforme sugere a Recomendação CEDAW n. 33, § 15, alínea *"g"*, ou mesmo a partir do principio da distribuição dinâmica do ônus da prova, consagrado no art. 818, § 1º, da CLT."

Isto porque

> "A relação de trabalho no capitalismo é uma relação social e uma relação de poder, que se expressa com o par subordinação/poder diretivo, de modo que assimetria e vulnerabilidade, via de regra, marcam a condição do trabalhador e da trabalhadora. Todavia, o contrato de trabalho não tem o condão de normalizar a violência e o assédio como 'parte do trabalho'. Ao contrário, o empregador e a empregadora tem a obrigação de promover um ambiente de trabalho saudável e equilibrado."(14)

O sistema processual se desligou de suas raízes absolutamente individualistas e formais da legislação e adotou como princípio fundante do sistema a primazia do julgamento do mérito, pelo qual deve o magistrado, sempre que possível, e sem prejuízo ao devido processo legal justo e adequado, sanar eventual vício existente e resolver o mérito da questão, para que a lide social seja definitivamente pacificada de forma justa.

> A inversão do ônus da prova em situações como estas permitiria que vítimas de discriminações, especialmente em se tratando de grupos vulneráveis, cujas práticas discriminatórias podem, inclusive, ser presumidas em ambientes de trabalho que estatisticamente não as acolhem, tenham a chance de

(14) Protocolo para Julgamento com Perspectiva de Gênero, de 2021, do CNJ. p. 112.

demonstrar que a sua não contratação se deu por motivos preconceituosos, excludentes e alheios às especificidades profissionais exigidas.[(15)]

Assim, poderá e deverá o magistrado, no caso concreto, determinar a inversão do ônus da prova para que seja ao empregador imputado o ônus da prova do ambiente saudável de trabalho, seja por meio de testemunhas, gravações de vídeo do sistema de segurança parágrafo único mesmo comunicações internas eletrônicas na empresa.

Muitas vezes a produção de provas é difícil para a parte que sofre preconceito ou discriminação, precipuamente quando os fatos ocorrem de forma oculta, como acontece com violência sexual, assédios no ambiente de trabalho violência doméstica etc.

Em tais casos, deve o juiz se atentar para os riscos e temores das testemunhas, como por exemplo, em caso de assédio sexual ou moral, a possibilidade de, caso deponha em juízo, perder seu emprego.

> "Nesse ponto, questões-chave são:
>
> • Uma prova geralmente considerada relevante poderia ter sido produzida? (ex.: existem circunstâncias que poderiam impedir a produção de provas testemunhais, como medo por parte de testemunhas oculares de prestar depoimento?).
>
> • Em vista da resposta conferida à primeira questão, é necessário conferir um peso diferente à palavra da vítima?
>
> • Provas podem estar imbuídas de estereótipos de gênero? (ex.: um depoimento de testemunha sobre determinada ocorrência pode se pautar em ideias falsas sobre como a vítima deveria ter se comportado ou sobre como homens, em geral, se comportam?).
>
> • Minhas experiências pessoais podem estar influenciando a minha apreciação dos fatos? (ex.: nunca sofri violência em casa e, portanto, me parece difícil que uma pessoa que tenha uma relação afetiva com uma mulher pratique algum tipo de violência).
>
> • Posso estar dando peso a um evento que só parece importar por ideias pré-concebidas que permeiam minha visão de mundo? (ex.: depoimentos que dizem que uma mulher acusa o ex-marido por vingança após traição — ideia que habita o imaginário popular?).
>
> • Da mesma forma, posso estar minimizando algum fato relevante? (ex.: assediador não tinha cargo formalmente superior, mas, informalmente tinha poder por ser amigo do chefe?)

---

(15) *Op. cit.*, p. 109-110.

• Posso estar ignorando como as dinâmicas de desigualdades estruturais interferem na vida de uma pessoa? Ou seja, é possível que dinâmicas de gênero tornem importantes fatos que, pela minha experiência ou visão de mundo, poderiam parecer irrelevantes? (ex.: uma mulher demorou para denunciar seu ex-marido por violência doméstica por medo de retaliação ou por ser financeiramente dependente?) Identificação do marco normativo e precedentes aplicáveis."

O escopo precípuo da jurisdição é a pacificação dos conflitos sociais, cabendo ao magistrado a adoção de medidas ativas para se alcançar tal fim.

Quanto ao tema afirma Dinamarco que

> Outro dever do juiz moderno é o de ter iniciativas probatórias em certos casos e em alguma medida. A visão tradicionalista do processo, com exagerado apego àquela ideia de um jogo em que cada um esgrima com as armas que tiver, levava à crença de que o juiz, ao tomar alguma iniciativa de prova, arriscar-se-ia temerariamente a perder a imparcialidade para julgar depois. Tal era o fundamento do princípio dispositivo, naquela visão clássica segundo a qual só as partes provariam e o juiz permaneceria sempre *au-dessus de la mêlée*, simplesmente recebendo as provas que elas trouxessem, para afinal examiná-las e valorá-las. Mas a vocação solidarista do Estado moderno, que não permanece naquele *laissez faire, laissez passer* da filosofia liberal, exige que o juiz seja um personagem participativo e responsável do drama judiciário, não mero figurante de uma comédia. Afinal, o processo é hoje encarado como um instrumento público que não pode ser regido exclusivamente pelos interesses, condutas e omissões dos litigantes 3 ele é uma instituição do Estado, não um negócio em família (Liebman).(16)

Completa o autor

> "O processo civil moderno repudia a ideia do juiz Pilatos, que, em face de uma instrução mal feita, resigna-se a fazer injustiça e atribuindo ao litigante omisso a má decisão que vier a proferir"(17)
>
> (...)
>
> "O juiz mudo tem também algo de Pilatos e, por temor ou vaidade, afasta-se do compromisso de fazer justiça."(18)

---

(16) *Instituições de Direito Processual Civil*. 10. ed. São Paulo: Malheiros, 2020. p. 296.

(17) *Op. cit.*, p. 297.

(18) *Op. cit.* p. 298.

Portanto, não apenas o direito ao acesso ao Judiciário e à ampla produção de provas, mas a atuação ativa do magistrado apresenta-se como meio para dar concretude ao direito fundamental à prestação jurisdicional justa, de modo a permitir uma efetiva pacificação dos conflitos sociais, livre de preconceitos e discriminações e, assim permitir a redução das desigualdades.

15. Identificação do marco normativo e dos precedentes

O juiz deve considerar, no julgamento da demanda: a) os marcos normativos; e b) precedentes nacionais ou internacionais que se relacionam com o caso em análise.

No campo do direito internacional material os postulados da igualdade são previstos no sistema universal de proteção de direitos (Organização das Nações Unidas) e instrumentos gerais de proteção de direitos humanos:

Sistema universal de proteção de direitos (Organização das Nações Unidas)
Instrumentos gerais de proteção de direitos humanos
Carta das Nações Unidas (1945)
Declaração Universal dos Direitos Humanos (1948)
Pacto Internacional dos Direitos Civis e Políticos (1966)
Protocolo Facultativo ao Pacto Internacional dos Direitos Civis e Políticos (1966)
Pacto Internacional sobre Direitos Econômicos, Sociais e Culturais (1966)
Protocolo Facultativo ao Pacto Internacional sobre Direitos Econômicos, Sociais e Culturais (2008)
Convenção Internacional sobre a Eliminação de Todas as Formas de Discriminação Racial (1969)
Convenção contra a Tortura e Outros Tratamentos ou Penas Cruéis, Desumanos ou Degradantes (1984)
Convenção sobre os Direitos da Criança (1990)
Convenção Internacional sobre a Proteção dos Direitos de Todos os Trabalhadores Migrantes e dos Membros de suas Famílias (1990)
Declaração das Nações Unidas sobre os Direitos dos Povos Indígenas (2006)
Convenção Internacional para a Proteção de Todas as Pessoas contra o Desaparecimento Forçado (2006)
Protocolo adicional à Convenção das Nações Unidas contra o Crime Organizado Transnacional Relativo à Prevenção, Repressão e Punição do Tráfico de Pessoas, em Especial Mulheres e Crianças (2000)
Regras Mínimas das Nações Unidas para o Tratamento de Presos (Regras de Mandela) (2015)
Regras de Pequim: regras mínimas das Nações Unidas para a administração da justiça de menores (1985)
Princípios de Yogyakarta (2006)
Princípios de Conduta Judicial de Bangalore (2006)
Agenda 2030 – Objetivos de Desenvolvimento Sustentável (2015)

Instrumentos específicos de protec☒ão ao Ge☒nero
Convenção sobre os Direitos Políticos da Mulher (1953)
Convenção Internacional sobre a Eliminação de Todas as Formas de Discriminação contra a Mulher – CEDAW (1979) e seu Protocolo Facultativo (1999) Protocolo Facultativo à Convenção sobre a Eliminação de Todas as Formas de Discriminação contra a Mulher
Ver recomendações traduzidas para o português em: "Comentários Gerais dos Comitês de Tratados Direitos Humanos da ONU — Comitê para Eliminação da Discriminação contra as Mulheres". Elaborado pelo Núcleo de Estudos Internacionais – Clínica de Direito Internacional dos Direitos Humanos da Faculdade de Direito da Universidade de São Paulo. Coordenação: André de Carvalho Ramos. Recomendação Geral n. 19 sobre violência contra as mulheres do Comitê CEDAW Recomendação Geral n. 28 sobre as obrigações fundamentais dos estados-partes decorrentes do art. 2 da Convenção sobre a Eliminação de Todas as Formas de Discriminação contra as Mulheres do Comitê CEDAW Recomendação Geral n. 33 sobre o acesso das mulheres à Justiça Recomendação Geral n. 35 sobre a violência de gênero contra as mulheres do Comitê CEDAW
Convenção Interamericana para Prevenir, Punir e Erradicar a Violência contra as Mulheres – Convenção de Belém do Pará (1994)
Conferência Internacional sobre a População e Desenvolvimento – Plataforma de Cairo (1994) (direitos sexuais e reprodutivos)
Declaração e Plataforma de ação da IV Conferência Mundial sobre a Mulher – Pequim (1995)
Regras das Nações Unidas para o tratamento de mulheres presas e medidas não privativas de liberdade para mulheres infratoras (Regras de Bangkok) – (2010)

Sistema universal – Organizac☒ão Internacional do Trabalho
Convenção n. 100 – Igualdade de remuneração de homens e mulheres trabalhadores por trabalho de igual valor
Convenção n. 103 – Amparo à maternidade
Convenção n. 111 – Discriminação em matéria de emprego e ocupação
Convenção n. 117 – Sobre objetivos e normas básicas da política social
Convenção n. 136 – Contra os riscos da intoxicação pelo benzeno
Convenção n. 140 – Licença remunerada para estudos
Convenção n. 141 – Organizações de trabalhadores rurais
Convenção n. 168 – Promoção do emprego e proteção contra o desemprego
Convenção n. 169 – Povos indígenas e tribais
Convenção n. 189 – Trabalho decente para as trabalhadoras e os trabalhadores domésticos

Convenc☒ões não ratificadas
Convenção n. 156 – Sobre igualdade de oportunidades e de tratamento para trabalhadores e trabalhadoras com responsabilidades familiares. Homens e mulheres trabalhadores: trabalhadores com encargos de família
Convenção n. 190 – Violências e assédios no mundo do trabalho

Sistema regional de protec⊠ão de direitos (Sistema Interamericano de Direitos Humanos)
Instrumentos gerais de protec⊠ão de direitos humanos
Declaração Americana dos Direitos e Deveres do Homem (1948)
Convenção Americana de Direitos Humanos (Pacto de São José da Costa Rica) (1969)
Protocolo de San Salvador ou Protocolo adicional à Convenção Americana sobre Direitos Humanos em Matéria de Direitos econômicos, sociais e culturais (1988)
Convenção Interamericana sobre a Proteção dos Direitos Humanos dos Idosos (2015 – em processo de ratificação)
Convenção Interamericana contra Todas as Formas de Discriminação e Intolerância (2013)
Parecer Consultivo OC-24/17 solicitada pela Costa Rica, acerca da Identidade de Gênero, Igualdade e Não Discriminação a casais do mesmo sexo (2017)

Instrumentos específicos de protec⊠ão ao Ge⊠nero
Comissão Interamericana da Mulher (CIM) – Relatórios
Mecanismo de seguimento (MESECVI)

Casos emblemáticos dos sistemas regional e internacional de proteção de direitos:

Sistema Universal – CEDAW	Caso Alyne Pimentel	Violência de gênero, mortalidade materna, interseccionalidades. Mais informações disponíveis em: <reproductiverights.org>
Corte Interamericana Direitos Humanos	Caso González e outros *vs.* México ("Campo Algodonero")	Violência contra as mulheres (Feminicídio) Disponível em: <www.corteidh.or.cr>
	Espinoza Gonzáles *vs.* Peru	Violência sexual por parte de agentes do Estado, conflito interno no Peru, violência de gênero. Disponivel em: <https://www. cnj.jus.br/wp-content/ uploads/2016/04/00721d0c2692667c3e35d5303444992e. pdf>
	Velásquez Paiz e outros *vs.* Guatemala	Desaparecimento, violência sexual, violência de gênero. As investigações internas do caso não foram capazes de identificar nem punir o responsável pelos crimes. Disponivel em: <https:// www.cortei- dh.or.cr/docs/casos/articulos/seriec_04_ por.pdf>
	Rosendo-Cantú e outros *vs.* México	Violência sexual discriminação e violência contra as populações indígenas no México. Disponível em: <https://www.corteidh.or.cr/ docs/supervisiones/ rosendo_12_03_20.pdf>
	Fernández Ortega e outros *vs.* México	Violência sexual e tortura de uma mulher indígena (Inés Fernández Ortega) por parte de forças armadas do Estado Disponivel em: <https://www.cnj.jus.br/ wp-content/ uploads/2016/04/1ca33df39cf74bbb341c4784e83bd231.pdf>

	Caso Atala Riffo e Crianças *vs.* Chile	Direitos civis fundamentais das pessoas homossexuais, em especial no que tange à criação e guarda de filhos. Disponivel em: <https://www.corteidh.or.cr/docs/casos/articulos/seriec_239_por.pdf>
	Caso Cosme Rosa Genoveva, Evandro de Oliveira e Outros *vs.* Brasil (Caso "Favela Nova Brasília")	Violência policial no Brasil, aprofundando questões procedimentais, de gênero e de políticas públicas e judiciárias relacionadas à segurança pública. Disponível em: <https://www.corteidh.or.cr/docs/casos/articulos/seriec_333_por.pdf>
Comissão Interamericana de Direitos Humanos	Caso Maria da Penha *vs.* Brasil	Alteração de políticas públicas e legislação nacionais por consequência de decisão internacional. Disponível em: <https://www. cidh.oas.org/annualrep/2000port/12051.Htm>
	Caso Simone André Diniz *vs.* Brasil (caso n. 12.001)	Discriminação racial. Racismo institucional. Violação ao direito à igualdade e a não discriminação. Disponível em: <http://www.cidh.org/annualrep/2006port/BRASIL.12001port.htm>
	Caso Marcia Barbosa de Souza e familiares *vs.* Brasil (relatório n. 10/19)	Violência de gênero. Dever de investigar a violência contra a mulher. Violação ao direito à vida e de obrigações em matéria de violência contra a mulher. Disponível em: <http://cidh.org/annualrep/2007port/Brasil12.263port.htm>

Entende-se por marcos normativos, não apenas a legislação nacional, mas os tratados e convenções sobre o tema discutido que, tendo sido ratificados pelo Brasil e caso versem sobre direitos humanos, possuem natureza de normas supralegal.

> "Assim, nessa etapa da construção da decisão, o(a) julgador(a) deverá:
>
> • Reconhecer as circunstâncias do caso concreto que possam influenciar na definição do direito aplicável;
>
> • Estar atento às normas nacionais e internacionais que se circunscrevem ao caso;
>
> • Perceber as circunstâncias de fato que eventualmente determinem um enfoque interseccional, e, a partir delas, a correta definição do marco normativo."

Em relação aos precedentes nacionais e internacionais, impõe-se verificar as decisões tomadas e a *ratio decidendi,* de julgados de cortes internacionais de direitos humanos.

> "Nesse ponto, questões-chave são:

• Qual marco jurídico nacional ou internacional se aplica ao caso? Qual a norma que presta maior garantia ao direito à igualdade às pessoas envolvidas no caso?

• Quais as ferramentas que o marco normativo aplicável oferece para resolver as assimetrias na relação jurídica?

• Existem pronunciamentos dos organismos regionais ou internacionais como recomendações, opiniões consultivas ou observações gerais que façam referência aos elementos do caso?

• Existe jurisprudência ou precedente nacional aplicável ao caso? Em quais argumentos se baseou a decisão (*ratio decidendi*)?

• Existem pronunciamentos ou informes dos sistemas regional e internacional de proteção de direitos que contenham semelhanças com o caso? Os argumentos se aplicam ao caso?

• A solução atende ao conteúdo constitucional? Nesse ponto, questões-chave são:

• Qual marco jurídico nacional ou internacional se aplica ao caso? Qual a norma que presta maior garantia ao direito à igualdade às pessoas envolvidas no caso?

• Quais as ferramentas que o marco normativo aplicável oferece para resolver as assimetrias na relação jurídica?

• Existem pronunciamentos dos organismos regional ou internacional como recomendações, opiniões consultivas ou observações gerais que façam referência aos elementos do caso?

• Existe jurisprudência ou precedente nacional aplicável ao caso? Em quais argumentos se baseou a decisão (*ratio decidendi*)?

• Existem pronunciamentos ou informes dos sistemas regional e internacional de proteção de direitos que contenham semelhanças com o caso? Os argumentos se aplicam ao caso?

• A solução atende ao conteúdo constitucional?"

16. Interpretação e aplicação do direito à luz dos direitos humanos e na perspectiva de gênero e das considerações sobre controle de constitucionalidade, convencionalidade, precedentes

De acordo com o Protocolo, a interpretação pode tomar as seguintes formas:

> "a. Interpretação não abstrata do direito, de forma atenta a como conceitos, categorias e princípios não são universais e podem ter resultados mais ou menos subordinatórios a partir da lente utilizada.

b. Análise de como a própria lei pode estar impregnada com estereótipos.

c. Análise de como uma norma pode ter um efeito diretamente desigual (ou seja, discrimina pessoas diretamente).

d. Análise de como uma norma aparentemente neutra pode ter um impacto negativo desproporcional em determinado grupo."

Deve-se levar em consideração que alguns princípios são definidos de acordo com a perspectiva dos detentores do poder, que não conhecem a situação real das pessoas que sofrem preconceito, discriminação e violência. Assim, deve o magistrado cuidar para analisar tais conceitos de forma a respeitar a perspectiva do gênero.

Cita o Protocolo, como exemplo, o assédio sexual, e afirma:

> "Esse conceito não parece ser tão aberto quanto outros, como "dano", por exemplo. Entretanto, é também um conceito cujo significado depende de interpretação. O exemplo é rico, porque mostra como um conceito jurídico pode ou não ser concebido a partir de uma experiência real vivida por mulheres."

Conclui o Protocolo:

> "Em resumo: julgar com perspectiva de gênero não significa, necessariamente, lançar mão de princípios, ou mesmo declarar a inconstitucionalidade de uma norma. Significa também estar atento a como o direito pode se passar como neutro, mas, na realidade, perpetuar subordinações, por ser destacado do contexto vivido por grupos subordinados. E, a partir daí, interpretar o direito de maneira a neutralizar essas desigualdades.
>
> Questão chave: minha interpretação de conceitos está refletindo a realidade de grupos subordinados ou está restrita à minha percepção do mundo?"

Dispõem os §§ 2º e 3º, do art. 5º, da Constituição Federal:

> "§ 2º Os direitos e garantias expressos nesta Constituição não excluem outros decorrentes do regime e dos princípios por ela adotados, ou dos tratados internacionais em que a República Federativa do Brasil seja parte.
>
> § 3º Os tratados e convenções internacionais sobre direitos humanos que forem aprovados, em cada Casa do Congresso Nacional, em dois turnos, por três quintos dos votos dos respectivos membros, serão equivalentes às emendas constitucionais."

O STF, ao julgar o RE n. 466.343, no qual se discutia a prisão civil do depositário infiel, de acordo com o Pacto de São José da Costa Rica, entendeu que os tratados que versem sobre direitos humanos, incorporados ao ordenamento jurídico, na forma do § 2º, possuem natureza supralegal e os aprovados de acordo com o § 3º, possuem *status* de norma constitucional.

Assim, por exemplo, o Pacto de São José da Costa Rica, em razão da forma de sua aprovação, considera-se norma supralegal e infraconstitucional, enquanto a Convenção de Nova York sobre os Direitos das Pessoas com Deficiência, aprovados de acordo com o art. 5º, § 3º, da CF/88, possui natureza de norma constitucional.

Portanto, os tratados sobre direitos humanos, ainda que não aprovados pelo rito das emendas constitucionais, possuem natureza supralegal e o magistrado ao analisar as leis, deve proceder ao controle de convencionalidade das normas, para verificar sua adequação com os tratados e convenções aprovados pelo Brasil.

17. Protocolo para Julgamento com Perspectiva de Gênero no âmbito trabalhista

No âmbito trabalhista o Protocolo de Julgamento na Perspectiva de Gênero sinaliza a abolição do Padrão do "homem médio" e aponta os temas candentes: desigualdades e assimetrias, incluída as desigualdade de oportunidades no ingresso e progressão na carreira; as desigualdades salariais, a discriminação nas fases pré contratual, máxime na seleção automatizada, na fase contratual e de extinção do contrato do contrato de trabalho; o tema Violência e assédio no ambiente de trabalho, nas modalidades assédio moral, sexual, eleitoral e a segregação horizontal e vertical; os temas sobre Ergonomia, Segurança e Medicina do Trabalho; ainda a questão relevante da trabalhadoras gestantes e lactantes.

Com base na perspectiva de gênero e na proteção do mercado de trabalho da mulher (CF, art. 7º, XX), o Supremo Tribunal Federal, na ADIN n. 5.938 (DJe 23.09.2019) e declarou inconstitucional a exigência de "atestado de saúde, emitido por médico de confiança da mulher, que recomende o afastamento" da gestante da atividade insalubre ou perigosa (art. 394-A, II e II da CLT, Lei n. 13.467/2017). O fundamento vem no sentido de que a norma viola a proteção à saúde, sendo irrazoável possibilitar que a trabalhadora coloque a vida do bebê em risco para manter o emprego a médio prazo, inclusive porque o interesse da grávida e lactante exorbita os seus limites individuais e alcança a coletividade

O Min. Edson Fachin fundamentou que

> "A Constituição de 1988 é, na história constitucional brasileira, a mais comprometida com a igualdade de gênero. Apesar do obstáculo imposto ao atendimento de demandas femininas pela dominação masculina do Poder Legislativo, o legislador tem dispensado atenção à proteção

da mulher em face a possíveis discriminações, de acordo com o art. 372 da CLT. *A imposição do ônus de comprovar risco por insalubridade à gestante e à lactante é inadequada e inconstitucional, pois reforça a discriminação de gênero e a vulnerabilidade da mulher(...).*"

Os fundamentos do voto do Min. Luiz Fux remete ao contexto internacional de preocupação com as injustiças de gênero e segue a jurisprudência da Corte, que chancela medidas diferenciadoras em prol da igualdade material das mulheres (ADI n. 19; ADI n. 4.424; RE n. 658.312; MS n. 29.963; RE n. 1.058.333). Assim, anota que

> "diante das elevadas taxas de desemprego, que atingem ainda mais diretamente a mulher no mercado de trabalho, (...) a 'escolha' no mais das vezes impõe às mulheres o sacrifício de sua carreira, traduzindo-se em direta perpetuação da desigualdade de gênero. Sequer se cogite de que a norma estabelece uma alternativa, prestigiando a liberdade de escolha da trabalhadora. O cinismo dessa falsa liberdade oculta o enraizamento da discriminação social que recai sobre a mulher". A hipótese de que os custos do afastamento da empregada seriam um incentivo perverso para desestimular a contratação de mulheres é rechaçada pelo desenho normativo existente, que reparte socialmente os custos do afastamento incondicional da gestante e diminui o encargo colocado ao empregador. Ainda, a "desoneração não visa a beneficiar o empregador, mas a combater à desigualdade de gênero no mercado de trabalho." (STF/ADI n. 1.946)

O Supremo Tribunal Federal, em várias oportunidades, reconheceu os obstáculos históricos impostos ao atendimento de demandas femininas, máxime pela dominação masculina do Poder Legislativo. Há vários julgados fundamentados na perspectiva de gênero, rumo a concretização da igualdade material e estrutural das mulheres na condição de gestante, no mercado de trabalho e enquanto vítima de violência e outras situações (STF/ADI n. 19; STF/ADI n. 4.424; STF/RE n. 658.312; STF/MS n. 29.963; STF/RE n. 1.058.333, STF/ADI n. 1.946)

Na área penal, o Supremo Tribunal Federal, no HC 143641/SP, aplicou a proteção processual probatória no sentido de que se o juiz entender que a prisão domiciliar se mostra inviável ou inadequada em determinadas situações, poderá substituí-la por medidas alternativas (art. 319 do CPP). E, em matéria de prova, para apurar a situação de guardiã dos seus filhos da mulher presa,

> "dever-se-á dar credibilidade à palavra da mãe, podendo o juiz, na dúvida, requisitar a elaboração de laudo social, devendo, no entanto, cumprir desde logo a presente determinação."

Nos julgados citados abaixo verificam-se a aplicação da teoria do impacto desproporcional da discriminação indireta da mulher:

- STF/ADI n. 1.946/DF – limitação do valor do Salário maternidade ao teto previdenciário
- STF/ADI n. 4.424 – constitucionalidade da lei Maria da Penha
- STF/ADI n. 6.138 – Lei Maria da Penha — afastamento ofensor sem autorização judicial

• STF/ ADI n. 5.938 – 29.05.201919, invalida art. 394-A I,II, CLT (Reforma Trabalhista) - exigência atestado médico afastamento gestante/lactente/ atividade insalubre – permitia trabalho de grávidas e lactantes em atividades insalubres – ônus de apresentar atestado de saúde como condição para o afastamento – não têm acesso à saúde básica para conseguir o atestado.

• STF/ADI n. 5.617 – Cotas e Fundo Partidário.

• STF/ADPF n. 54 (12.04.2012)- Aborto e Anencefalia.

• STF/ADPF n. 779 (2021) – Defesa da Honra.

• STF/ RE n. 658.312 – Tema n. 528 – Recepção, pela CF/88, do art. 384 da CLT, que dispõe sobre o intervalo de 15 minutos para trabalhadora mulher antes do serviço extraordinário.

• STF/RE n. 576.967- Contribuição previdenciária cota patronal sobre o salário- maternidade.

• STF/RE n. 639.138/RS – Previdência privada regras distintas para homens e mulheres.

• STF/RE n. 630.733 (Tema n. 335 da Repercussão Geral) – Teste de aptidão física da gestante para fins de concurso público. O tema volta a tona, por conta de "case, por premissa fática diversa, envolvendo mulher gestante e acesso isonômico aos cargos públicos" nos julgados: STF/RE n. 1.065.080, rel. Min. Celso de Mello julgado em 10.08.2017; STF/RE n. 1.015.798, rel. Min. Dias Toffoli, julgado em 09.02.2017; STF/ARE n. 820.065-AgR, relª. Minª. Rosa Weber, Primeira Turma, *DJe* de 17.12.2015; STF/ARE n. 901.116, relª. Minª. Cármen Lúcia, julgado em 06.08.2015; STF/AI n. 825.545 AgR, relator Min. Ricardo Lewandowski, Primeira Turma, julgado em 13.04.2011 – STF/ 1.058.333/PR e STF/MS n. 29.963 assenta possibilidade de remarcação do teste de aptidão física, no concurso público, para a mulher grávida.

• STF/RE n. 1.008.166 – matrícula dos filhos em creches.

• STF/HC n. 143.641- prisão domiciliar da mulher/mãe para cuidar dos filhos.

• STF/ADI n. 6.327/DF – 24.10.2022 – salário maternidade – termo inicial – data da alta hospitalar da mãe e ou da criança – confere interpretação conforme à constituição ao art. 392, § 1º, da CLT e ao art. 71 da Lei n. 8.213/1991 e, por arrastamento, ao art. 93 do seu regulamento (Decreto n. 3.048/1999) e considera como termo inicial da licença-maternidade e do respectivo salário-maternidade a alta hospitalar do recém-nascido e ou de sua mãe, o que ocorrer por último, prorrogando-se em todo o período o benefício, quando o período de internação exceder as duas semanas previstas no art. 392, § 2º, da CLT, e no art. 93, § 3º, do Decreto n. 3.048/99.

18. Conclusão

Diante do cenário acima narrado, incumbe ao Direito permitir que seja quebrada a intolerância e estabelecida a igualdade entre todos.

Aristóteles, em sua Ética a Nicômaco, vinculou a ideia de igualdade à de justiça no sentido de dar a cada um o que é seu. A igualdade aristotélica vem traduzida na máxima: tratar igualmente os iguais e desigualmente os desiguais na medida das suas desigualdades. Na teoria de John Rawls o conceito de Justiça se baseia na equidade temperada com o fundamento do contratualismo do século XVII, que não se confunde com a equidade de Aristóteles.

Na concepção de Rawls a equidade se dá quando da definição estrutural de uma sociedade em que se edificam os seus alicerces, semelhante ao estado de natureza que funda a teoria do contrato social. Assim, a igualização de gênero deve ser concretizada a partir da pessoa humana contextualizada, mediante atribuição de vantagens aos não favorecidos para concretizar a igualdade de oportunidades, atualmente denominada de discriminação positiva e ou inclusiva. A atribuição de vantagens aos vulneráveis engloba tratamento diferenciado no direito material e também no direito processual.

Observa-se, em boa medida, que o avanço na proteção da igualdade requer pautas de direito material e processual e um novo olhar para a pessoa vulnerável, desde o acesso à prestação jurisdicional, passando pela atividade probatória facilitada, até a concessão de tutela definitiva, de modo a efetivar e concretizar os postulados internacionais e constitucionais de combate a violência, assédio e discriminação.

Entretanto, não bastam normas internacionais e internas para combater a discriminação, mas a existência de um Poder Judiciário forte e atento para tutelar as vítimas. A partir do instante em que o Estado chamou para si o dever de dizer o direito ao caso concreto, em substituição à vontade das partes, obrigou-se a pacificar de forma satisfatória os conflitos de interesses.

Tal exige não apenas a prestação de uma atividade jurisdicional justa, mas também efetiva, assim entendida a decisão consentânea com os princípios e regras vigentes num determinado sistema jurídico, observado, sempre, o devido processo legal.

Para que se concretize a solução dos conflitos sociais, constitui condição *sine qua non* assegurar às pessoas o amplo acesso à Justiça. Isso não significa, apenas, permitir a ajuizamento de ações para tutela de seus interesses individuais, o que a história dos povos mostrou ser ineficaz para, por si só, dirimir o caos social, mas também deve prever meios de tutela para as questões que ultrapassam o mero limite do individualismo e se espalham por um grupo determinado ou indeterminado de pessoas, ligadas entre si por relações fáticas ou jurídicas comuns, bem como a ampla oportunidade para produção de provas.

O Supremo Tribunal Federal e o Conselho Nacional de Justiça vêm sulcando as diretrizes do:

a) Julgamento na Perspectiva de aplicação dos Tratados e Convenções Internacionais seguida do controle de convencionalidade, bem como de cumprimento das decisões da Corte Interamericana, Recomendação CNJ/123, de 07 de janeiro de 2022;

b) Julgamento na Perspectiva de gênero e das pessoas vulneráveis, Recomendação do CNJ/128, de 15 de fevereiro de 2022.

Trata-se de uma concepção de justiça fundada na ideia de uma sociedade justa, fraterna e solidária, equitativa e de cooperação mútua de respeito aos direitos humanos fundamentais.

19. Referências

ARAÚJO, Clara. *As mulheres e o poder político* — desafios para a democracia nas próximas décadas. Disponível em: <https://onumulheres.org.br/wp-content/themes/vibecom_onu/pdfs/progresso.pdf>. Acesso em: 21 ago. 2015.

BARSTED, Leila L. *O progresso das mulheres no enfrentamento da violência.* Disponível em: <https://onumulheres.org.br/wp-content/themes/vibecom_onu/pdfs/progresso.pdf>. Acesso em: 21 ago. 2015.

BARBOZA, Heloisa Helena. (Des)Igualdade de gênero: restrições à autonomia da mulher. *Pensar*, Fortaleza, v. 22, n. 1, p. 240-271, jan./abr. 2017, p. 260.

BEZERRA LEITE, Carlos Henrique. *Curso de Direito Processual do Trabalho.* 15. ed. São Paulo: Saraiva, 2017.

BRAMANTE. Ivani Bramante. *Determinantes sociais da incapacidade no direito da seguridade social.* Perícia biopsicossocial ou complexa. Orientação: Wladimir Novaes Martinez; coordenação Dirce Namie Kosugi. 1. ed. São Paulo: LTr, 2017. Vários autores.

______. Vulnerabilidade processual e inversão do ônus da prova da doença do trabalho e do assédio moral. *Revista LTr*, mar. 2022.

______. Acesso à Justiça em tempos de crise no processo do trabalho. In: *Vulneráveis e acesso à justiça em tempos de crise.* Indaiatuba: Editora Foco. 2020.

BRUSCHINI, Cristina; LOMBARDI, Maria Rosa; MERCADO, Cristiano M.; RICOLDI, Arlene. *Trabalho, renda e políticas sociais:* avanços e desafios. Disponível em: <https://onumulheres.org.br/wp-content/themes/vibecom_onu/pdfs/progresso.pdf>. Acesso em: 21 ago. 2015.

CORDEIRO, Eduardo Santana; BRAMANTE, Ivani Contini. *Funcionalidade para o Trabalho e Perícias Biopsicossociais:* a Nova Tabela ESC. 14 maio 2019. Disponível em: <https://emporiododireito.com.br>.

CARNELUTTI, Francesco. *A Prova Civil.* 4. ed. Campinas: Bookseller. 2005.

CHIOVENDA, Giuseppe. *Instituições de direito processual civil.* 3. ed. Campinas: Bookseller, 2002. v. III.

CORIA, Dino Carlos Caro. La prueba en el crimen de desaparición forzada de personas conforme a la jurisprudencia de la Corte Interamericana de Derechos Humanos. *Sistema interamericano de protección de los derechos humanos y derecho penal internacional.* México: Konrad-Adenauer-Stiftung – Programa Estado de Derecho para Latinoamérica, 2011. p. 139.

DIDIER JÚNIOR, Fredie; BRAGA, Paula Sarno; OLIVEIRA, Rafael Alexandria de. *Curso de direito processual civil.* 11. ed. Salvador: JusPodivm, 2016. v. 2.

DINAMARCO, Cândido Rangel. *Instituições de Direito Processual Civil.* 10. ed. São Paulo: Malheiros, 2020.

______. *Instituições de direito processual civil.* 7. ed. São Paulo: Malheiros, 2017. v. 3.

FUX, Luiz. *Processo Civil Contemporâneo*. Rio de Janeiro: Forense, 2019.

______ *et alii. Processo Civil e Análise Econômica*. 2. ed. Rio de Janeiro: Forense, 2020.

GOMES FILHO, Antonio Magalhães. Notas sobre a terminologia da prova (reflexos no processo penal brasileiro). In: YARSHELL, Flávio Luiz; MORAES, Maurício Zanoide de (Coords.). *Estudos em homenagem à professora Ada Pellegrini Grinover*. São Paulo: DPJ, 2005.

JAYME. Erik. *Visões para uma teoria pós-moderna do direito comparado*. São Paulo: Revista dos Tribunais, 1999. Vol. 759. p. 22.

JUSTEN FILHO, Marçal. Artigo 20 da LINDB — Dever de transparência, concretude e proporcionalidade nas decisões públicas. *Revista de Direito Administrativo*, Rio de Janeiro, nov. 2018. p. 29.

LIMA, Renato Brasileiro de. *Manual de processo penal*. 8. ed. Salvador: JusPodivm, 2020.

MARQUES, Claudia Lima. *Revista da Esmese* (Escola Superior da Magistratura de Sergipe), n. 07, 2004, p. 44.

MAZZUOLI, Valerio de Oliveira. *Curso de Direito Internacional Público*. 5. ed., rev. São Paulo: Revista dos Tribunais, 2011.

MENDES, Gilmar Ferreira; COELHO, Inocêncio Mártires; BRANCO, Paulo Gustavo Gonet. *Hermenêutica Constitucional e Direitos Fundamentais*. 1. ed., 2. tir. Brasília Jurídica, 2002. p. 127-128.

______. *Curso de Direito Constitucional*. 17. ed. São Paulo: Saraiva, 2022.

NEVES, Daniel Amorim Assumpção. *Manual de Direito Processual Civil*. 10. ed. Salvador: JusPodivm, 2019.

PASTORE, Guilherme de Siqueira. Considerações sobre a autenticidade e a integridade da prova digital. *Cadernos Jurídicos da Escola Paulista da Magistratura*, São Paulo, ano 21, n. 53, p. 63-79, jan./mar. 2020.

PIOVESAN, Flávia. Ações afirmativas da perspectiva dos direitos humanos. *Cadernos de Pesquisa*, São Paulo, v. 35, n. 124, p. 43-55. abr. 2995. Disponível em: <http://www.scielo.br/scielo.php?script=sci_arttext&pid=S0100-15742005000100004>.

______. *Direitos humanos, civis e políticos: a conquista da cidadania feminina*. In: *O Progresso das Mulheres no Brasil 2003–2010*. Organização: Leila Linhares Barsted, Jacqueline Pitanguy – Rio de Janeiro: CEPIA; Brasília: ONU Mulheres, 2011. Disponível em: <http://onumulheres.org.br/wp-content/themes/vibecom_onu/pdfs/progresso.pdf>. Acesso em: 21 ago. 2015.

______. *Igualdade de gênero na Constituição Federal:* os direitos civis e políticos das mulheres no Brasil. Disponível em: <https://www12.senado.leg.br/publicacoes/estudoslegislativos/tipos-de-estudos/outras-publicacoes/volume-iconstituicao-de-1988/principios-e-direitos-fundamentaisigualdade-de-genero-na-constituicao-federal-os-direitos-civis-epoliticos-das-mulheres-do-brasil>.

PUSTIGLIONE, Marcelo. Trabalhadoras gestantes e lactantes: impacto de agentes de risco ocupacional (ARO) no processo de gestação, no concepto e no lactente. *Revista Brasileira de Medicina do Trabalho*, 2017, vol. 15 (3), p. 284-294.

SANTOS, André Leonardo Copetti; LUCAS, Doglas Cesar. *A (in)diferença no direito*. Porto Alegre: Livraria do Advogado, 2015.

SCARANTTI, Regina Danielli, FRONZA, Maíra. O Reconhecimento da Igualdade e os Direitos da Mulher. *ANIMA: Revista Eletrônica do Curso de Direito das Faculdades OPET*, Curitiba PR – Brasil, ano VIII, n. 14, jan./jun. 2016. ISSN 2175-7119. 101.

TARTUCE, Fernanda. *Vulnerabilidade processual no Novo CPC.* Disponível em: <http://www.fernandatartuce.com.br/wp-content/uploads/2016/01/Vulnerabilidade-no-NCPC.pdf>.

TAVARES, Rebecca R. *Igualdade de gênero e empoderamento das mulheres.* In: *O Progresso das Mulheres no Brasil 2003–2010.* Organização: Leila Linhares Barsted, Jacqueline Pitanguy. Rio de Janeiro: CEPIA; Brasília: ONU Mulheres, 2011. Disponível em: <http://onumulheres.org.br/wp-content/themes/vibecom_onu/pdfs/progresso.pdf>. Acesso em: 21 ago. 2015.

______. O discurso dos direitos fundamentais na legitimidade e deslegitimação de uma Justiça Constitucional substantiva. *Fórum administrativo – Direito Público*, v. 100, p. 19-29, 2009.

______; TAVARES, André Ramos. *Curso de Direito Constitucional.* 2. ed. São Paulo: Saraiva, 2002. v. 1.

Trabalho Doméstico

Rescisão Indireta por Falta Grave do Empregador no Âmbito do Trabalho Doméstico — Caso do Menino Miguel

Heloísa Menegaz Loyola

RESCISÃO INDIRETA. FRAUDE NA CONTRATAÇÃO. RACISMO ESTRUTURAL. QUEBRA DE FIDÚCIA. ACIDENTE FATAL. NEGLIGÊNCIA COM O FILHO DA TRABALHADORA. Esse artigo tem por objetivo a análise de acórdão proferido em reclamação trabalhista em que se discute a modalidade de extinção contratual, uma vez que os recorrentes objetivam a reforma da sentença que declarou a rescisão indireta, com o pagamento das verbas rescisórias, a retificação da CTPS, o pagamento das multas dos arts. 467 e 477 da CLT e o pagamento da multa por litigância de má-fé. A decisão colegiada, que confirma a conclusão do primeiro grau, expõe que as condutas tipificadas no parágrafo único do art. 27, IV e VI, da Lei Complementar n. 150/2015 foram verificadas no caso concreto de forma bastante gravosa em virtude de ausência das obrigações contratuais, agravada pela fraude na contratação e pela quebra de fidúcia, no âmbito da residência, causada pela negligência da empregadora que acarretou o acidente fatal, vitimando o filho da trabalhadora. (Acórdão da 1ª Turma do TRT6, Relator Des. Eduardo Pugliesi, *DEJT* 24.03.2021)[(1)]

Rescisão indireta da Lei Complementar n. 150/2015 e aspectos da prova

No caso em análise, as reclamantes pleiteiam, em síntese, a declaração de rescisão indireta do liame empregatício com base no não cumprimento pelo empregador das obrigações contratuais, uma vez que a formalização do contrato se deu de forma fraudulenta, assim como pela quebra de confiança por ofensa física ao empregado ou à pessoa de sua família, caracterizada pela negligência da reclamada com relação ao filho da reclamante[(2)].

---

(1) BRASIL. Tribunal Regional do Trabalho da 6ª Região. Acórdão em Recurso Ordinário Trabalhista ROT 0000557-39.2020.5.06.0019. 1ª Turma. Desembargador relator Eduardo Pugliesi, *DEJT* 24.03.2021.

(2) Na esfera criminal, a reclamada foi condenada a oito anos e seis meses de prisão por abandono de incapaz com resultado morte pelo óbito de Miguel Otávio de Santana, de 5 anos, que caiu de um prédio de luxo no Recife, em 2 de junho de 2020. A sentença, no processo 0004416-62.2020.8.17.0001, foi publicada pelo

A rescisão indireta, ou o despedimento indireto, é o reconhecimento de que o contrato de trabalho não mais se sustenta em decorrência de algum ato grave cometido pelo empregador, hipótese em que o empregado pode, diante do permissivo legal, considerar o contrato findo.

Para os empregados em geral, a lei tutela a rescisão indireta no art. 483 da CLT(3), excetuando os empregados domésticos, nos termos do art. 7º, *"a"*, da CLT. Dessa forma, o regime jurídico aplicável no caso do trabalho doméstico é o da Lei Complementar n. 150/2015 que traz, em seu art. 27, uma pequena ampliação no texto quando comparado com a redação do art. 483 da CLT, como destacamos a seguir:

> Art. 27. Considera-se justa causa para os efeitos desta Lei:
>
> (...)
>
> Parágrafo único. O contrato de trabalho poderá ser rescindido por culpa do empregador quando:
>
> I – o empregador exigir serviços superiores às forças do empregado doméstico, defesos por lei, contrários aos bons costumes ou alheios ao contrato;
>
> II – o empregado doméstico for tratado pelo empregador ou por sua família com rigor excessivo ou de forma degradante;
>
> III – o empregado doméstico correr perigo manifesto de mal considerável;
>
> IV – o empregador não cumprir as obrigações do contrato;
>
> V – o empregador ou sua família praticar, contra o empregado doméstico ou pessoas de sua família, ato lesivo à honra e à boa fama;
>
> VI – o empregador ou sua família ofender o empregado doméstico ou sua família fisicamente, salvo em caso de legítima defesa, própria ou de outrem;
>
> VII – o empregador praticar qualquer das formas de violência doméstica ou familiar contra mulheres de que trata o art. 5º da Lei n. 11.340, de 7 de agosto de 2006. (grifamos)

Tribunal de Justiça de Pernambuco (TJPE) em 1º.06.2022 e está pendente de recurso na 3ª Câmara Criminal do Tribunal de Justiça de Pernambuco. Disponível em: <https://srv01.tjpe.jus.br/consultaprocessualunificada/processo/00373586420208172001>. Acesso em: 07 fev. 2023.

(3) Art. 483 – O empregado poderá considerar rescindido o contrato e pleitear a devida indenização quando:

a) forem exigidos serviços superiores às suas forças, defesos por lei, contrários aos bons costumes, ou alheios ao contrato;

b) for tratado pelo empregador ou por seus superiores hierárquicos com rigor excessivo;

c) correr perigo manifesto de mal considerável;

d) não cumprir o empregador as obrigações do contrato;

e) praticar o empregador ou seus prepostos, contra ele ou pessoas de sua família, ato lesivo da honra e boa fama;

f) o empregador ou seus prepostos ofenderem-no fisicamente, salvo em caso de legítima defesa, própria ou de outrem;

g) o empregador reduzir o seu trabalho, sendo este por peça ou tarefa, de forma a afetar sensivelmente a importância dos salários.

Embora o tratamento degradante e a prática de violência não tenham sido os fundamentos utilizados no acórdão para o deslinde da controvérsia, é interessante observar que o legislador se preocupou em proteger o empregado doméstico das formas degradantes e de violência doméstica ou familiar de que trata a Lei n. 11.340/2006, conhecida como Lei Maria da Penha.

Isso porque, o que alicerça a diferença entre os textos da CLT e da Lei Complementar n. 150/2015 é a circunstância de se tratar de um trabalho realizado predominantemente por mulheres em ambiente familiar alheio. Transparece o cuidado com a proteção ao trabalho decente e sem qualquer tipo de violência, ante ao passado histórico do país em que o trabalho doméstico está originalmente ligado à escravidão. Mesmo após a abolição da escravatura, os trabalhadores domésticos eram comparados a escravos.

Segundo Kofes[(4)], o emprego doméstico no Brasil é associado à tradição escravocrata, devido à prática corriqueira de venda e aluguel de escravos para trabalhos domésticos. Eis uma das raízes fundantes da Lei Complementar n. 150/2015, de se proteger a empregada de tratamento degradante e de quaisquer das formas de violência doméstica ou familiar contra as mulheres.

No aspecto processual, alegada a rescisão indireta pelas autoras, a elas incumbe o ônus probatório, nos termos dos arts. 818 da CLT e 373, I, do CPC. Contudo, diante da necessidade de se dar efetividade ao acesso à ordem jurídica justa à parte que não apresenta condições favoráveis de produzir a prova do fato constitutivo do seu direito, entendemos que é sensato ao Juiz do Trabalho atribuir o encargo probatório a quem tem melhores condições de produzir a prova, aplicando a teoria do ônus dinâmico da prova, como consta no § 1º do art. 818 da CLT, mormente em se tratando de relação de trabalho doméstica.

Seria cabível, portanto, a inversão do ônus probatório, à luz das circunstâncias do caso concreto, pelo Juiz do Trabalho, como diretor do processo (art. 765 da CLT). Além disso, permite ao julgador adotar uma postura ativa no reconhecimento das desigualdades históricas, sociais e culturais a que as mulheres estão sujeitas, na esteira da política do Protocolo para Julgamento com Perspectiva de Gênero, disponibilizado pelo CNJ.

No presente caso, porém, não houve a necessidade de referida inversão, apenas a aplicação da regra geral do art. 818 da CLT. As reclamantes dispensaram a produção de prova oral, com o que não concordaram os reclamados. Assim, o juízo de primeiro grau, acolhendo as razões das reclamantes, indeferiu a realização de audiência de instrução.

O acórdão, na análise das preliminares de mérito, afastou a alegação de cerceamento de defesa por entender desnecessária prova de matéria fática, posto que admitida

---

(4) KOFES, Suely. *Mulheres, mulheres-identidade, diferença e desigualdades na relação entre patroas e empregadas domésticas*. Campinas, SP: Unicamp, 2001. p. 37

a prestação de serviços, no âmbito da residência, pelo próprio reclamado. Acresceu que as justificativas apresentadas pelos reclamados para que fosse colhida a prova oral não se relacionam com os pedidos apresentados pelas autoras, de modo que a produção de prova, como requerida, seria totalmente ineficaz para a comprovação e defesa dos eventos informados na petição inicial.

Importante acrescentar que os reclamados apresentaram Recurso de Revista, cujo seguimento foi denegado pelo Tribunal Regional do Trabalho da 6ª Região, em juízo de admissibilidade. Em Agravo de Instrumento interposto contra o despacho proferido pelo Eg. Tribunal Regional, a Ministra Morgana de Almeida Richa negou provimento ao recurso por ausência de transcendências econômica, jurídica, social e política(5).

Dessa maneira, a prova da rescisão indireta, nesse caso, se deu com base na aplicação da regra geral do art. 818 da CLT, apenas pela análise da prova documental, bem como dos fatos incontroversos do acidente fatal que vitimou o filho da 1ª reclamante e da contratação fraudulenta pela prefeitura, como analisaremos a seguir.

Fraude na contratação

Um dos fundamentos para que o acórdão reconhecesse a rescisão indireta, como visto, foi a fraude na contratação das reclamantes, o que as impediu de receber direitos trabalhistas assegurados na Constituição Federal por anos. A 1ª reclamante, Mirtes, foi contratada em 1º.10.2016, enquanto a 2ª obreira, Marta, foi admitida em 1º.06.2014.

Quando o 2º réu, Sérgio, se tornou prefeito do município de Tamandaré-PE em 2017, os reclamados "deram baixa" na CTPS das empregadas e, por meio de portarias administrativas, elas passaram a ocupar cargos em comissão de livre nomeação e exoneração, embora tenham continuado a trabalhar na residência dos reclamados como domésticas da exata mesma forma.

Discute-se na doutrina e na jurisprudência se a ocorrência de fraude no momento da contratação, como descumprimento de obrigações contratuais, é motivo ensejador da justa causa patronal. Isso porque, a hipótese legal para rescisão indireta de não cumprimento das obrigações do contrato é ampla e comporta uma gama grande de interpretações. É "tudo e nada ao mesmo tempo", nos dizeres do professor Homero Batista Mateus da Silva(6).

Assim, a fraude na manutenção de um contrato irregular ou ilegal, ainda que condenável na esfera competente, poderia ser resolvida com a devida reparação patrimonial, sem necessariamente ensejar rescisão indireta. Não obstante, no caso presente, a remuneração era paga com dinheiro público em evidente prejuízo ao erário. Além disso, em

(5) BRASIL. Tribunal Superior do Trabalho. Decisão Agravo de Instrumento em Recurso de Revista AIRR – 557-39.2020.5.06.0019. 5ª Turma. Desembargadora Ministra Morgana Almeida Richa, *DEJT* 06.10.2022.

(6) SILVA, Homero Batista Mateus da. *Curso de direito do trabalho aplicado:* Volume 6 — Contrato de trabalho. 3. ed., ver., atual. e ampl. São Paulo: Revista dos Tribunais, 2015. p. 307.

virtude da contratação pela prefeitura, outras faltas contratuais se verificaram, a exemplo da falta de recolhimento do FGTS das reclamantes, da ausência de pagamento do terço constitucional de férias e de pagamento do 13º salário.

Amauri Mascaro Nascimento[7] denomina a dispensa indireta como "aquela que tem como motivo um fato ocorrido na empresa e que torna, para o empregado, insuportável a continuidade do vínculo de empresa".

O acórdão ressalvou o particular entendimento no sentido de que apenas a falta de recolhimento do FGTS não seria suficiente à decretação da rescisão indireta porque, durante a vigência do contrato laboral, ao empregado não é permitido o saque da respectiva verba. No entanto, a relação contratual tida entre as partes, nos moldes desenhados pelos réus, com a inequívoca fraude em desfavor das autoras e do ente público municipal, permitiu concluir pela configuração da hipótese do inciso IV do parágrafo único do art. 27 da Lei Complementar n. 150/2015, em que o empregador não cumpre as obrigações do contrato.

Quebra de fidúcia

O segundo e principal fundamento para a extinção contratual por rescisão indireta no caso em análise reside no falecimento do filho da reclamante em condições inacreditáveis de negligência ou, como decidido na esfera criminal, de abandono de incapaz.

Nos termos da exordial, as reclamantes afirmaram que a 1ª reclamada, a Sra. Sari, permitiu que uma criança com 5 anos de idade, Miguel, filho e neto de suas domésticas, entrasse em um elevador sozinho e sem destino e sem o menor discernimento para tal, exposto a todo e qualquer tipo de dano e risco, conduta que inclusive viola a lei municipal da cidade do Recife, que proíbe o uso de elevadores por menores de 10 anos desacompanhados. Disseram que o descaso da empregadora e a morte da criança em decorrência dos fatos públicos e notórios, se enquadram no art. 27, VI, da Lei Complementar n. 150/2015, por ofender empregado doméstico ou sua família fisicamente.

A sentença, confirmada pelo acórdão, decidiu que a morte do menino Miguel, filho de 5 anos da reclamante Mirtes e neto da reclamante Marta, fato ocorrido dentro do prédio onde a prestação dos serviços domésticos se dava, "impede a manutenção da confiança existente entre as partes, sobretudo a da relação empregatícia doméstica na qual tem como base uma confiança especial entre empregado e empregador."

A fidúcia especial da relação empregatícia doméstica é naturalmente identificada quando o empregador precisa confiar na empregada doméstica considerando se tratar de labor em sua residência, compartilhando a privacidade e a intimidade da sua família.

(7) NASCIMENTO, Amauri Mascaro. *Curso de Direito do Trabalho*. 25. ed. São Paulo: Saraiva, 2010. p. 1.129.

Questiona-se se essa relação de confiança é uma via de mão dupla, ou seja, se a empregada doméstica também demandaria a mesma confiabilidade de seus patrões.

Embora não se trate do âmbito residencial da trabalhadora, entendemos que a disposição de sua força de trabalho demanda a necessária confiança em seus empregadores que, quebrada, enseja a rescisão indireta. Tanto assim, que a 1ª reclamante deixou seu filho aos cuidados da empregadora, confiando que ele estaria seguro até a sua volta. Diante do dano irreversível, não há fidúcia que se sustente e que torne possível a continuidade do contrato de trabalho.

Acresça-se a isso a circunstância da pandemia de Covid-19, em que, no dia 02 de junho de 2020, o país vivia o auge do isolamento social como medida de segurança e a reclamante foi obrigada a trabalhar e, por não ter escolas ou creches abertas, ficava com seu filho no trabalho, o confiando aos cuidados da família empregadora.

Portanto, o segundo fundamento para a declaração da rescisão indireta, com quebra da confiança necessária ao liame empregatício, diz respeito à prática de ofensas físicas ao empregado doméstico ou a pessoas de sua família, de que trata o art. 27, VI, da Lei Complementar n. 150/2015.

Notas conclusivas

Ao realizar a valoração probatória, o julgado em comento se utilizou da regra geral contida no art. 818 da CLT, valendo-se apenas da análise documental apresentada, por não ter havido produção de prova oral. Caberia, embora não tenha sido necessária, a aplicação do Protocolo para Julgamento com Perspectiva de Gênero, recomendado pelo CNJ, de modo a reconhecer a postura ativa de desconstrução e superação de desigualdades históricas e de discriminação de gênero.

O Protocolo, instituído pela Portaria CNJ n. 27, de 2 de fevereiro de 2021, tem por objetivo avançar na efetivação da igualdade e das políticas de equidade por meio de ferramentas que orientem a magistratura no julgamento de casos concretos, no sentido de apontar a necessidade de interpretação das normas trabalhistas e equilibrar as assimetrias que podem atingir de maneiras diferentes as pessoas às quais se destinam, sob a perspectiva de gênero.

Os fundamentos do acórdão em análise, quanto à aplicação do direito material, se basearam nos incisos IV e VI do art. 27 da Lei Complementar n. 150/2015, quais sejam, o não cumprimento das obrigações contratuais por parte do empregador, decorrentes do não pagamento de verbas trabalhistas e da fraude na contratação, assim como a quebra de fidúcia para manutenção do contrato, consequência das ofensas físicas ao empregado doméstico ou a pessoas de sua família.

Desta forma, a maneira banal da prática de fraude na contratação e, especialmente, os fatos atrozes causadores da quebra de confiança, merecem uma análise no contexto do trabalho doméstico e sua sujeição servil.

A dinâmica do contrato de trabalho no caso do menino Miguel seria caricata se não fosse tristemente comum. A empregada negra, pobre, doméstica que trabalha na "casa grande" do prefeito da cidade, não tem com quem deixar seu filho de 5 anos, uma vez que as escolas estão fechadas por conta de uma pandemia e com todos os riscos inerentes a ela, vai trabalhar mesmo assim porque precisa prover o sustento dos seus.

A fim de cumprir suas obrigações, ela leva a cadela da família a passeio e, enquanto isso, seu filho permanece na residência aos cuidados da patroa. Ao se ver longe da mãe, pede à patroa para ir encontrá-la, sendo colocado sozinho no elevador, como um acessório inconveniente. Logo após, o menino sofre uma queda de cerca de 35 metros e sua mãe o encontra agonizando no térreo. No hospital, não resiste aos graves ferimentos e vem a falecer a seguir.

O relato denuncia a precariedade e a vulnerabilidade desta profissão tão nobre e que foi, e ainda é, de fundamental importância social na organização da sociedade. O descaso com o trabalho doméstico remonta a uma tradição escravocrata, de prática de venda e aluguel de escravos para trabalhos domésticos após a abolição da escravatura. Há uma discriminação social inerente a essa categoria profissional em decorrência do preconceito que ainda faz parte de nossa cultura.

Os serviços que exigem pouca qualificação ou domésticos têm suas vagas preenchidas principalmente com a mão de obra negra feminina. O mercado de trabalho aprofunda a desigualdade social e configura-se também como um espaço racializado. O racismo estrutural evidencia a naturalização da presença de mulheres negras em posições subalternas, em atividades construídas a partir da cozinha da "casa grande".

A relação trabalhista doméstica na forma de racismo estrutural, reproduz condições de desigualdade que, por meio de ações conscientes e inconscientes, consideradas dentro do padrão da normalidade, colocam a mulher negra no nível mais baixo da estrutura social. O descaso e a omissão, neste caso manifestados na conduta da reclamada, são considerados comuns na cultura de desconsideração de outro ser humano por conta de raça.

No caso, a naturalidade com que se decidiram proceder à fraude de formalizar o contrato de trabalho por meio da municipalidade, com custos ao erário, e a automática conduta discriminatória no tratamento com o filho da empregada revela a crença que resulta da herança escravocrata arraigada na sociedade.

O desamparo social e a vulnerabilidade econômica expõem a vida de mulheres trabalhadoras domésticas a enorme precariedade, particularmente em um país com desigual distribuição de renda. Nas palavras de Laurentino Gomes, "como uma ferida mal cicatrizada, o legado da escravidão é visível na paisagem, nas estatísticas e no comportamento das pessoas. O resultado é um país segregado desigual e violento"[(8)].

(8) GOMES, Laurentino. *Escravidão v.3:* da independência do Brasil à Lei Áurea. Rio de Janeiro: Globo Livros, 2022. p. 529.

Fatos são resultados de comportamentos e estes, como maneira de agir de uma pessoa em relação a outra, principalmente comportamentos sociais, são manifestações de pensamentos. Necessária e urgente a mudança de pensamentos e de crenças na sociedade para que se crie um Estado efetivamente comprometido com a garantia de direitos e com a redução das desigualdades, por meio de políticas públicas de educação e conscientização como o Protocolo para Julgamento com Perspectiva de Gênero, recomendado pelo CNJ.

Referências

ABREU, Angélica Kely de. Capítulo 2 – O trabalho doméstico remunerado: um espaço racializado. In: *Entre relações de cuidado e vivências de vulnerabilidade:* dilemas e desafios para o trabalho doméstico e de cuidados remunerado no Brasil. Brasília: Instituto de Pesquisa Econômica Aplicada (IPEA) e Organização Internacional do Trabalho (OIT), 2021. Disponível em: <https://repositorio.ipea.gov.br/bitstream/11058/11442/1/Trabalho_Domestico_cap02.pdf>. Acesso em: 14 jan. 2023.

ALMEIDA, Silvio Luiz de. *O que é racismo estrutural?* Belo Horizonte: Letramento, 2018.

CONSELHO NACIONAL DE JUSTIÇA. *Protocolo para Julgamento com Perspectiva de Gênero.* Disponível em: <https://atos.cnj.jus.br/atos/detalhar/4377>. Acesso em: 11 jan. 2023.

KOFES, Suely. *Mulheres, mulheres-identidade, diferença e desigualdades na relação entre patroas e empregadas domésticas.* Campinas, SP: Unicamp, 2001.

NASCIMENTO, Amauri Mascaro. *Curso de Direito do Trabalho.* 24. ed. São Paulo: Saraiva, 2009.

SILVA, Homero Batista Mateus da. *Curso de direito do trabalho aplicado:* Volume 6 — Contrato de trabalho. 3. ed., ver., atual. e ampl. São Paulo: Revista dos Tribunais, 2015.

Transgênero e Discriminação Homoafetiva

Transgênero — Uso do Nome Social na Empresa

Beatriz Helena Miguel Jiacomini

Sueli Tomé da Ponte

DANO MORAL. CARACTERIZAÇÃO. CARACTERIZA CONDUTA DISCRIMINATÓRIA A PRÁTICA, PELO SUPERIOR HIERÁRQUICO, QUE INSISTE NA UTILIZAÇÃO DE NOME CIVIL PARA DESIGNAR EMPREGADO TRANSGÊNERO NO AMBIENTE DE TRABALHO. PROVADA TAL CONDUTA, CARACTERIZADO ESTÁ O DANO MORAL PASSÍVEL DE INDENIZAÇÃO. Trata-se de sentença que reconheceu a discriminação sofrida pelo trabalhador, obrigado a utilizar seu nome civil no ambiente de trabalho apesar de solicitado que fosse identificado pelo seu nome social. Sentença confirmada no segundo grau com majoração da indenização fixada a título de danos morais para R$ 20.000,00. (Processo: 1001529-22.2019.5.02.0024; Acórdão da 6ª Turma do TRT2 da 2ª Região; rel. Des. Antero Arantes Martins; *DEJT* 25.11.2020)

Introdução

Gênero não se confunde com orientação sexual. A orientação sexual diz respeito aos desejos e afetividade do indivíduo. Identidade de gênero é como a pessoa se vê, como ela se reconhece e é reconhecida.

As pessoas que se identificam com seu sexo biológico são chamadas cisgêneros.

Já o termo transgênero é utilizado para definir pessoas que, tendo nascido biologicamente com um determinado sexo, não se identificam com este. Geralmente sentem desconforto em relação ao seu sexo biológico. O transgênero não se identifica com seu físico, com as suas características fenotípicas, ou com o papel que a sociedade espera que desempenhem.(1)

Nesse contexto, o nome social tem extrema importância para a identificação da pessoa como cidadão e sujeito de direitos e deveres, pois implica na observância do princípio da igualdade e dignidade que o Estado deve propiciar a todos. E seu uso não está vinculado à realização de cirurgia de transgenitalização.

(1) Disponível em: <https://educadiversidade.unesp. br/transgeneros/>.

O STJ, em decisão prolatada no REsp n. 1.626.739, em 09.02.2017, firmou entendimento de que a alteração do nome e do sexo/gênero no registro civil deveria ser permitida a pessoas transexuais em geral, independentemente de cirurgia de transgenitalização, nos seguintes termos:

> "(...)
>
> 2. Nessa perspectiva, observada a necessidade de intervenção do Poder Judiciário, admite-se a mudança do nome enseja dor de situação vexatória ou degradação social ao indivíduo, como ocorre com aqueles cujos prenomes são notoriamente enquadrados como pertencentes ao gênero masculino ou ao gênero feminino, mas que possuem aparência física e fenótipo comportamental em total desconformidade com o disposto no ato registral.
>
> 3. Contudo, em se tratando de pessoas transexuais, a mera alteração do prenome não alcança o escopo protetivo encartado na norma jurídica infralegal, além de descurar da imperiosa exigência de concretização do princípio constitucional da dignidade da pessoa humana, que traduz a máxima antiutilitarista segundo a qual cada ser humano deve ser compreendido como um fim em si mesmo e não como um meio para a realização de finalidades alheias ou de metas coletivas.
>
> 4. Isso porque, se a mudança do prenome configura alteração de gênero (masculino para feminino ou vice-versa), a manutenção do sexo constante no registro civil preservará a incongruência entre os dados assentados e a identidade de gênero da pessoa, a qual continuará suscetível a toda sorte de constrangimentos na vida civil, configurando-se flagrante atentado a direito existencial inerente à personalidade.
>
> 5. Assim, a segurança jurídica pretendida com a individualização da pessoa perante a família e a sociedade — *ratio essendi* do registro público, norteado pelos princípios da publicidade e da veracidade registral — deve ser compatibilizada com o princípio fundamental da dignidade da pessoa humana, que constitui vetor interpretativo de toda a ordem jurídico-constitucional.
>
> 6. Nessa compreensão, o STJ, ao apreciar casos de transexuais submetidos a cirurgias de transgenitalização, já vinha permitindo a alteração do nome e do sexo/gênero no registro civil. (REsp n. 1.008.398/SP, relª. Ministra Nancy Andrighi, Terceira Turma, julgado em 15.10.2009, *DJe* 18.11.2009; e REsp n. 737.993/MG, rel. Ministro João Otávio de Noronha, Quarta Turma, julgado em 10.11.2009, *DJe* 18.12.2009)
>
> 7. A citada jurisprudência deve evoluir para alcançar também os transexuais não operados, conferindo-se, assim, a máxima efetividade ao princípio constitucional da promoção da dignidade da pessoa humana, cláusula geral de tutela dos direitos existenciais inerentes à personalidade, a qual, hodiernamente, é concebida como valor fundamental do ordenamento jurídico, o que implica o dever inarredável de respeito às diferenças.
>
> 8. Tal valor (e princípio normativo) supremo envolve um complexo de direitos e deveres fundamentais de todas as dimensões que protegem o indivíduo de qualquer tratamento degradante ou desumano, garantindo-lhe condições existenciais mínimas para uma vida digna e preservando-lhe a individualidade e a autonomia contra qualquer tipo de interferência estatal ou de terceiros (eficácias vertical e horizontal dos direitos fundamentais).
>
> 9. Sob essa ótica, devem ser resguardados os direitos fundamentais das pessoas transexuais não operadas à identidade (tratamento social de acordo com sua identidade de gênero), à liberdade de desenvolvimento e de expressão da personalidade humana (sem indevida intromissão

estatal), ao reconhecimento perante a lei (independentemente da realização de procedimentos médicos),à intimidade e à privacidade (proteção das escolhas de vida),à igualdade e à não discriminação (eliminação de desigualdades fáticas que venham a colocá-los em situação de inferioridade), à saúde (garantia do bem-estar biopsicofísico) e à felicidade (bem-estar geral).

10. Consequentemente, à luz dos direitos fundamentais corolários do princípio fundamental da dignidade da pessoa humana, infere-se que o direito dos transexuais à retificação do sexo no registro civil não pode ficar condicionado à exigência de realização da cirurgia de transgenitalização, para muitos, inatingível do ponto de vista financeiro (como parece ser o caso em exame) ou mesmo inviável do ponto de vista médico.

11. Ademais, o chamado sexo jurídico (aquele constante no registro civil de nascimento, atribuído, na primeira infância, com base no aspecto morfológico, gonádico ou cromossômico) não pode olvidar o aspecto psicossocial defluente da identidade de gênero autodefinido por cada indivíduo, o qual, tendo em vista a ratio essendi dos registros públicos, é o critério que deve, na hipótese, reger as relações do indivíduo perante a sociedade.

12. Exegese contrária revela-se incoerente diante da consagração jurisprudencial do direito de retificação do sexo registral conferido aos transexuais operados, que, nada obstante, continuam vinculados ao sexo biológico/cromossômico repudiado. Ou seja, independentemente da realidade biológica, o registro civil deve retratar a identidade de gênero psicossocial da pessoa transexual, de quem não se pode exigir a cirurgia de transgenitalização para o gozo de um direito. (...)"

Posteriormente, no mesmo sentido, a decisão do STF na ADI n. 4.275/DF, proferida em 1º.03.2018:

"DIREITO CONSTITUCIONAL E REGISTRAL. PESSOA TRANSGÊNERO. ALTERAÇÃO DO PRENOME E DO SEXO NO REGISTRO CIVIL. POSSIBILIDADE. DIREITO AO NOME, AO RECONHECIMENTO DA PERSONALIDADE JURÍDICA, À LIBERDADE PESSOAL, À HONRA E À DIGNIDADE. INEXIGIBILIDADE DE CIRURGIA DE TRANSGENITALIZAÇÃO OU DA REALIZAÇÃO DE TRATAMENTOS HORMONAIS OU PATOLOGIZANTES.

1. O direito à igualdade sem discriminações abrange a identidade ou expressão de gênero.

2. A identidade de gênero é manifestação da própria personalidade da pessoa humana e, como tal, cabe ao Estado apenas o papel de reconhecê-la, nunca de constituí-la.

3. A pessoa transgênero que comprove sua identidade de gênero dissonante daquela que lhe foi designada ao nascer por autoidentificação firmada em declaração escrita desta sua vontade dispõe do direito fundamental subjetivo à alteração do prenome e da classificação de gênero no registro civil pela via administrativa ou judicial, independentemente de procedimento cirúrgico e laudos de terceiros, por se tratar de tema relativo ao direito fundamental ao livre desenvolvimento da personalidade."

Referida decisão seguiu a linha da Corte Interamericana de Direitos Humanos que, no Parecer Consultivo OC-24/17 (de 24 de novembro de 2017),

"recomendou um processo de reconhecimento da identidade de gênero que não imponha aos solicitantes o cumprimento de requisitos abusivos, tais como apresentação de certidões médicas ou estado civil de não casados, tampouco se deve submeter os solicitantes a perícias médicas ou psicológicas relacionadas com sua identidade de gênero autopercebida, ou a outros requisitos que desvirtuem o princípio segundo o qual a identidade de gênero não se prova"[(2)]

No julgamento do RE n. 670.422/RS, em 15.08.2018, o STF firmou as seguintes teses de repercussão geral:

"I) O transgênero tem direito fundamental subjetivo à alteração de seu prenome e de sua classificação de gênero no registro civil, não se exigindo, para tanto, nada além da manifestação da vontade do indivíduo, o qual poderá exercer tal faculdade tanto pela via judicial como diretamente pela via administrativa;

II) Essa alteração deve ser averbada à margem no assento de nascimento, sendo vedada a inclusão do termo 'transexual';

III) Nas certidões do registro não constará nenhuma observação sobre a origem do ato, sendo vedada a expedição de certidão de inteiro teor, salvo a requerimento do próprio interessado ou por determinação judicial;

IV) Efetuando-se o procedimento pela via judicial, caberá ao magistrado determinar, de ofício ou a requerimento do interessado, a expedição de mandados específicos para a alteração dos demais registros nos órgãos públicos ou privados pertinentes, os quais deverão preservar o sigilo sobre a origem dos atos." Observe-se, por fim, que para alterar nome e gênero na certidão de nascimento, a norma a ser seguida é o Provimento 73 do CNJ, que, na linha do que se antedisse, admite o processamento diretamente no cartório de Registro Civil das Pessoas Naturais, sem necessidade de instauração de processo judicial para esse fim."

Tem-se, assim, que as decisões judiciais sobre o tema acompanharam as mudanças sociais e estão em consonância com os princípios fundamentais da cidadania e da dignidade da pessoa humana (art. 1º, CF). Refletem o atual contexto histórico vivido pela sociedade na melhor compreensão sobre a diversidade e, por conseguinte, os anseios de parcela significativa da população, que entende a inclusão como pacificador da vida civil.

Proteção legislativa do nome social

Não existe uma lei específica obrigando as empresas ao registro do nome social das pessoas transexuais. No entanto, existem algumas leis, portarias e resoluções normativas que conferem proteção com o objetivo de definir identidade pessoal ao indivíduo, quanto ao direito ao nome social, com fundamento nos direitos de personalidade e proteção à dignidade humana, em relação ao seu tratamento social.

É através do nome que se constrói a individualização das pessoas gerando todos os reflexos no ordenamento jurídico. Daí a importância de se conferir proteção legal ao uso do nome social, principalmente por transexuais que não passaram pela cirurgia de

(2) MARTINEZ, Luciano. O trabalho das pessoas transgênero e as suas peculiaridades. *Revista dos Tribunais On Line*, vol. 220/2021, p. 417-434, dez. 2021.

transgenitalização ou não obtiveram modificação no registro civil. Pois, é a partir desta identidade e do nome que o sujeito se reconhece e identifica socialmente, buscando uma tutela à sua intimidade e individualização enquanto pessoa, consagrando a sua proteção no ordenamento jurídico de forma abrangente.

Muito embora a matéria não seja regulada por uma lei específica, com relação ao empregador, existe uma farta normatização composta por leis, portarias, resoluções, de iniciativa do poder público. São normas esparsas, editadas conforme as demandas vão surgindo, mas todas elas com a intenção de reforçar a importância do respeito ao uso do nome social pelas pessoas transexuais, como garantia constitucional, em obediência aos princípios da dignidade humana, promoção da igualdade de oportunidades e não discriminação, bem como os princípios da personalidade e intimidade, previstos nos arts. 1º, inciso III, 5º, incisos V, IX e X, e 206, inciso I, da Constituição Federal.

Esses princípios são norteadores da função social do Estado, exigindo a prática de ações concretas que inibam atos discriminatórios, promovam a igualdade de gênero, protegendo contra a violência e assédio que envolvem essa população. E, nesse sentido, o governo brasileiro e demais órgãos da administração pública direta, indireta e fundacional, vem atuando através de leis, portarias e resoluções, como alguns exemplos abaixo.

Em 2010, o Ministério do Planejamento, Orçamento e Gestão editou a Portaria n. 233, de 18.05.2010, que assegura aos servidores públicos da administração pública federal direta, autárquica e fundacional, o uso do nome social, mediante requerimento da pessoa interessada, da seguinte forma:

> "Art. 1º Fica assegurado aos servidores públicos, no âmbito da Administração Pública Federal direta, autárquica e fundacional, o uso do nome social adotado por travestis e transexuais.
>
> Parágrafo único. Entende-se por nome social aquele pelo qual essas pessoas se identificam e são identificadas pela sociedade.
>
> Art. 2º Fica assegurada a utilização do nome social, mediante requerimento da pessoa interessada, nas seguintes situações:
>
> I – cadastro de dados e informações de uso social;
>
> II – comunicações internas de uso social;
>
> III – endereço de correio eletrônico;
>
> IV – identificação funcional de uso interno do órgão (crachá);
>
> V – lista de ramais do órgão; e
>
> VI – nome de usuário em sistemas de informática.
>
> § 1º No caso do inciso IV, o nome social deverá ser anotado no anverso, e o nome civil no verso da identificação funcional.
>
> § 2º No Sistema Integrado de Administração de Recursos Humanos — SIAPE será implementado campo para a inscrição do nome social indicado pelo servidor.

Art. 3º Os órgãos deverão, no prazo de noventa dias, promover as necessárias adaptações nas normas e procedimentos internos, para a aplicação do disposto nesta Portaria."

Trata-se de norma baseada na autodeclaração, sem exigência de alteração em registro civil ou de cirurgia de redesignação de gênero.

O Conselho Nacional de Combate à Discriminação e Promoção dos Direitos de Lésbicas, Gays, Bissexuais, Travestis e Transexuais — CNCD/LGBT — vinha adotando políticas de combate à discriminação, tendo aprovado duas resoluções destinadas à regulamentação do nome social por pessoas que ainda não tivessem requerido a mudança no registro civil. Nos termos da Resolução n. 11, de 18.12.2014, foram estabelecidos parâmetros para a inclusão do nome social em boletins de ocorrência.

Portanto, a citada Resolução privilegiava a autodeclaração da pessoa transexual, mesmo que não tivesse sido realizada qualquer alteração em seus registros civis.

A Resolução n. 12, de 12.01.2015, estabelecia parâmetros para a proteção e reconhecimento da utilização do nome social em instituições de ensino de todos os níveis e modalidades, obrigando a inserção de um campo específico para "nome social" nos formulários e sistemas de informação utilizados nos procedimentos de seleção, inscrição, matrícula, registro de frequência, avaliação e similares, bastando a autodeclaração. E a Resolução ia mais além; garantindo o uso de banheiros e uniformes conforme a identidade de gênero de cada um, dispensando a autorização do responsável quando se tratasse de estudantes adolescentes.

Ambas as Resoluções se apoiavam no art. 5º da Constituição Federal, na Declaração Universal dos Direitos Humanos da ONU, na Declaração Americana dos Direitos e Deveres do Homem adotada pela OEA, na Resolução da ONU "Direitos Humanos, Orientação Sexual e Identidade de Gênero", no Decreto de 04 de junho de 2010, que instituiu o dia 17 de maio como o Dia Nacional de Combate à Homofobia. Toda essa legislação adota o princípio da igualdade, da não discriminação por sexo, cor, raça, religião ou qualquer outra forma de discriminação.

No entanto, em evidente retrocesso, o Conselho Nacional de Combate à Discriminação e Promoção dos Direitos de Lésbicas, Gays, Bissexuais, Travestis e Transexuais — CNCD/LGBT, foi extinto pelo Decreto n. 9.883, de 27.06.2019.[(3)]

Por outro lado, o Decreto n. 8.727, de 28.04.2016, dispõe sobre o uso do nome social e o reconhecimento de identidade de gênero de pessoas travestis e transexuais no âmbito da administração pública federal direta, autárquica e fundacional, baseada, também, apenas na autodeclaração, estendendo a proteção legislativa da Portaria n. 233/2010 acima

(3) O Decreto n. 9.883, de 27.06.2019, extinguiu o Conselho Nacional de Combate à Discriminação e Promoção dos Direitos de Lésbicas, Gays, Bissexuais, Travestis e Transexuais e criou o Conselho Nacional de Combate à Discriminação, sem atenção específica à comunidade LGBTQIA+.

citada. O referido decreto impõe a obrigação dos órgãos e entidades da administração pública de empregar o nome social de forma ampla e irrestrita, sendo o nome civil utilizado apenas para fins administrativos internos. Trata-se de um importante norteador para os órgãos de classe e empresas da iniciativa privada que queiram se espelhar em alguma norma para adotar a mesma prática.

Por ordem desse decreto, os conselhos de classe passaram a editar portarias e resoluções para regulamentar o uso do nome social.

A OAB, através da Resolução n. 05/2016, acrescentou o parágrafo único ao art. 33 do Regulamento Geral do Estatuto da Advocacia, assim redigido: "Parágrafo único. O nome social é a designação pela qual a pessoa travesti ou transexual se identifica e é socialmente reconhecida e será inserido na identificação do advogado mediante requerimento."

Nesse sentido, os CREAS, Conselhos Regionais de Engenharia e Agronomia, através da Resolução n. 1.104/2018, passaram a emitir carteiras profissionais.

O CNJ — Conselho Nacional de Justiça, editou a Resolução n. 270, de 11.12.2018, dispondo sobre o uso do nome social em serviços judiciários, por membros, servidores, estagiários e trabalhadores terceirizados dos tribunais brasileiros. Além dessas pessoas, a Resolução também atinge as testemunhas e quaisquer outras pessoas que não façam parte do processo, que podem requerer que sejam tratadas pelo nome social nas audiências, nos pregões e demais atos processuais.

O Município de São Paulo editou o Decreto n. 58.228/2018 que dispõe sobre o uso do nome social e o reconhecimento da identidade de gênero de travestis, mulheres transexuais e homens trans em todos os órgãos da Administração Pública Municipal Direta e nas autarquias, fundações, empresas públicas e sociedades de economia mista municipais, bem como nos serviços sociais autônomos instituídos pelo Município, concessionárias de serviços públicos municipais e pessoas jurídicas que mantenham qualquer espécie de ajuste com a Administração Municipal.

Essas são algumas das iniciativas públicas para garantir a proteção dos direitos fundamentais e de personalidade à identidade de gênero das pessoas, protegendo o direito dos transexuais serem conhecidos e chamados pelo nome social, ao invés do nome do registro civil, o que provoca constrangimentos, desrespeito à imagem e honra, além de evidente discriminação.

O nome social e o mercado de trabalho

Conforme visto no item anterior, o setor público caminha a passos largos para dar efetividade ao uso do nome social, o que não ocorre no setor privado.

No setor privado poucas iniciativas são tomadas pelas empresas para facilitar o uso do nome social. Embora algumas entidades empreendam esforços para conscientizar a sociedade civil, principalmente no meio ambiente do trabalho, da importância da aceitação do nome social das pessoas transexuais, bem como do combate à qualquer forma de discriminação, ainda nos deparamos com ações na Justiça do Trabalho, com relação à não aceitação do nome social pelo empregador.

Nunca é demais reforçar que toda e qualquer pessoa necessita do trabalho para prover sua subsistência e de sua família e que todos nós passamos grande parte dos nossos dias e de nossa vida no ambiente de trabalho, sendo fundamental a prática de ações concretas para a promoção de igualdade de oportunidades no trabalho para as pessoas LGBTQIA+, impondo-se a repressão à violência e ao assédio.

Nesse sentido, vale destacar a iniciativa do Ministério Público do Trabalho, na edição da Nota Técnica 02/2020, com o objetivo de:

> "Ante o exposto, ORIENTA-SE A ATUAÇÃO DAS PROCURADORAS E PROCURADORES DO MINISTÉRIO PÚBLICO DO TRABALHO, em especial da COORDIGUALDADE, no sentido de recomendar às empresas, órgãos públicos, empregadores pessoas físicas, sindicatos patronais e profissionais, de todos os setores econômicos, com ou sem fins lucrativos, que, nas ações, protocolos e diretrizes de contingenciamento ou reorganização da atividade produtiva adotem, dentre outras, os seguintes princípios:
>
> 2. NOME SOCIAL: assegure a todas as pessoas transgêneras, travestis e transexuais, assim como todas aquelas cuja identificação civil não reflita necessariamente sua identidade de gênero, o uso do nome social no âmbito da empresa, como, por exemplo: cadastro de dados e informações de uso social, comunicações internas de uso social, endereço de correio eletrônico, identificação funcional de uso interno da instituição (crachá), lista de ramais da instituição, nome de usuário (a) em sistemas de informática, inscrição em eventos promovidos pela instituição e emissão dos respectivos certificados."

O Decreto n. 58.228, de 16.05.2018, do Município de São Paulo, no § 1º do seu art. 10, facultou às pessoas jurídicas de direito privado não alcançadas pelo Decreto, aplicar suas disposições em seus estabelecimentos, servindo como um guia para as empresas que ainda são resistentes à adoção de normas para o uso do nome social sob o argumento de que não há uma legislação que regulamente a matéria.

Mas, apesar dessas iniciativas, a maioria das empresas cria entraves para o registro do nome social do empregado nos documentos funcionais, alegando que a falta de modificação do registro civil impediria a alteração nos registros da empresa. Essa atitude dos empregadores pode gerar processos na Justiça do Trabalho, para discutir a matéria, inclusive com pedidos de pagamento de indenização por dano moral.

Nome civil e nome social

O nome civil é o nome com o qual a pessoa natural foi registrada e é reconhecida como cidadão. É por meio do nome civil que a pessoa é identificada como sujeito de direitos e obrigações. Portanto, a pessoa tem direito ao nome que a individualizará (prenome e sobrenome) e de ser chamada por esse nome. O nome é utilizado no cumprimento das obrigações e deveres da pessoa, como em assinaturas em contratos.

O uso do nome também se coaduna com o interesse público, consubstanciado no interesse do Estado na identificação de seus cidadãos — o que o nome, aqui mencionando-se o indivíduo pelo prenome e sobrenome, individualizará.

A Constituição Federal, em seu art. 5º, LXXVI, a, garante o direito ao nome.

O uso do nome civil é protegido pela legislação pátria, nos termos dos arts. 16 a 18 do CC, insertos no capítulo dos direitos da personalidade:

> "Art. 16. Toda pessoa tem direito ao nome, nele compreendidos o prenome e o sobrenome.
>
> Art. 17. O nome da pessoa não pode ser empregado por outrem em publicações ou representações que a exponham ao desprezo público, ainda quando não haja intenção difamatória.
>
> Art. 18. Sem autorização, não se pode usar o nome alheio em propaganda comercial."

Dessa forma, o nome é um direito da personalidade e um direito fundamental e subjetivo protegido constitucionalmente. É inviolável, intransferível, indisponível e tem caráter extrapatrimonial. Portanto, é elemento essencial na identificação da pessoa natural.

Hodiernamente, é comum e amplamente aceito o uso do nome social quando há desconforto da pessoa com seu nome de batismo ou quando se trata de uma identidade artística. Contudo, o mesmo não ocorre quando a questão é relativa à identidade de gênero, e a atribuição de um nome feminino/masculino se funda nos conceitos de mulher/homem.

No dizer de Leandro Reinaldo da Cunha:

> "O nome social é, portanto, 'aquele pelo qual a pessoa se identifica perante a coletividade, ainda que não se revele seu nome verdadeiro (constante de seus documentos de identificação)' (CUNHA: 2018, p. 172) e que, inegavelmente, lastreado em parâmetros inerentes aos direitos da personalidade e da dignidade da pessoa humana, vem sendo reconhecido como forma de individualização pessoal oficial nos mais diversos momentos, a fim de se garantir a efetiva identificação do sujeito."(4)

Ainda que na atualidade haja diversas normas objetivando a proteção e a regulamentação da diversidade de gênero, especificamente com relação aos transgêneros, transexuais e travestis, ainda se carece do reconhecimento da sociedade para romper o

---

(4) CUNHA, Leandro Reinaldo. O esvaziamento do preceito do nome social diante das atuais decisões dos Tribunais Superiores. *Revista dos Tribunais On Line*, vol. 1011/2020, p. 67-81, jan. 2020.

preconceito. Essa situação merece uma legislação que contemple a identidade de gênero de forma mais ampla, possibilitando a verdadeira integração dessa parcela da população à sociedade. De modo que a identificação social passe a refletir a identidade civil e sexual da pessoa, a partir do seu nome, direito essencial da personalidade, possibilitando a pessoa tornar-se, de fato, um verdadeiro cidadão de um Estado Democrático de Direito.

A dignidade da pessoa humana, princípio constitucionalmente assegurado, somente se verá efetivada quando o respeito aos direitos da personalidade for materializado no amplo reconhecimento do direito ao nome social.

Considerações ao Processo TRT/SP n. 1001529-22.2019.5.02.0024

Ao analisar recurso ordinário de ambas as partes nos autos da reclamação trabalhista n. 1001529-22.2019.5.02.0024, que discute a questão da utilização do nome social por empregado transgênero no ambiente de trabalho, o I. Relator Antero Arantes Martins, julgou em alinhamento com as mais recentes decisões dos Tribunais superiores sobre o tema, demonstrando a sensibilidade necessária para enfrentar a problemática colocada.

Decidiu o E. Magistrado que a prática do superior hierárquico em obrigar o empregado a utilizar o nome civil perante clientes e colegas, ao invés do nome social pelo qual queria ser conhecido, caracteriza conduta discriminatória, passível de indenização por dano moral, que foi majorada no V. Acórdão, *verbis*:

> "Quanto aos fatos, ainda que não seja possível a modificação de documentos formais do trabalhador sem alteração no nome do registro civil, tais circunstâncias não impedem que o empregador utilize o nome social nas dependências da empresa, respeitando a opção do empregado."

A aprofundada análise do tema no V. Acórdão, está em harmonia com as já referidas decisões do STF na ADI n. 4.275/DF, e do STJ no REsp n. 1.626.739.

Ademais, vale lembrar que o Decreto n. 58.228, de 16.05.2018, do Município de São Paulo, que dispõe sobre o uso do nome social e reconhecimento da identidade de gênero, em todos os órgãos da administração pública municipal, direta e indireta, não exige qualquer outro requisito para a adoção do nome social, exceto a autodeclaração, independentemente de testemunha ou alteração do registro civil (art. 3º, § 1º)

Também mencionado Decreto prevê sua extensão às empresas da iniciativa privada, no § 1º do seu art. 10, nos seguintes termos:

> § 1º Fica facultado às pessoas jurídicas de direito privado não alcançadas por este decreto aplicar suas disposições nos respectivos estabelecimentos, podendo inclusive afixar, em local visível, placa contendo a seguinte mensagem: "AQUI RESPEITAMOS O SEU NOME SOCIAL – De acordo com o Decreto n. 58.228, de 16 de maio de 2018."

Como bem analisado no V. Acórdão, trata-se de medida simples, o reconhecimento do nome social sem exigência de alteração no registro civil, com base apenas na autodeclaração, o que promove a inclusão social do transgênero no ambiente de trabalho bem como na coletividade, contribuindo para a erradicação do preconceito, conferindo ao empregado o pleno direito da personalidade.

Conforme consta do V. Acórdão:

> "A humilhação sofrida pelo reclamante tinha enorme extensão, pois era obrigado a apresentar-se aos clientes pelo nome de batismo (...) A indenização deve ser medida pela extensão do dano. No mais, não há atitude patronal a minimizar os efeitos da conduta."

Decisões como a do I. Relator devem ser replicadas, pois a matéria foi apreciada com profundidade, dando visibilidade aos problemas enfrentados pelas pessoas transgêneros quanto à aceitação de sua identidade de gênero, o que primeiro se faz visível pelo reconhecimento ao direito de uso do nome social para todos os atos da vida civil. E contribui sobremaneira para a compreensão por parte dos empregadores, colegas de trabalho e gestores, da importância do reconhecimento do direito à autodeclaração, promovendo o respeito entre todos no ambiente de trabalho, o que, por fim, se estenderá à vida social.

Referências

BRASIL. Constituição Federal (1988). *Constituição da República Federativa do Brasil.* Brasília, DF. Disponível em: <https:/www.2.planalto.gov.br/civil_03/constituiçãocompilado.htm>. Acesso em: 20 jan. 2023.

______. *Decreto n. 7.388, de 09 de dezembro de 2010.* Dispõe sobre a composição, estruturação, competências e funcionamento do Conselho Nacional de Combate à Discriminação — CNCD. Brasília, DF. Disponível em: <https://www.planalto.gov.br/ccivil_03/_ato2007-2010/2010/decreto/d7388.htm>. Acesso em: 20 jan. 2023.

______. *Decreto n. 8.727, de 28 de abril de 2016.* Dispõe sobre o uso do nome social e o reconhecimento da identidade de gênero de pessoas travestis e transexuais no âmbito da administração pública federal direta, indireta, autárquica e fundacional. Diário Oficial da União. Brasília, DF, seção 1 de 29 de abril de 2016, página 1.

______. *Decreto n. 9.883, de 27 de junho de 2019.* Dispõe sobre Conselho Nacional de Combate à Discriminação. Diário Oficial da União. Brasília, DF, seção 1 de 28 de junho de 2019 de 2016, página 19.

______. *Lei n. 10.406, de 10 de janeiro de 2002.* Institui o Código Civil. Disponível em: <https://www.planalto.gov.br/ccivil_03/leis/2002/l10406compilada.htm>. Acesso em: 27 jan. 2023.

______. *Portaria n. 233, de 18 de maio de 2010.* Dispõe sobre o uso do nome social por servidores públicos no âmbito da administração pública federal direta, indireta, autárquica e fundacional. Ministério do Planejamento, Orçamento e Gestão. Diário Oficial da União. Brasília, DF, seção 1, página 76.

______. *Resolução n. 270, de 11 de dezembro de 2018*. Dispõe sobre o uso do nome social pelas pessoas trans, travestis e transexuais usuários dos serviços judiciários, membros, servidores, estagiários e trabalhadores terceirizados dos tribunais brasileiros. Conselho Nacional de Justiça. *DJE* de: 12.12.2018.

CAMBI, Eduardo; NICOLAU, Camila Christiane Rocha. Direito ao nome e à sua alteração (e a do gênero) no registro civil da pessoa transgênero. *Revista dos Tribunais On Line*, Revista dos Tribunais, vol. 1000/2019, p. 87-98, fev. 2019.

CANÇADO, Luíza Oliveira Mascarenhas. Aspectos relevantes sobre o nome social e o direito à alteração do nome. *Aurum*, 2021, Disponível em: <https://www.aurum.com.br/blog/nome-social/>. Acesso em: 27 jan. 2023.

CASTRO, Kamile Moreira; SANTANO, Ana Claudia. Inclusão e direitos políticos: Transsexuais e travestis e o direito eleitoral brasileiro. *Revista dos Tribunais On Line*, Revista dos Tribunais, vol. 994/2018, p. 385-408, ago. 2018.

CUNHA, Leandro Reinaldo da. O Esvaziamento do Preceito do Nome Social Diante das Atuais Decisões dos Tribunais Superiores. *Revista dos Tribunais On Line*, Revista dos Tribunais, vol. 1011/2020, p. 67-81, jan. 2020.

______. Identidade de gênero sob a atual perspectiva dos Tribunais Superiores. A possibilidade da mudança de nome e gêneros nos documentos independente da realização de procedimento cirúrgicos prévios. *Revista dos Tribunais On Line*, Revista dos Tribunais, vol. 986/2017, p. 111-125, dez. 2017.

FEDERICI, Reinaldo. Nome civil — maior fator de identificação pessoal. *Migalhas*, 2020. Disponível em: <https://www.migalhas.com.br/depeso/319649/nome-civil---maior-fator-de-identificacao-pessoal>. Acesso em: 27 jan. 2023.

FONSECA, Débora; MOURÃO, Daniela. Transgêneros. *Educando para a Diversidade. [s.d.]*. Disponível em: <https://educadiversidade.unesp. br/transgeneros/#O_que_e_violencia>. Acesso em: 27 jan. 2023.

MAIA, Maurílio Casas; XEREZ, Rafael Marcílio. O direito à identificação adequada das pessoas transgênero: Um direito fundamental? *Revista dos Tribunais On Line*, Revista dos Tribunais, vol. 998/2018, p. 495-515, dez. 2018.

MARINHO, Nádia. Nome civil x Nome social — Decreto n. 43.065, de 08 de julho de 2011. *Jusbrasil*, 2017. Disponível em: <https://nnadiamarinho87.jusbrasil.com.br/artigos/394067716/nome-civil-x-nome-social-decreto-n-43065-de-08-de-julho-de-2011>. Acesso em: 27 jan. 2023.

MARTINEZ, Luciano. O trabalho das pessoas transgênero e as suas peculiaridades. *Revista dos Tribunais On Line*, Revista de Direito do Trabalho, vol. 220/2021, p. 417-434, nov./dez. 2021.

MENDES, Clóvis. O nome civil da pessoa natural: direito da personalidade e hipóteses de retificação. *Jus.com.br*, 2009. Disponível em: <https://jus.com.br/artigos/13015/o-nome-civil-da-pessoa-natural>. Acesso em: 27 jan. 2023.

OLIVEIRA, Andrea Luisa de; OLIVEIRA JUNIOR, Roberto Lúcio de. Os direitos da personalidade à luz da aquisição de uma nova identidade: A proteção do nome social aos sujeitos transgêneros. *Revista dos Tribunais On Line*, Revista de Direito Privado, vol. 75/2017, p. 37-62, mar. 2017.

SÃO PAULO. *Decreto n. 58.228, de 16 de maio de 2018*. Dispõe sobre o uso do nome social e o reconhecimento da identidade de gênero de travestis, mulheres transexuais e homens transexuais em todos os órgãos da Administração Pública Municipal. Diário Oficial da Cidade de 17.05.2018, pag. 1.

SOUZA, Julia. Direitos da personalidade: direito ao nome. *Monografias Brasil Escola, [s.d.]*. Disponível em: <https://monografias.brasilescola.uol.com.br/direito/direitos-da-personalidade-direito-ao-nome.htm>. Acesso em: 27 jan. 2023.

A Transfobia no Ambiente de Trabalho. Adoção e Utilização do Nome Social como Um dos Elementos Necessários ao Pleno Exercício dos Direitos Sociais

Luciana Bezerra de Oliveira

TRANSFOBIA. NOME SOCIAL. A utilização do nome social no ambiente de trabalho é elemento essencial para o exercício da cidadania e dos direitos sociais. O empregador que obriga o trabalhador que se identifica como homem a se apresentar perante clientes com seu nome de batismo, desrespeitando seu gênero e sua aparência masculina, pratica transfobia e comete ato que configura dano moral.

As ações trabalhistas que versam sobre transfobia

As inquietações que atingem a sociedade não permanecem dissociadas das celeumas que são apresentadas aos julgadores. Ao contrário! Na maior parte das vezes, essas inquietações não permanecem represadas no âmbito das relações pessoais e deságuam em ações que são submetidas ao crivo do Poder Judiciário, em todos os seus ramos.

Nos últimos tempos o Poder Judiciário tem se deparado com inúmeras ações onde se discutem, dentre outras matérias, questões que dizem respeito à identidade de gênero. São inúmeras as ações que tem como principal mote discussões acerca de violações de direitos da população LGBT+, além das conhecidas ações que envolvem violações aos direitos das mulheres e outras minorias. Na Justiça do Trabalho as lides envolvendo esses temas e essas populações vêm pulsando, já com certa frequência.

Justamente por este motivo, em outubro de 2021 o Conselho Nacional de Justiça elaborou uma cartilha com o intuito de orientar e trazer diretrizes mínimas à Magistratura nacional sobre julgamento de temas relacionados à perspectiva de gênero. Essas diretrizes se tornaram obrigatórias a partir de março de 2023 pelo Ato Normativo

0001071-61.2023.2.00.0000[1]. No site do Conselho Nacional de Justiça a novidade foi amplamente noticiada:

> A adoção do Protocolo pelos órgãos do Poder Judiciário foi incentivada pelo CNJ no ano passado (2022), por meio da edição da Recomendação n. 128[2]. O documento, no entanto, apenas sugeria a adoção das medidas. Alinhado ao Objetivo de Desenvolvimento Sustentável (ODS) 5 da Agenda 2030 da ONU[3], o documento — inspirado em protocolos de outros países, como o elaborado pela Suprema Corte do México — traz considerações teóricas sobre igualdade e também um guia com exemplos práticos para que os julgamentos não incorram na repetição de estereótipos e na perpetuação de diferenças.
>
> A Resolução aprovada também criou um Comitê de Acompanhamento e Capacitação sobre Julgamento com Perspectiva de Gênero no Poder Judiciário e converteu o Grupo de Trabalho previsto na Resolução CNJ n. 255/2018[4] e constituído pela Portaria CNJ n. 27/2021[5], no Comitê de Incentivo à Participação Institucional Feminina no Poder Judiciário. "O objetivo do grupo de trabalho não terminou, pois ainda não atingimos a paridade", disse a relatora da matéria, conselheira Salise Sanchotene. A magistratura brasileira é composta em sua maioria por homens — apenas 38% são mulheres.
>
> Caberá ao Comitê de Acompanhamento e Capacitação sobre Julgamento com Perspectiva de Gênero no Poder Judiciário acompanhar o cumprimento da Resolução; elaborar estudos e propor medidas concretas de aperfeiçoamento do sistema de justiça quanto às causas que envolvam direitos humanos, gênero, raça e etnia, em perspectiva interseccional. Entre as obrigações dos representantes estão: organizar fóruns permanentes de sensibilização sobre o julgamento com perspectiva de gênero nos órgãos do Poder Judiciário; solicitar cooperação judicial com tribunais e outras instituições; e participar

(1) BRASIL. Conselho Nacional de Justiça. Disponível em: <https://www.cnj.jus.br/diretrizes-do-protocolo-para-julgamento-com-perspectiva-de-genero-do-cnj-passam-a-ser-obrigatorias-no-judiciario/>. Acesso em: 02 abr. 2023.

(2)BRASIL. Conselho Nacional de Justiça. Disponível em: <https://atos.cnj.jus.br/atos/detalhar/4377#:~:-text=Recomenda%20a%20ado%C3%A7%C3%A3o%20do%20%E2%80%9CProtocolo,%C3%A2mbito%20do%20Poder%20Judici%C3%A1rio%20brasileiro.&text=DJe%2FCNJ%20n%C2%BA%2042%2F2022,de%20fevereiro%20de%202022%2C%20p>. Acesso em: 1º abr. 2023.

(3) BRASIL. Instituto de Pesquisa Econômica Aplicada. Disponível em: <https://www.ipea.gov.br/ods/ods5.html>. Acesso em: 1º abr. 2023.

(4)BRASIL.ConselhoNacionaldeJustiça.Disponívelem:<https://atos.cnj.jus.br/files/resolucao_255_04092018_05092018143313.pdf>. Acesso em: 1º abr. 2023.

(5) BRASIL. Conselho Nacional de Justiça. Disponível em: <https://atos.cnj.jus.br/atos/detalhar/3714>. Acesso em: 1º abr. 2023.

de eventos promovidos por entes públicos ou entidades privadas sobre temas relacionados aos objetivos do Comitê.

O comitê será coordenado por um conselheiro ou uma conselheira do CNJ, assegurada a participação de representantes da Justiça Estadual, Federal, do Trabalho, Eleitoral e Militar, da Escola Nacional de Formação e Aperfeiçoamento de Magistrados (Enfam), da Escola Nacional de Formação e Aperfeiçoamento de Magistrados do Trabalho (Enamat), assim como demais representantes da Academia e da sociedade civil, inclusive da Ordem dos Advogados do Brasil (OAB).

"Nenhum de nós tem a capacitação no que está relatado nesse protocolo. Nenhum de nós. Temos ideia do que possa acontecer, do que podemos fazer, mas não de uma forma técnica, organizada e bem encaminhada. Recebo o protocolo como algo que já deveria ter vindo há muito tempo", afirmou o conselheiro Luiz Philippe Vieira de Mello Filho.

Este artigo tem o intuito de contribuir com as discussões que vem surgindo e a partir desse novo olhar, analisar, com vagar, a sentença e o acórdão proferido que versam, justamente, sobre esse tema.

Da efetividade das decisões proferidas

As decisões objeto deste estudo foram proferidas em 09.03.2020 (a r. sentença) e 24.11.2020 (o v. acórdão) ou seja, antes da criação da Cartilha do CNJ e antes mesmo da adoção do "Protocolo para Julgamento com Perspectiva de Gênero". Tratam-se, portanto, tanto a sentença quanto o acórdão, de decisões corajosas, sensíveis e que ficaram marcadas por seu caráter arrojado.

Na ação, ajuizada em 05.11.2019, o reclamante, homem trans, em processo de transição de gênero, foi vítima de séria discriminação, de verdadeiro assédio moral praticado por sua superiora hierárquica.

O reclamante estava em tratamento com hormonioterapia, tinha aparência masculina e os colegas de trabalho o tratavam pelo nome social que adotou (Pedro).

No entanto, apenas a chefia imediata se recusava a chamá-lo pelo nome social, insistia em tratá-lo pelo nome de batismo (Vanessa) e o obrigava a se apresentar pelo nome feminino para os clientes.

Evidente que essas exigências eram descabidas e causaram ao reclamante sentimento de extrema humilhação. A sentença e o acórdão concluíram que se tratou de uma atitude que gerou constrangimento e discriminação, ferindo a dignidade humana.

Além do mais, não havia nenhuma justificativa razoável para esse comportamento da chefia. A prova testemunhal e oral (inclusive a confissão da reclamada) levaram a Juíza de 1º Grau a concluir que a situação se deu da forma como foi retratada na petição inicial.

A empresa recorreu da sentença, afirmando a inexistência da discriminação e inocorrência de danos morais. E não obteve êxito. A condenação foi mantida e a indenização majorada com o acolhimento do recurso da parte autora, quanto ao particular.

O v. acórdão assim se pronunciou:

> Trata-se de medida simples (adoção do nome social no ambiente de trabalho), que promove o direito à autodeterminação sexual, garante a saúde e liberdade do ser humano, zela por sua integridade física e psíquica e contribui para a higidez no local de trabalho
>
> Nesse sentido tem se posicionado o C. STF ao firmar o entendimento de que: "O transgênero tem direito fundamental subjetivo à alteração de seu prenome e de sua classificação de gênero no registro civil, não se exigindo para tanto nada além da vontade do indivíduo, o qual poderá exercer tal faculdade seja pela via judicial como diretamente, pela via administrativa" (RE n. 670.422).
>
> Especificamente no caso em análise, a evidente contradição entre o nome civil forçosamente utilizado pela supervisora e a aparência masculina da parte autora é suficiente para gerar constrangimento e discriminação, ferindo a dignidade humana.

A adoção do nome social é elemento necessário ao pleno exercício dos direitos fundamentais. A dignidade da pessoa humana é um dos fundamentos da nossa República e está prevista no art. 1º da Constituição Federal (art. 1º, inc. III[(6)]). Logo a seguir, no inc. IV, do mesmo art. 1º, está o valor social do trabalho.

A orientação sexual e a identidade de gênero constituem elementos essenciais da personalidade humana. Não há maiores dificuldades em se entender que as escolhas tomadas nesses campos concretizam a capacidade de autodeterminação do indivíduo. Em essência, cuida-se de decisões tomadas pelos indivíduos no exercício da liberdade de projetar sua própria vida e de aspirar à busca da felicidade.

Como se vê, a Justiça reconheceu que ao não adotar o correto prenome para se referir à parte autora, a empregadora, por meio de sua supervisora, feriu a dignidade humana do reclamante.

O que mais estarrece na situação foi constatar que os colegas de trabalho foram tolerantes e mais acolhedores, utilizando o nome social para se referir ao reclamante no

---

(6) BRASIL. Constituição da República Federativa do Brasil de 1.988. Art. 1º A República Federativa do Brasil, formada pela união indissolúvel dos Estados e Municípios e do Distrito Federal, constitui-se em Estado Democrático de Direito e tem como fundamentos: I – a soberania; II – a cidadania; III – a dignidade da pessoa humana; IV – os valores sociais do trabalho e da livre iniciativa. Disponível em: <https://www.planalto.gov.br/ccivil_03/constituicao/constituicao.htm>. Acesso em: 03 abr. 2023.

ambiente de trabalho. Mas a superiora hierárquica se negava a tomar a mesma atitude, causado inequívoco sentimento de humilhação e atingindo sua autoestima.

A sentença concluiu que o empregador é o responsável pela conduta da supervisora, conforme dispõem os arts. 932, III e 933, ambos do Código Civil, *in verbis*:

> Art. 932. São também responsáveis pela reparação civil:
>
> I – (*omissis*)
>
> II – (*omissis*)
>
> III – o empregador ou comitente, por seus empregados, serviçais e prepostos, no exercício do trabalho que lhes competir, ou em razão dele;
>
> Art. 933. As pessoas indicadas nos incisos I a V do artigo antecedente, ainda que não haja culpa de sua parte, responderão pelos atos praticados pelos terceiros ali referidos.

O acórdão assim afirmou: *"O direito à reparação de dano por responsabilidade civil pressupõe a ocorrência conjunta de três elementos: ação ou omissão, culposa ou dolosa, dano e nexo causal. No caso, todos os elementos estão presentes"*.

A situação enfrentada pelo autor no ambiente de trabalho coincide com os principais estudos sobre o tema. A medida por ele almejada era simples e de fácil execução. Só pretendia ser tratado no ambiente de trabalho pelo nome social, compatível com sua aparência. E, ainda assim, essa pretensão tão simples lhe foi negada.

O Brasil é um país preconceituoso, sob os mais diversos aspectos, mas, especialmente e com mais intensidade em relação à população trans e travesti.

As estatísticas indicam que o Brasil é o país que mais mata pessoas trans no mundo. No ano de 2022, 131 pessoas trans e travestis foram assassinadas no Brasil, segundo dados da Associação Nacional de Travestis e Transexuais (Antra) contidos no Dossiê Assassinatos e Violências contra travestis e transexuais brasileiras(7). Destas, 130 eram trans ou travestis femininas e uma era um homem trans. A mais jovem tinha apenas 15 anos de idade. 78% das vítimas eram negras e 24% brancas.

A maior parte dos crimes aconteceu em lugares públicos, de noite. 41% das vítimas foram mortas com tiros; 24% com facadas e 16% por estrangulamento ou espancamento. Entre os assassinatos ocorridos em 2022 apenas em 31 casos os assassinos foram identificados. Todos eram homens identificados como cisgêneros.

Pelo 14º ano consecutivo, em 2022, o Brasil ocupou o topo dos países com mais mortes de pessoas trans e travestis no mundo, à frente do México (2º lugar) e Estados Unidos (3º lugar)(8).

---

(7) BRASIL. ANTRA BRASIL. Associação Nacional de Travestis e Transexuais. Disponível em: <https://antrabrasil.files.wordpress.com/2023/01/dossieantra2023.pdf>. Acesso em: 02 abr. 2023.

(8) BRASIL. ANTRA BRASIL. Associação Nacional de Travestis e Transexuais. Disponível em: <https://antrabrasil.files.wordpress.com/2023/01/dossieantra2023.pdf>. Acesso em: 02 abr. 2023.

Em 2016, uma pesquisa do Instituto Brasileiro de Geografia e Estatística (IBGE) apontou que a expectativa de vida das pessoas transexuais era de apenas 35 anos — o que representa menos da metade da expectativa de vida da população em geral, cuja média, no mesmo ano, era de 75,5 anos.

É estarrecedor constatar que enquanto a população em geral progrediu em todos os aspectos e hoje alcança essa expectativa de vida, a população trans e travestis tem hoje a mesma expectativa de vida que a população do Século XIX.

Das diversas fontes de discriminação

A população LGBT+[9] é historicamente vítima de violência e sofre toda sorte de discriminação social, que se inicia na família, passa pela escola e desemboca no trabalho.

Como consequência imediata da discriminação no âmbito familiar, as pessoas trans e travestis acabam tendo muita dificuldade para concluir os estudos. Isso acaba se refletindo no mercado de trabalho.

Essas pessoas têm imensa dificuldade em obter colocação profissional qualificada e acabam sendo vítimas de exploração. Muitas acabam se submetendo à prostituição e, quando não, se sujeitam a trabalhos menos qualificados, mal remunerados, precários ou de curto período (intermitente).

O trabalho humano, de certa forma, define o ser humano na sociedade, tratando-se de importante componente de identificação.

Normalmente, após a indicação do nome, a próxima informação que se busca ou se tem a respeito de um indivíduo é a sua profissão ou atividade que desempenha. E a profissão acaba se tornando uma característica indissociável daquela pessoa, juntamente com seu nome ou prenome.

O exercício de uma profissão é um dos meios que o indivíduo tem para explorar suas potencialidades. Além disso, o trabalho é um dos principais meios de sustento pessoal e familiar.

Não bastasse, o trabalho ocupa grande parte do nosso tempo. É significante o tempo que se permanece trabalhando ao longo do dia, semanas, meses e ao longo dos anos de uma vida.

A Constituição Federal Brasileira estabelece que a jornada máxima de trabalho é de 8 horas diárias e 44 semanais, o que resulta em 220 horas de trabalho mensais[10].

---

(9) A utilização desta sigla (LGBT+) foi uma opção da autora, sem olvidar que também é comum em vários estudos a utilização da sigla ampliada (LGBTQIA+) para se referir à mesma população.

(10) BRASIL. Constituição da República Federativa do Brasil de 1.988. Art. 7º, XIII, da CF. Art. 7º São direitos dos trabalhadores urbanos e rurais, além de outros que visem à melhoria de sua condição social: XIII – duração do trabalho normal não superior a oito horas diárias e quarenta e quatro semanais, facultada a compensação de horários e a redução da jornada, mediante acordo ou convenção coletiva de trabalho; Disponível em: <https://www.planalto.gov.br/ccivil_03/constituicao/constituicao.htm>. Acesso em: 03 abr. 2023.

Considerando que o ser humano destina, cerca de 7 a 8 horas do dia para o seu sono (restando, portanto, 16/17 das 24 horas diárias) podemos dizer que durante cerca de metade do tempo que uma pessoa está acordada está trabalhando ou envolvida com atividades relacionadas ao exercício de sua profissão.

Por todos esses motivos, se o local de trabalho se tornar para o trabalhador um ambiente opressor, desrespeitoso e preconceituoso, no qual não é sequer tratado pelo nome que se identifica e que é compatível com sua aparência e gênero é certo que não poderá desenvolver suas potencialidades, o que impactará não apenas na sua condição econômica, mas também na sua condição humana, na sua dignidade, trazendo-lhe sentimento de humilhação, angústia e, em última análise, podendo levá-lo até ao desemprego não desejado, apenas para se livrar daquela situação tenebrosa.

A cada dia é mais evidente que por trás de inúmeras situações aparentemente inocentes que ocorrem no ambiente de trabalho escondem-se inúmeros casos envolvendo sérias discriminações. Este foi um deles.

Da transfobia como crime

A homofobia e a transfobia são crimes que hoje se equiparam ao crime de racismo. Com o julgamento proferido pelo Supremo Tribunal Federal nos autos da Ação Direta de Inconstitucionalidade por Omissão n. 26, do Distrito Federal, os tipos penais previstos na Lei n. 7.716/89 (Lei Antirracismo), segundo interpretação conforme da Constituição Federal, são hoje também aplicáveis a todas as formas de homofobia e transfobia, especialmente para as ofensas individuais e coletivas, as ameaças, as agressões e as discriminações motivadas pela orientação sexual e/ou identidade de gênero, real ou suposta, da vítima.

Isso porque, segundo o magnífico voto do Ministro Gilmar Mendes proferido na mesma ação:

> "A orientação sexual e a identidade de gênero devem ser consideradas como manifestações do exercício de uma liberdade fundamental, de livre desenvolvimento da personalidade do indivíduo, a qual deve ser protegida, livre de preconceito ou de qualquer outra forma de discriminação. O combate à homofobia e à transfobia tem base nos direitos fundamentais, na proteção de direitos de minorias, a partir da própria ideia do direito de liberdade."

E o Ministro ainda foi mais adiante, ao discorrer sobre o assunto:

> "A Constituição de 1988 contém significativo elenco de normas que, em princípio, não outorgam direitos, mas que, antes, determinam a criminalização de condutas (CF, art. 5º, XLI, XLII, XLIII, XLIV; art. 7º, X; art. 227, § 4º). Em todas essas disposições é possível identificar um mandado de criminalização expresso, tendo em vista bens e valores envolvidos.
>
> Em verdade, tais disposições traduzem uma outra dimensão dos direitos fundamentais, decorrente de sua feição objetiva na ordem constitucional. Tal concepção legitima a ideia de que o Estado se obriga não apenas a observar os direitos de qualquer indivíduo em face das investidas do Poder Público (direito fundamental enquanto direito de proteção ou de defesa —

> Abwehrrecht), mas também a garantir os direitos fundamentais contra agressão propiciada por terceiros (Schutzpflicht des 11ADO 26 / DF Staats).
>
> Nesse sentido, os direitos fundamentais não podem ser considerados apenas como proibições de intervenção (Eingriffsverbote), expressando também um postulado de proteção (Schutzgebote). Utilizando-se da expressão de Canaris, pode-se dizer que os direitos fundamentais expressam não apenas uma proibição do excesso (Übermassverbote), mas também podem ser traduzidos como proibições de proteção insuficiente ou imperativos de tutela (Untermassverbote)."

A decisão proferida pelo STF teve caráter pioneiro no mundo e serviu como inspiração para inúmeras outras proferidas pelos Tribunais Brasileiros nas ações que tratam de discriminação de gênero, homofobia e transfobia.

Da alteração do prenome nos registros públicos

O Supremo Tribunal Federal ao analisar a ADI 4.275, em março de 2018 deu mais um importante passo na busca por direitos da população trans. Por meio da decisão proferida, o STF reconheceu que pessoas trans podem alterar o nome e o sexo no registro civil sem que se submetam à cirurgia de redesignação sexual. Os ministros invocaram o princípio do respeito à dignidade humana como razão de decidir.

Em 15 de agosto de 2018 nova decisão proferida pelo Supremo Tribunal Federal possibilitou que os transexuais efetuassem a mudança do seu nome civil junto aos Cartórios de Registro Civil, independentemente da realização do procedimento cirúrgico de redesignação de sexo. Depois da decisão, a alteração passou a ser feita por meio de decisão judicial ou diretamente, junto ao cartório.

Na época, o Supremo Tribunal Federal definiu tese, sob regime de repercussão geral, nos autos do **RE n. 670.422** nos seguintes termos:

> "O transgênero tem direito fundamental subjetivo à alteração de seu prenome e de sua classificação de gênero no registro civil, não se exigindo, para tanto, nada além da manifestação de vontade do indivíduo, o qual poderá exercer tal faculdade tanto pela via judicial como diretamente pela via administrativa."

O voto prevalecente foi do Ministro Dias Toffoli, relator da ação. Em seu voto, o Ministro destacou que para o desenvolvimento da personalidade humana, deve-se afastar qualquer óbice jurídico que represente limitação ao exercício pleno pelo ser humano da liberdade de escolha de identidade, orientação e vida sexual. O Ministro ainda destacou que qualquer tratamento jurídico discriminatório sem justificativa constitucional razoável e proporcional *"importa em limitação à liberdade do indivíduo e ao reconhecimento de seus direitos como ser humano e como cidadão"*.

Em 27 de junho de 2022 finalmente mais um importante passo foi dado com a promulgação da Lei n. 14.382/2022 que trata do Sistema Eletrônico dos Registros Públicos, que alterou a Lei n. 6.015, de 31 de dezembro de 1973 (Lei dos Registros Públicos), e passou a permitir a alteração dos prenomes de qualquer pessoa, após atingir a maioridade civil, sem que essa pessoa precise apresentar justificativas para tanto, independentemente de decisão judicial.

> Art. 56 – A pessoa registrada poderá, após ter atingido a maioridade civil, requerer pessoalmente e imotivadamente a alteração de seu prenome, independentemente de decisão judicial, e a alteração será averbada e publicada em meio eletrônico.

Todas essas alterações trouxeram mais liberdade, segurança e dignidade às pessoas trans e travestis que a partir de então puderam alterar seu prenome junto aos Cartórios sem maiores burocracias ou justificativas.

Do ajuizamento da ação com nome de batismo. Das alterações necessárias a serem promovidas no Processo Judicial Eletrônico (PJe)

O Processo Judicial Eletrônico (PJe) foi implantado na Justiça do Trabalho no ano de 2.010. A primeira vara totalmente eletrônica na Justiça do Trabalho foi a de Navegantes, implantada em 2011; em 2012 a Vara de Arujá foi a pioneira no maior Tribunal do trabalho do país, o Tribunal Regional do Trabalho da 2ª Região, que abrange a cidade de São Paulo, sua região metropolitana e a Baixada Santista.

De lá para cá, muitas coisas mudaram. Os processos físicos, em papel, foram substituídos pelos eletrônicos. Os tempos mortos dos processos foram eliminados. A justiça saiu do analógico e foi para o digital.

A parte autora buscou no Poder Judiciário reparação pelos danos morais sofridos no local de trabalho.

Ao ajuizar a ação trabalhista foi novamente surpreendida. O sistema eletrônico atualmente adotado, PJe, contém sérias limitações e por ocasião da distribuição da ação não permitia a inclusão do nome social da parte autora.

Até este momento — abril de 2.023 — só é possível incluir o nome social nos cadastros do PJe se a parte autora tiver providenciado a alteração pertinente na Receita Federal, pois as informações contidas no sistema são extraídas do site da Receita Federal. As incompatibilidades entre o nome social e o nome cadastrado na Receita não podem ser corrigidas pelo usuário do sistema.

Também não há, no campo destinado ao "assunto" da ação ajuizada, até o momento da elaboração deste artigo, as hipóteses de "transfobia", "homofobia" ou mesmo "misoginia".

Esses tão importantes assuntos acabam compactados dentro do tema "assédio moral", pois dentro dele estão inseridos todo tipo de assédio (inclusive o assédio sexual). A título de exemplo, o único tema exclusivo atinente às mulheres no PJe e que acaba tendo espaço nas estatísticas oficiais diz respeito à dispensa de mulheres grávidas; as estatísticas apontam para "estabilidade/gravidez".

A ausência desses assuntos específicos, com certeza, impede que as estatísticas extraídas do PJe retratem o real número de ações que versam sobre esses temas. As ações ajuizadas que têm esse mote acabam invisibilizadas, pois estão se "encaixando" em assuntos genéricos como "danos morais" ou "assédio moral" ou em algum tema parecido ou mais próximo daquele que será retratado no processo, dependendo da habilidade ou da opção levada a efeito no momento pelo/a advogado/a que providencia o ajuizamento da ação.

Isso mostra que há muito ainda que se avançar, mesmo no Poder Judiciário, para verdadeiramente abarcar os anseios e as necessidades da população LGBT+, para combater a discriminação na sociedade, bem como para tirar da invisibilidade esse importante segmento da sociedade e dos temas que lhes dizem respeito.

A Justiça tem um importante papel de contribuir para a inclusão de todos, sem qualquer distinção, exatamente como preconiza o projeto de país que foi abraçado pelo Brasil, que em sua Carta Magna estabelece que todos são iguais perante a lei, sem distinção de qualquer natureza(11).

Conclusão

A atuação arrojada da Justiça do Trabalho no caso concreto teve a virtude de trazer à tona uma das muitas vicissitudes pelas quais passa a população trans e travesti em seu local de trabalho.

A adoção do nome social é fator de definição da identidade, promove o direito à autodeterminação sexual, garante a dignidade da pessoa humana no trabalho e contribui para manter sua integridade física e psíquica.

Para uma pessoa trans ou travesti, ser tratada forçosamente por seu nome de batismo em ambiente público, ser obrigada a se apresentar para terceiros com seu nome civil ou ser chamada em voz alta por nome que não condiz com sua aparência a expõe, sem dúvida alguma, à situações humilhantes e degradantes.

As decisões foram proferidas antes da adoção do Protocolo para Julgamento com perspectiva de gênero pelo Conselho Nacional de Justiça, mas foram elaboradas justamente com o que esse protocolo vem pregando para adoção pela Magistratura: um olhar humanizado, inclusivo e sem preconceitos quanto às causas que envolvam direitos humanos, gênero, raça e etnia.

O reconhecimento da importância da utilização do nome social no local de trabalho, mesmo antes da permissão trazida pela legislação que alterou a lei dos Registros

(11) BRASIL. Constituição da República Federativa do Brasil de 1.988. Disponível em: <https://www.planalto.gov.br/ccivil_03/constituicao/constituicao.htm>. Acesso em: 05 abr. 2023.

Civis Eletrônicos, mostrou que o Poder Judiciário está sempre na vanguarda, acompanha a evolução social, está afinado com a realidade e dá reconhecimento às questões de gênero e identidade que afetam o efetivo exercício da cidadania.

Referências

BRASIL. ANTRA BRASIL. Associação Nacional de Travestis e Transexuais. Disponível em: <https://antrabrasil.files.wordpress.com/2023/01/dossieantra2023.pdf>. Acesso em: 02 abr. 2023.

______. *Constituição da República Federativa do Brasil de 1.988*. Disponível em: <https://www.planalto.gov.br/ccivil_03/constituicao/constituicao.htm>. Acesso em: 05 abr. 2023.

______. CONSELHO NACIONAL DE JUSTIÇA — CNJ. *Diretrizes do Protocolo para Julgamento com Perspectiva de Gênero do CNJ passam a ser obrigatórias no Judiciário*. 15 mar. 2023. Disponível em: <https://www.cnj.jus.br/diretrizes-do-protocolo-para-julgamento-com-perspectiva-de-genero-do-cnj-passam-a-ser-obrigatorias-no-judiciario/>. Acesso em: 1º abr. 2023.

______. Instituto de Pesquisa Econômica Aplicada. Disponível em: <https://www.ipea.gov.br/ods/ods5.html>. Acesso em: 1º abr. 2023.

O Dever de Indenizar em Consequência de Assédio Moral Fundado na Intolerância Homoafetiva

Laila Mariana Paulena Macedo

LGBTFOBIA. DEVER DE INDENIZAR. DESCUMPRIMENTO DA FUNÇÃO SOCIAL PELO EMPREGADOR. Trata-se de sentença que condenou o empregador a indenizar moralmente o trabalhador homoafetivo, que sofreu com piadas jocosas relacionadas a sua sexualidade. Não cumprimento da função social lastreada constitucionalmente (arts. 5º, XXIII, 170, III, e 186, II (preservação do meio ambiente), nele incluído o do trabalho (art. 200, VIII)). (Processo com número omitido por tramitar em segredo de justiça. 1ª Vara do Trabalho da Zona Sul de São Paulo. TRT 2ª Região. Juíza do Trabalho Lorena de Mello Rezende Colnago).

A Constituição da República garante como direito fundamental de todos a igualdade, que por tempos era interpretada como igualdade meramente formal, ou seja, todos devem ser tratados igualmente na forma da lei.

Tal como ensinou Pontes de Miranda[(1)], a igualdade perante a lei corresponde à igualdade formal, aquela destinada ao legislador estabelecendo uma proibição de tratamentos diferenciados.

No entanto, com a evolução interpretativa dos direitos fundamentais, no que concerne a sua dimensão, a igualdade formal não garantia sua concretude no mundo dos fatos, considerando que vários grupos sobreviviam excluídos socialmente, não bastando a mera previsão Constitucional, sendo necessária uma atuação firme do Estado com o fim de corrigir as desigualdades estruturais.

---

(1) PONTES DE MIRANDA. *Democracia, liberdade, igualdade:* os três caminhos. São Paulo: José Olympio, 1945. p. 530.

Nesse contexto é que os operadores do Direito, passaram a criar e interpretar normas jurídicas com o fim de efetivamente realizar uma compensação das desigualdades sociais, ou seja, visando superar as desigualdades fáticas e promover a inclusão social.

Tal proceder não se limita apenas à legislação de direito material, mas também quanto ao direito processual, atendendo a própria capacidade probatória da parte hipossuficiente naquela relação.

Neste toar, é que o Conselho Nacional de Justiça lançou a cartilha com Protocolo para Julgamento com Perspectiva de Gênero, que tem como escopo auxiliar o magistrado, atentando para a realidade vivida pelas mulheres em nossa sociedade, o que também pode ser meio de auxílio e interpretação para o julgamento com relação aos demais grupos minoritários.

Por sua vez, no que concerne a análise da sentença objeto deste estudo, é necessário um breve esboço quanto às questões de gênero.

O conceito de sexo relaciona-se ao genótipo dos indivíduos, o que os classifica entre machos, fêmeas e intersexuais, por sua vez gênero é o conjunto de características físicas atribuídas socialmente aos diferentes sexos.

Por fim, sexualidade se refere a atração sexual e afetiva de um determinado indivíduo, que pode se manifestar tanto por indivíduos de outro sexo (heteroafetivos/heterossexuais) ou do mesmo sexo (homoafetivos/homossexuais), ou de ambos os sexos (bissexuais), ou por ninguém (assexuais).

Com base nesses breves conceitos, já se pode extrair que os estereótipos de gênero dizem respeito ao conjunto de ideias socialmente construídas e atribuídas a determinado grupo, assim, espera-se que homens tenha atração sexual e afetiva por mulheres, e vice-versa, o que se convencionou chamar de padrão heteronormativo.

O cenário atual de nossa sociedade demonstra que ainda está calcada nos estereótipos de gênero, sendo consideradas "normais" apenas as condutas que se enquadrem no padrão heteronormativo imposto. E, quando algum indivíduo atua em "desconformidade" a esta "normalidade" é objeto de preconceito, exclusão, discriminação, escárnio.

Todavia, necessário sempre frisar, que aquele que está fora do padrão heteronormativo, não deixa de ser humano[(2)], e continua sendo titular dos direitos e garantias fundamentais, o que decorre da universalidade dos direitos humanos, previstos não

(2) Art.1º, § 2, Convenção Americana de Direitos Humanos, "§ 2. Para os efeitos desta Convenção, pessoa é todo ser humano." BRASIL. Presidência da República. *Decreto n. 678, de 6 de novembro de 1992*. Legislação. Disponível em: <http://www.planalto.gov.br/ccivil_03/decreto/d0678.htm>. Acesso em: 16 fev. 2023.

apenas em nossa Carta Magna(3), mas também em tantos outros instrumentos internacionais de proteção(4), o que se convencionou chamar de transnacionalidade, que consiste no reconhecimento dos direitos humanos onde quer que o indivíduo esteja.

Neste toar, considerando as dimensões dos direitos humanos, é que sob a ótica da segunda dimensão o Estado deixa de ser mero fiscal das normas positivadas, e passa a ser exigida uma atuação concretizadora dos direitos fundamentais.

Dentre inúmeros avanços, um importante passo, e que tem correlação a decisão em comento, consiste na decisão do E. STF em 2019, que, ao julgar a ADO n. 26, equiparou a LGBTfobia ao crime de racismo (Lei n. 7.716/1989), atuando de forma repressiva contra a discriminação.

Importante mencionar que esta decisão demonstra a efetiva atuação da Suprema Corte para atingir a igualdade material e processual. No âmbito do processo, via instrumentos constitucionais, tais como o mandado de injunção e a ação declaratória por omissão, restou reconhecido que não existia norma específica para que a comunidade LGBTQIAP+ exercesse efetivamente seus direitos fundamentais, no que concerne a não discriminação, bem como declarou a mora do Poder Legislativo, e, consequentemente, com o fim de permitir o exercício de uma garantia Constitucional, determinou a aplicação da Lei n. 7.716/1989 até que sobrevenha lei específica para tanto.

De clareza solar o trecho do voto do Ministro Celso de Mello:

> "O gênero e a orientação sexual constituem elementos essenciais e estruturantes da própria identidade da pessoa humana e integram uma das mais íntimas e profundas dimensões de sua personalidade. No entanto, **devido à ausência de adequada proteção estatal, especialmente em razão da controvérsia gerada pela denominada "ideologia de gênero", os integrantes da comunidade LGBT acham-se expostos a ações de caráter segregacionista, com caráter homofóbico, que têm por objetivo limitar ou suprimir prerrogativas essenciais** de gays, lésbicas, bissexuais, travestis, transgêneros e intersexuais, entre outros. Tais práticas culminam no tratamento dessas pessoas como indivíduos destituídos de respeito e consideração, **degradados ao nível de quem não tem nem sequer direito a ter direitos, por lhes ser negado, mediante discursos autoritários e excludentes, o reconhecimento da legitimidade de sua própria existência**. Essa visão de mundo, fundada na ideia artificialmente construída de que as diferenças biológicas entre o homem e a mulher devem determinar os seus papéis sociais, impõe uma inaceitável restrição às suas liberdades fundamentais, com a submissão

---

(3) Art. 5º da Constituição da República, por exemplo. BRASIL. Presidência da República. Disponível em: <https://www.planalto.gov.br/ccivil_03/constituicao/constituicao.htm>. Acesso em: 16 fev. 2023.

(4) Como exemplo, a Declaração Universal dos Direitos Humanos e a Convenção Americana de Direitos Humanos, em seu art. 1º, 1, "1. Os Estados-Partes nesta Convenção comprometem-se a respeitar os direitos e liberdades nela reconhecidos e a garantir seu livre e pleno exercício a toda pessoa que esteja sujeita à sua jurisdição, sem discriminação alguma por motivo de raça, cor, sexo, idioma, religião, opiniões políticas ou de qualquer outra natureza, origem nacional ou social, posição econômica, nascimento ou qualquer outra condição social". BRASIL. Presidência da República. *Decreto n. 678, de 6 de novembro de 1992.* Legislação. Disponível em: <http://www.planalto.gov.br/ccivil_03/decreto/d0678.htm>. Acesso em: 16 fev. 2023.

dessas pessoas a um padrão existencial heteronormativo, incompatível com a diversidade e o pluralismo que caracterizam uma sociedade democrática, e, ainda, a imposição da observância de valores que, além de conflitarem com sua própria vocação afetiva, conduzem à frustração de seus projetos pessoais de vida." (Grifei)(5)

Como a nossa República tem como fundamento a dignidade da pessoa humana(6), e como objetivo construir uma sociedade livre, justa e solidária, promovendo o bem de todos sem preconceitos e quaisquer outras formas de discriminação(7), decorre que o exercício dos direitos fundamentais não deve ser limitado a relação Estado — cidadão, mas também na relação entre indivíduos, inclusive empregado e empregador, o que decorre da eficácia horizontal dos direitos fundamentais.

Como mencionou a Corte Interamericana de Direitos Humanos, em seu parecer consultivo OC-24/17, de 24 de novembro de 2017, solicitado pela República da Costa Rica, mas que compila vários entendimento daquela:

"61. A Corte apontou que a noção de igualdade deriva diretamente da unidade da natureza do gênero humano e é inseparável da dignidade essencial da pessoa, frente a qual é incompatível toda situação que, por considerar superior um determinado grupo, conduza a tratá-lo com privilégio; ou, inversamente, por considerá-lo inferior, tratá-lo com hostilidade ou de qualquer forma o discrimine do gozo de direitos que são reconhecidos para aqueles que não se consideram incluídos em tal situação. Os Estados devem abster-se de realizar ações que, de qualquer maneira, sejam direcionadas, direta ou indiretamente, à criação de situações de discriminação de jure ou de facto. A jurisprudência da Corte também indicou que, na atual fase da evolução do direito internacional, o princípio fundamental da igualdade e não discriminação entrou no domínio da iuscogens. Sobre ele repousa a base jurídica da ordem pública nacional e internacional e permeia todo o ordenamento jurídico."(8)

Neste toar, é que o direito ao meio ambiente saudável, hígido e seguro é fundamental do indivíduo, estando incluído nesse conceito o ambiente de trabalho, conforme arts. 225, *caput* e 200, VIII da Constituição da República, sendo dever do empregador

(5) (ADO n. 26, relator(a): CELSO DE MELLO, Tribunal Pleno, julgado em 13.06.2019, PROCESSO ELETRÔNICO *DJe*-243 DIVULG 05.10.2020 PUBLIC 06.10.2020).

(6) Art. 1º A República Federativa do Brasil, formada pela união indissolúvel dos Estados e Municípios e do Distrito Federal, constitui-se em Estado Democrático de Direito e tem como fundamentos: III – a dignidade da pessoa humana; BRASIL. Presidência da República. Disponível em: <https://www.planalto.gov.br/ccivil_03/constituicao/constituicao.htm>. Acesso em: 16 fev. 2023.

(7) Art. 3º Constituem objetivos fundamentais da República Federativa do Brasil: I – construir uma sociedade livre, justa e solidária; (...) IV – promover o bem de todos, sem preconceitos de origem, raça, sexo, cor, idade e quaisquer outras formas de discriminação. BRASIL. Presidência da República. Disponível em: <https://www.planalto.gov.br/ccivil_03/constituicao/constituicao.htm>. Acesso em: 16 fev. 2023.

(8) Disponível em: <https://www.corteidh.or.cr/docs/opiniones/seriea_24_por.pdf:. Acesso em: 16 fev. 2023.

mantê-lo, decorrente da função social da propriedade, forte nos art. 7º XXII e 170 da Norma Maior[(9)], e 157 da CLT.

O dever de indenizar exsurge quando há o dano, o ato ilícito e o nexo causal, na forma dos arts. 186 e 927 do Código Civil.

Tal como alhures mencionado, o presente caso foi julgado anteriormente à publicação do Protocolo para Julgamento com Perspectiva de Gênero, porém restou demonstrada a utilização de algumas orientações mencionadas neste documento.

Em resumo, no caso dos autos, durante a instrução processual restou evidenciado que o trabalhador, mesmo ocupando cargo de alto-escalão, qual seja, diretor, sofria com piadas relacionadas a sua orientação sexual, inclusive tendo seu superior hierárquico, como um dos interlocutores.

Não bastasse, ao denunciar tais situações, não teve sua queixa valorizada pela profissional do setor responsável, sob o argumento de que o rompimento contratual já estava decidido, no entanto ainda não havia sido comunicado ao trabalhador.

No que se refere a admissão de piadas relativas à orientação sexual, fica demonstrada uma das facetas da desigualdade estrutural, pois mesmo que se trate de suposta "brincadeira" está evidente o tratamento anti-isonômico, podendo ser denominado como LGBTIfobia recreativa, em analogia ao contido no Protocolo para Julgamento com Perspectiva de Gênero.

Em acréscimo, mesmo cientes da péssima qualidade do ambiente de trabalho, eis que direitos fundamentais são irrenunciáveis, a empregada do setor responsável, ao testemunhar, reconheceu que não deu sequência a denúncia de discriminação realizada pelo trabalhador, pois este já estava "com a dispensa decidida".

O que nos faz concluir que bastaria o rompimento contratual para que, no entendimento da empregadora, o problema estivesse resolvido, ou seja, em vez de apurar os fatos, e atuar de forma pedagógica e educativa, para impedir que referidos fatos não se repetissem, preferiu silenciar, o que demonstra não apenas o descaso com a situação do trabalhador, alto empregado, que sofre por conta de sua orientação sexual, mas também em relação a qualquer outra pessoa que esteja em situação similar.

Ou ainda, tal como mencionado na sentença pela i. Magistrada, ao fixar os parâmetros para o valor da indenização, menciona que se tratava de alto empregado, questionando se com essa figura, que se apresenta como de algo grau de hierarquia, tais fatos ocorreram de forma evidente, sem qualquer limite por seus colegas, imagine-se com aqueles que figuram em escala inferior de hierarquia.

---

(9) BRASIL. Presidência da República. Disponível em: <https://www.planalto.gov.br/ccivil_03/constituicao/constituicao.htm>. Acesso em: 16 fev. 2023.

Acresço que, se aplicado o entendimento da cartilha, a resolução não seria outra, considerando o item 8. "Guia para magistradas e magistrados: a partir de um passo a passo"[(10)], passo 5, em que é necessária a sensibilidade do magistrado para analisar tanto o momento da instrução processual, como quando da valoração das provas, para que não se reproduza o ambiente tóxico que ensejou o ajuizamento da ação.

Assim, a heteronormatividade enseja o sentimento de que o padrão heterossexual de conduta é o único válido socialmente, e que não seguir essa postura social e cultural coloca o cidadão em desvantagem perante o restante da sociedade.

Necessário mencionar que submeter a pessoa a esse ambiente vexatório, acaba minando sua autoestima, bem como daqueles que estão na mesma condição, gerando não apenas abalos emocionais como depressões, sentimento de exclusão, como também o temor de assumir sua sexualidade e ser da mesma forma objeto de piadas jocosas, preconceito, discriminação, e até vítima de violência física.

Essa exclusão sofrida pelas pessoas LGBTQIAP+ foi retratada também em pesquisa realizada pela rede social profissional *LinkedIn*[(11)], inclusive quanto a saúde mental, sendo que no ano de 2022, 52% dos entrevistados não se sentiam confortáveis para partilhar sua orientação sexual ou identidade de gênero com todos os colegas de trabalho, sendo que 43% declarou já ter sofrido algum tipo de discriminação no ambiente laboral, ressaltando que principalmente ocorre sob a forma de piadas e comentários homofóbicos.

Ainda 43% dos entrevistados justificou que não se sente à vontade para compartilhar sua orientação sexual ou identidade de gênero, seja por medo de sofrer represálias ou por eventualmente ser prejudicado em sua ascensão profissional.

Por sua vez, 47% das pessoas LGBTQIAP+ entrevistadas declararam já ter sofrido ou ainda sofrer de problemas de saúde mental, se comparado com 21% das pessoas heterossexuais cisgêneros.

Neste toar, embora a denominação do documento seja Protocolo para Julgamento com Perspectiva de Gênero, sugerindo sua aplicação exclusiva para as situações em que haja mulheres com interessadas, em verdade é um norte para qualquer julgamento em que haja pessoas ou suas classes em situação de exclusão, de discriminação infundada, de hipossuficiência.

---

(10) Protocolo para julgamento com perspectiva de gênero [recurso eletrônico] /Conselho Nacional de Justiça. — Brasília: Conselho Nacional de Justiça – CNJ; Escola Nacional de Formação e Aperfeiçoamento de Magistrados — Enfam, 2021. p. 57.

(11) Disponível em: <https://members.linkedin. com/content/dam/me/members/pt-br/pdf/LinkedIn_Pesquisa_Orgulho_No_Trabalho.pdf>. Acesso em: 23 fev. 2023.

Acompanhando, portanto, todo o aparato nacional e internacional, bem como a evolução e interpretação dos direitos humanos, é que mesmo sem existir à época o Protocolo para Julgamento com Perspectiva de Gênero, a decisão comentada condenou o empregador ao pagamento de indenização por danos morais em decorrência do assédio moral sofrido pelo trabalhador.

Referências

BRASIL. Presidência da República. *Decreto n. 678, de 6 de novembro de 1992*. Legislação. Disponível em: <http://www.planalto.gov.br/ccivil_03/decreto/d0678.htm>. Acesso em: 16 fev. 2023.

______. *Constituição da República Federativa do Brasil.* Presidência da República. Disponível em: <https://www.planalto.gov.br/ccivil_03/constituicao/constituicao.htm>. Acesso em: 16 fev. 2023.

______. STF. *ADO 26*. Relator(a): CELSO DE MELLO, Tribunal Pleno, julgado em: 13.06.2019, *DJe*-243 DIVULG 05-10.2020 PUBLIC 06.10.2020).

CONSELHO NACIONAL DE JUSTIÇA — CNJ. *Resolução n. 492, de 17 de março de 2023.* Atos. Disponível em: <https://atos.cnj.jus.br>. Acesso em: 14 abr. 2023.

______. *Protocolo para julgamento com perspectiva de gênero* [recurso eletrônico]. Brasília: Conselho Nacional de Justiça – CNJ; Escola Nacional de Formação e Aperfeiçoamento de Magistrados – Enfam, 2021. p. 57.

CORTE INTERNACIONAL DE DIREITOS HUMANOS. Disponível em: <https://www.corteidh.or.cr/docs/opiniones/seriea_24_por.pdf>.

LINKEDIN. Disponível em: <https://members.linkedin.com/content/dam/me/members/pt-br/pdf/LinkedIn_Pesquisa_Orgulho_No_Trabalho.pdf>. Acesso em: 23 fev. 2023.

PONTES DE MIRANDA. *Democracia, liberdade, igualdade:* os três caminhos. São Paulo: José Olympio, 1945.

SARLET, Ingo Wolfgang. *A eficácia dos direitos fundamentais:* uma teoria geral dos direitos fundamentais na perspectiva constitucional. 11. ed. rev. atual. Porto Alegre: Livraria do Advogado Editora, 2012.

Discriminação Etária e Proteção às Idosas

Dignidade da Pessoa Humana e Igualdade Substantiva *x* Discriminação Etária e de Gênero na Era Tecnológica

Juliana Varela de Albuquerque Dalpra

DISCRIMINAÇÃO NA INTERSECCIONALIDADE ENTRE A QUESTÃO ETÁRIA E DE GÊNERO. OCIOSIDADE FORÇADA PELO EMPREGADOR. IMPEDIMENTO DE RETORNO ÀS ATIVIDADES. Sentença que reconheceu a discriminação em face da empregada (gênero feminino e de idade avançada) perpetrada pelo empregador ao não permitir o retorno às atividades, após suspensão contratual decorrente da pandemia. Condenação ao pagamento de compensação por danos morais por ato discriminatório, no importe de R$ 15.000,00 (quinze mil reais), e danos materiais, com fulcro nos arts. 1º, DUDH; 2º e 3º, PIDESC; 1º, CADH; 3º, Protocolo de São Salvador, arts. 3º, p.u., 5º, 373-A e 461, CLT, Lei n. 9.029/99 e arts. 1º e 27 do Estatuto do Idoso, além dos arts. 186, 927 e 932, III, 944 do CC e art 5º, II, V e X da CF. (TRT 2ª Região. Sentença proferida pela Exma. Juíza do Trabalho Yara Campos Souto. Publ. *DEJT* 08.12.2022)(1)

Na mitologia grega, "Procusto" (aquele que estica), como era chamado Damastes, filho de Poseidon, era um criminoso, que possuía uma cama de ferro, elaborado de acordo com suas próprias medidas/tamanho. Conta-se que Procusto costumava assaltar os viajantes, e, então, convidava-os para se deitarem na cama de ferro. A intenção era de "adequar" estas vítimas ao seu tamanho, e por isso "amputava o excesso para ajustar o corpo da vítima às dimensões do leito". E, se a vítima fosse de menor tamanho, "esticava-a com cordas e roldanas até a extensão do leito"(2).

(1) BRASIL. Tribunal Regional do Trabalho da 2ª Região. *Processo n. 1000999-32.2021.5.02.0708*. 8ª Vara do Trabalho da Zona Sul – São Paulo. Juíza do Trabalho Yara Campos Souto. *DEJT* 08.12.2022.

(2) SANTOS, Ronaldo Lima dos. Assédio moral nas relações de trabalho: uma análise jurídico-psicanalítica. *Revista LTr*, São Paulo, vol. 86, jun. 2022, p. 733-744.

Em realidade, o mito revela que, para Procusto, a justiça correspondia ao extermínio das diferenças, aniquilando-se aquele que não se encaixasse em seu molde tirano e autoritário de medidas e padrões, mediante a realização das "adaptações" das dimensões de estatura da vítima. Traduz nitidamente a "negação do outro, das individualidades, das diferenças, do pluralismo".

Mesmo fora da mitologia, diversos são os exemplos na história da humanidade de barbáries cometidas pela não aceitação das diferenças existentes entre os povos, buscando eliminar aqueles com características distintas, seja por questões étnicas, de gênero, raça, crença religiosa, etc. O terror perpetrado por meio do holocausto na Alemanha nazista bem traduz este cenário, vitimando aproximadamente seis milhões de pessoas entre judeus, ciganos, deficientes físicos e mentais, dentre outros.

Em oposição, e como forma de proteger o ser humano, cada vez mais foi se consolidando o conceito da dignidade da pessoa humana, entendida como norma norteadora e irradiadora de todos os demais direitos da humanidade.

Com o advento das Guerras Mundiais, em especial no pós segunda guerra, cada vez mais premente a positivação e criação de documentos internacionais em defesa deste direito. E assim, em 1948, a Assembleia Geral das Nações Unidas proclama a Declaração Universal dos Direitos do Humanos, representando um marco na evolução dos direitos humanos, e adotando expressamente a noção de dignidade como direito inalienável e intrínseco a todas as pessoas, as quais "nascem livres e iguais em dignidade e direitos".

Outros diplomas sobre direitos humanos seguiram no mesmo sentido, a exemplos: Pacto Internacional de Direitos Civis e Políticos, Pacto Internacional de Direitos Econômicos Sociais e Culturais, Convenção Americana de Direitos Humanos, Convenção Internacional sobre a Eliminação de Todas as Formas de Discriminação Racial.

Da dignidade da pessoa humana decorre diretamente a noção de igualdade e abolição do tratamento discriminatório. E tais premissas permeiam, inclusive, as relações laborais, ao lado da noção de trabalho digno e decente.

Neste ponto, a Organização Internacional do Trabalho (OIT) adotou por objetivo e fundamento a garantia deste trabalho decente, em condições justas, dignas e satisfatórias e, como um de seus pilares fundamentais, a eliminação da discriminação quanto ao emprego e ocupação (Convenções ns. 100 de 1951 e 111 de 1958). Ainda, em junho de 2021, editou a Convenção n. 190, primeiro tratado internacional a reconhecer o direito a um mundo do trabalho livre de violência e assédio (incluindo violência de gênero e assédio) a todas as pessoas(3).

(3) ORGANIZAÇÃO INTERNACIONAL DO TRABALHO — OIT. Brasília. Notícias: *Eliminar a violência e assédio no mundo do trabalho* — Convenção n. 190. Disponível em: <https://www.ilo.org/brasilia/noticias/WCMS_831984/lang--pt/index.htm>. Acesso em: 02 dez. 2022.

O trabalho decente também constitui missão da Agenda de 2030 da Organização das Nações Unidas[4], no qual consta no objetivo número 8 a promoção pelo crescimento econômico sustentável, emprego pleno, produtivo e decente para todos.

Em âmbito nacional, vale ressaltar que a dignidade da pessoa humana constitui princípio fundamental (art. 1º, inciso III), da República Federativa do Brasil e alicerce ao Estado Democrático de Direito, juntamente com o valor social do trabalho (art. 1º, III e IV, CF). E que a Constituição prevê como objetivo a construção de uma sociedade livre, justa e solidária, a erradicação da pobreza e marginalização e redução das desigualdades sociais e regionais, e promoção do bem de todos, sem preconceitos de origem, raça, sexo, cor, idade e quaisquer outras formas de discriminação (art. 3º, I, III e IV).

Ainda, assegura a reparação pelo dano moral sofrido (art 5º, V), o direito à inviolabilidade da intimidade, vida privada, honra e imagem das pessoas (art 5º, X), o direito social ao trabalho (art. 6º) e direitos que visem a melhora da condição social dos trabalhadores (art 7º), bem como o meio ambiente do trabalho equilibrado (art. 200, VIII).

Amparado e baseado em todo este arcabouço normativo, o Judiciário constitui instrumento de eliminação/repressão direta de toda forma de violação da dignidade da pessoa humana, de trabalho não digno e decente e de atos discriminatórios que vilipendiem os direitos humanos e fundamentais.

Inegável que o preconceito e a discriminação, em relação aos mais diversos grupos e por variados motivos atribuídos como desqualificantes, persistem, mesmo na sociedade pós moderna e tecnológica atual, ainda que de forma mais velada e sutil. E um dos grupos mais atingidos, em decorrência da cultura patriarcal, é o do gênero feminino.

Por tal fato, o Judiciário vêm atuando para a criação de orientações e desenvolvimento de medidas que possam garantir maior efetividade para a aplicação do direito à igualdade, com atenção para a evolução histórica e social que a humanidade passa ao longo dos tempos.

Um destas medidas foi a criação do Protocolo para Julgamento sob Perspectiva de Gênero[5], editado pelo Conselho Nacional de Justiça, por meio do grupo de trabalho (instituído pela Portaria CNJ n. 27 em 02.02.2021), e objeto do Ato Normativo/Resolução n. 0001071-61.2023.2.00.0000[6] (aprovado pela 3ª Secção Ordinária do CNJ, em

(4) ONU, Sustainable Development. *Transforming our world:* the 2030 Agenda for Sustainable Development. Disponível em: <http://sustainabledevelopment.un.org/post2015/transformingourworld>. Acesso em: 02 dez. 2022.

(5) *Protocolo para Julgamento com Perspectiva de Gênero*. Disponível em: <https://atos.cnj.jus.br/atos/detalhar/4377>. Acesso em: 07 jan. 2023.

(6) O Ato Normativo foi aprovado "a fim de estabelecer as diretrizes para a adoção do Protocolo para Julgamento com Perspectiva de Gênero em todos os ramos de justiça e regiões do País, bem como criar um comitê

14.03.2023), objetivando colaborar com a implementação das políticas nacionais constantes das Resoluções CNJ ns. 254 e 255 (04.09.2018), em relação ao Enfrentamento da Violência contra as Mulheres pelo Poder Judiciário e aoIncentivo à Participação Feminina no Poder Judiciário.

O Protocolo decorreu de compromisso entre o Supremo Tribunal Federal e o CNJ, com o fito de promover o Objetivo de Desenvolvimento Sustentável — ODS5 da Agenda 2030 da ONU, qual seja, a igualdade de gênero.

O documento compila em sua redação noções teóricas sobre a isonomia e ainda um guia para que os julgamentos (nos mais diversos âmbitos da Justiça) concretizem o direito à igualdade e à não discriminação de todas as pessoas, velando pela "não repetição de estereótipos" e afastando "culturas de discriminação e de preconceitos".

E é sob este olhar que é trazido neste artigo o caso judicial supracitado para análise e comentários.

Para melhor compreensão, a reclamatória trabalhista versa sobre a alegação da parte autora (de sexo feminino e idosa), a qual alega ter sido vítima de discriminação por seu empregador, relatando que, após o término da suspensão regular de seu contrato de trabalho, não lhe foi permitido o retorno às atividades, sejam elas de forma presencial ou mesmo virtual (vendas on-line). Narra que foi forçada à ociosidade e redução dos salários (eis que impedida de realizar vendas e, portanto, de auferir a parte variável de sua remuneração).

Em sentença, de acordo com o conjunto probatório dos autos, detidamente analisado pela magistrada condutora do feito e prolatora da sentença, a Ré teria discriminado a obreira (gênero feminino e idosa), dando tratamento diferenciado. O preposto, inclusive, confessou em audiência, como bem destacado pela magistrada sentenciante, que "a reclamante ficou em casa nesse período mesmo sem o contrato suspenso; que isso aconteceu porque a reclamante era pessoa de idade, para que não fosse colocada em risco", declarando que "nesse período tinha gente trabalhando em *home office*, mas a reclamante não ficou pois teve dificuldade de se adequar ao sistema".

A testemunha ouvida a convite da autora relatou que "o regional não a autorizou a trabalhar junto com os demais, pois entendia que ela não tinha capacitação para trabalhar em *home office*", tendo o regional da empresa afirmado que ocorrido com a obreira o foi "em virtude da idade", sem sequer permitirem a autora de tentar trabalhar de forma virtual (nem presencial), sendo a única que ficou afastada.

---

nacional de acompanhamento e de capacitação, além de converter o grupo de trabalho da Resolução CNJ n. 255/2018 em comitê". Assim, a aplicação das diretrizes do Protocolo passaram a ser obrigatórias e as Cortes deverão promover cursos de formação inicial e continuada que incluam os conteúdos referentes a direitos humanos, gênero, raça e etnia, de acordo com o Protocolo para Julgamento com Perspectiva de Gênero. CNJ — Conselho Nacional de Justiça. Lista de Processos da Sessão. Disponível em: <https://www.cnj.jus.br/lista-de-processos-da-sessao/?sessao=787>. Acesso em: 27 mar. 2023.

Diante dos fatos apurados, a magistrada concluiu que o empregador atribuiu ociosidade forçada "claramente discriminatória" à autora, pois que não lhe foi dada opção para laborar, sequer chance de tentar realizadas as atividades por meio do *home office*, "presumindo-se, em razão da sua idade, que não seria capaz de se adequar à tecnologia de vendas virtuais".

A eficácia horizontal da isonomia, constitucional e internacionalmente assegurada, como visto anteriormente, deve ser observada também no âmbito das relações privadas, conforme sobressaltado na decisão judicial *in comento* e "o ordenamento brasileiro veda práticas discriminatórias e limitativas para efeito de acesso, manutenção e promoção no trabalho (arts. 3º, *p. u.*, 5º, 373-A e 461, CLT, Lei n. 9.029/1999 e art. 27 do Estatuto do Idoso)".

Outro ponto relevante explanado pela magistrada foi que:

"Nesse sentido, às pessoas idosas, assim consideradas aquelas com idade igual ou superior a sessenta anos (art. 1º, Estatuto do Idoso) – caso da Reclamante, sobretudo às mulheres de idade avançada (interseccionalidade entre a questão etária e a de gênero), é atribuído o estereótipo da inabilidade para manuseio de aparatos tecnológicos, sendo certo ainda que este grupo comumente é desacreditado em sua capacidade produtiva, sendo fato público e notório (art. 374, I, CPC) a dificuldade de alocação de pessoas idosas no mercado de trabalho, justamente decorrente dessa crença socialmente compartilhada. O efeito prático dessa estereotipização é a discriminação que, no caso de pessoas idosas, é também chamada de etarismo".

Sobre este tema, e no mesmo sentido fundamentado no julgado, o Protocolo apresenta a seguinte pontuação:

> "Sobre mulheres idosas, a Recomendação Geral n. 27 da CEDAW pontua que, embora tanto os homens como as mulheres sejam vítimas de discriminação em função da idade, as mulheres vivem o envelhecimento de uma forma diferente. O efeito das desigualdades de gênero sentidas ao longo da vida e que se agravam na velhice, tem frequentemente por base normas culturais e sociais profundamente enraizadas. A discriminação sofrida pelas mulheres idosas resulta muitas vezes de uma distribuição injusta de recursos, de maus-tratos, negligência e do acesso limitado a serviços básicos".

Assim, o fundamento da estereotipização exposto pela julgadora na sentença consta também do referido Protocolo, o qual alerta para a importância dos magistrados em geral estarem atentos à presença destes estereótipos e promoverem conduta ativa em sua desconstrução.

O conceito de interseccionalidade é ainda abordado no documento editado pelo CNJ, explicitando que ele "busca capturar as consequências estruturais e dinâmicas da interação entre dois ou mais eixos de subordinação sobre uma mesma pessoa". Acrescenta que "é uma ferramenta que explicita a forma pela qual o racismo, o patriarcalismo, a opressão de classe e outros sistemas interligados de opressão criam diferentes níveis de desigualdades".

Importante destacar que, como abordado no Protocolo, no que tange às questões de discriminação sobre a perspectiva de gênero, não basta a noção básica de igualdade no sentido de tratar iguais da mesma forma e os desiguais na medida de sua desigualdade, em interpretação genérica e meramente formal, posto que decorrem de desigualdades estruturais. Assim, o ponto não está no "fato de alguns grupos serem tratados de maneira diferente, mas, sim, o fato de deterem menos poder e, portanto, ocuparem uma posição inferior", pelo que somente a efetivação da igualdade substantiva (ou antisubordinatória) é capaz de destruir hierarquias sociais e, consequentemente, concretizar iguais direitos a todos(7).

Portanto, comprovada a discriminação na interseccionalidade etária e em virtude de se tratar de trabalhadora mulher, o pedido referente à compensação por danos morais decorrente da sujeição ao ócio forçado foi julgado procedente e condenada a Ré ao pagamento correspondente, com fulcro nos arts. 186, 927 e 932, III, e 944 do CC.

Depreende-se, ainda, que a situação em análise traz em seu contexto o elemento atual do labor por meio de novas tecnologias, advindas da denominada Revolução 4.0(8), em que vivemos na "Internet das Coisas" (IdC ou "Internet of Things"- IoT), ou seja, integração física e virtual em redes que, com utilização da internet (computação em nuvem), possibilitam coletar e armazenar dados que otimizarão a relação entre seres humanos e as máquinas.

O trabalho remoto a domicílio (*home office*), como uma das formas de teletrabalho(9), foi intensificado com o aumento da utilização das tecnologias, mormente no

---

(7) Neste ponto, inclusive, o Protocolo indica que magistrados e magistradas preocupados com a igualdade podem se perguntar sempre se "mesmo não havendo tratamento diferenciado por parte da lei, há aqui alguma desigualdade estrutural que possa ter um papel relevante no problema concreto?".

(8) A denominação refere-se a um programa de trabalho industrial, lançado pelo Governo alemão em 2011, "mais tarde, foi utilizado no léxico da Comissão Europeia", sendo que "através de *cyber-physical systems*, e um número elevado de *robots* que substituem o trabalho humano manual, e, com a utilização da *big data*, monitoriza-se toda a produção, existindo uma flexibilização na produção e na personalização do produto final". Portanto, trata-se de uma ruptura de modelos tradicionais para utilização de novas máquinas e matérias-primas. MOREIRA, Teresa Coelho. Algumas Questões sobre Trabalho 4.0. In: *Prontuário de Direito do Trabalho*, n. 2 (segundo semestre de 2016), Lisboa, 2016. p. 247.

(9) No que se refere às modalidades de teletrabalho, Teresa Coelho Moreira indica a seguinte classificação: a) teletrabalho no domicílio (*Electronic Home-Work*, ou *home-based telework-labor* na residência do trabalhador); b) centros satélite (Satellite Offices ou Branch Offices)- que correspondem a unidades destacadas da sede, em endereços distintos (inclusive podendo ser países diversos), mas conectadas por meio dos recursos tecnológicos; c) teletrabalho em centros comunitários ou em centro de teletrabalho (*telecottage-Neighbourhood Work Centers, Shared Facilities Centers* ou *Centres de Quartier*) — similar à modalidade anterior, porém com a

período da pandemia, substituindo e rompendo com os métodos utilizados nas relações tradicionais.

Novas formas de trabalho ganham espaço no atual cenário mundial e implicam na necessidade de adaptação dos trabalhadores à nova realidade.

Certo que as desigualdades de tratamentos ocorridas entre homens e mulheres, jovens e idosos, grupos raciais, etnias, classes, e outros, infelizmente sempre existiram em nossa sociedade, sendo mais certo que a introdução das novas tecnologias vêm sendo utilizadas como justificativas para desqualificar trabalhadores que não tiveram mesma oportunidade de acesso tecnológico, o que apenas reforça a necessidade de observância e promoção da redução dessas desigualdades, tanto na aplicação do direito, como em medidas que promovam a adaptação/habilitação dos empregados (tais como treinamentos e qualificação).

Entendimento em sentido contrário apenas implicará na crescente desigualdade entre aqueles que nascerem em uma era tecnológica e habilitados a manusear novos equipamentos e os trabalhadores acostumados com o labor tradicional, físico, no "chão da fábrica".

Neste sentido, estudo realizado por *McKinsey & Company.*(10) revela que 40 milhões de 160 milhões de mulheres podem precisar mudar de ocupações até 2030, provavelmente para trabalhos de maior qualificação. E, ainda, que as mulheres enfrentarão mais provavelmente as automações parciais, pois que, aproximadamente, em metade das ocupações femininas (estudo em relação aos Estados Unidos) menos de 50% das atividades são tecnicamente automatizáveis até 2030, sendo que este número, em relação às funções em que predominam homens, reduz para apenas 20%.(11)

Os próprios números revelam distinção na automatização ocorrida entre mulheres e homens, pelo que as mulheres precisarão se adaptar mais à interação com as máquinas e mudanças em seus trabalhos. O estudo já alertava para o fato de pessoas com idade mais avançada e ausência de conhecimento tecnológico/digital poderem ser excluídas do mercado, com maior dificuldade de reinserção, caso inexistente política de adaptação destes trabalhadores.

---

diferença de que seriam unidades em que os trabalhadores de diversas empresas/empregadores laboram no mesmo ambiente, com recursos de informática e tecnologia fornecidas e implantadas pelos empregadores, podendo inclusive ter trabalhadores autônomos também trabalhando no local, d) teletrabalho móvel (*Mobile Work*) — em que ausente ambiente físico fixo de trabalho, podendo ser realizado em qualquer lugar, desde que conectados com a empresa. MOREIRA, Teresa Alexandra Coelho. *Estudos de Direito do Trabalho*. Vol. II, Coimbra: Almedina, 2016. p. 131-133.

(10) MCKINSEY & COMPANY. *The future of women at work:* Transitions in the age of automation, p. 1. Disponível em: <https://www.mckinsey.com/featured-insights/gender-equality/the-future-of-women-at-work-transitions--in-the-age-of-automation>. Acesso em: 13 jun. 2019.

(11) *Ibidem*, p. 15. Acesso em: 13 jun. 2019.

O que não pode ser admitido é que, em benefício da própria empresa, esta adote ferramentas tecnológicas de trabalho e descarte seus profissionais, como objetos (contrariando a filosofia kantiana de o homem como um fim em si mesmo, e não meio), alegando a falta de habilidade, sem sequer fornecer treinamento adequado e meios para adaptação. No caso objeto do estudo, a situação é agravada, ante a manifesta caracterização de discriminação com base na presunção de que a trabalhadora não teria habilidade para atividade virtual, sem fornecer qualquer possibilidade de tentativa pela obreira.

O fato de a remuneração conter parcela variável implica, ainda, na consequente redução salarial para a autora da ação, posto que, discriminada e não oportunizado labor, deixa de efetuar vendas, o que exacerba a distinção salarial da trabalhadora com os demais trabalhadores (sexo masculino e mais jovens) que exercem a mesma função.

Conclui-se, pois, que, além da legislação internacional e nacional garantidoras do direito à dignidade da pessoa humana e, nela, incluída o direito à igualdade (não apenas formal, mas substancial), medidas continuam sendo pensadas e elaboradas de forma a assegurar a efetivação dos direitos, tal como o Protocolo para Julgamento com Perspectiva de Gênero editado pelo CNJ, com o fito de orientar o Judiciário na análise dos casos práticos, interpretação das normas, colheita das provas e instrução processual, valoração e prolação de julgamentos, que atentem à eliminação das práticas discriminatórias que envolvam mulheres e recortes nas mais diversas interseccionalidades.

O foco é eliminar as distinções de tratamentos entre homens e mulheres decorrentes da estrutura hierárquica social (patriarcado e dominação masculina) e conceder a todas as mulheres uma efetiva existência digna, reconhecendo seu valor enquanto pessoa humana destinatária da amplitude dos direitos, assim como todas as demais pessoas.

Que não mais pactuemos com o desrespeito a outro ser humano, em virtude de hierarquias socialmente instituídas ao longo dos anos, que subjugam grupos, pelo simples fato de (pretensamente) não se encaixarem em um determinado molde tido como socialmente "dominante".

Assim como na mitologia grega(12), que nosso atual "Procusto" (tido enquanto preconceito e tirania), possa ser eliminado de nossa sociedade, porém, aqui, por meio de todo o aparato jurídico-legal, e mediante a aplicação pelo Judiciário do Protocolo para Julgamento com Perspectiva de Gênero, em prol da concretização da dignidade da pessoa humana e do direito à igualdade substancial.

Referências

CONSELHO NACIONAL DE JUSTIÇA — CNJ. *Lista de Processos da Sessão.* Disponível em: <https://www.cnj.jus.br/lista-de-processos-da-sessao/?sessao=787>. Acesso em: 27 mar. 2023.

(12) Na mitologia, Procusto foi capturado pelo herói Teseu (ateniense), preso em seu próprio leito de ferro e teve cortado sua cabeça e pés, da mesma forma que fazia com as vítimas.

MCKINSEY & COMPANY. *The future of women at work:* Transitions in the age of automation. Disponível em: <https://www.mckinsey.com/featured-insights/gender-equality/the-future-of-women-at-work-transitions-in-the-age-of-automation>. Acesso em: 13 jun. 2019.

MOREIRA, Teresa Coelho. Algumas Questões sobre Trabalho 4.0. In: *Prontuário de Direito do Trabalho*, n. 2 (segundo semestre de 2016), Lisboa, 2016.

______. *Estudos de Direito do Trabalho.* Vol. II, Coimbra: Almedina, 2016.

ORGANIZAÇÃO INTERNACIONAL DO TRABALHO — OIT. Brasília. Notícias: *Eliminar a violência e assédio no mundo do trabalho* — Convenção 190. Disponível em: <https://www.ilo.org/brasilia/noticias/WCMS_831984/lang--pt/index.htm>. Acesso em: 02 dez. 2022.

ONU, Sustainable Development. *Transforming our world:* the 2030 Agenda for Sustainable Development. Disponível em: <http://sustainabledevelopment.un.org/post2015/transformingourworld>. Acesso em: 02 dez. 2022.

Protocolo para Julgamento com Perspectiva de Gênero. Disponível em: <https://atos.cnj.jus.br/atos/detalhar/4377>. Acesso em: 07 jan. 2023.

SANTOS, Ronaldo Lima dos. Assédio moral nas relações de trabalho: uma análise jurídico-psicanalítica. *Revista LTr*, São Paulo, vol. 86, jun. 2022.

Discriminação Racial

A Dispensa Discriminatória e a Perspectiva de Gênero

Silvana Abramo Margherito Ariano

DISPENSA DISCRIMINATÓRIA. DOENÇA GRAVE. DISCRIMINAÇÃO RACIAL. BAIXA PRODUTIVIDADE. Trata-se de sentença prolatada que dirimiu controvérsia relativa à dispensa alegadamente discriminatória de trabalhadora negra, em fase de investigação de neoplasia maligna. A defesa alegou injusta despedida decorrente de baixa produtividade. A r. sentença julgou a ação procedente por ter considerado provado o conhecimento da empresa sobre a doença, presumindo-se a discriminação. Inteligência da Constituição da República arts. 1º; 5º, XXIII; 193 e 170, III; Convenção n. 111 da OIT; Lei n. 9.029/1995 e Protocolo para Julgamento com Perspectiva de Gênero. (Proc. 1000915-10.2022.5.02.0445, 5ª VT de Santos. Juíza do Trabalho Samantha Fonseca Steil Santos e Melo. *DEJT* 25.01.2023)

1. O Protocolo e alguns antecedentes

A publicação do Protocolo para Julgamento com Perspectiva de Gênero, pelo CNJ, doravante denominado simplesmente Protocolo, em conjunto com a Escola Nacional de Formação e Aperfeiçoamento de Magistrados — Enfam, em fevereiro de 2021, foi o resultado do esforço de um valoroso grupo de Conselheiras e magistradas de todos os ramos do poder judiciário (CNJ, 2021).

Esse documento se constitui em importante instrumento de orientação para a prática de uma jurisdição atenta às desigualdades de gênero, com vistas à sua superação. Atende ao desafio de implementar o Objetivo de Desenvolvimento sustentável número 5 da Agenda 2030 da ONU, sobre igualdade de gênero, bem como o de número 10, sobre redução das desigualdades (ONU, 2015), e encontra eco em documentos similares, como por exemplo, na América Latina, o México em 2013 com atualização em 2020, Chile, Uruguai e Colômbia (CIDH, 2022).

A criação de um instrumento de formação, capacitação e sensibilização sobre a necessidade de julgamentos que levem em consideração as diferenças estruturais entre os gêneros e suas consequências vai ao encontro das medidas de não repetição determinadas na sentença proferida pela Corte Interamericana de Direitos Humanos (CIDH,2021). Esta foi a primeira condenação do Estado Brasileiro no tema exclusivo de violência contra mulheres, caso Barbosa de Sousa *vs.* Brasil. (Falcão, 2022)

A Juíza da CIDH, Patrícia Peres Goldberg, (2021), em palestra proferida no México, sob o título de "A obrigação de julgar com perspectiva de gênero desde os padrões do Sistema Interamericano de Proteção dos Direitos Humanos" afirmou que o primeiro caso julgado com perspectiva de gênero se deu em 2006, Miguel Castro Castro x Perú, em que houve o reconhecimento de que "mulheres foram afetadas e por atos de violência diferenciada em relação aos homens".

No Brasil, antes da constituição da comissão encarregada da elaboração do Protocolo, no âmbito do CNJ, já se encontravam em atividade grupos de magistradas vinculados a associações regionais e nacionais, tais como as comissões Anamatra Mulheres, Ajufe Mulheres, e AMB Mulheres, além de magistradas de todo o país que há muitos anos vinham se dedicando ao estudo dos temas relativos a gênero no Poder Judiciário e na sociedade. A comissão formada para redação do Protocolo bem representou esses coletivos (MAEDA, 2021).

A toda evidência o Protocolo se insere na evolução doutrinária e de atividade social feminista no Brasil e no Mundo. O que se pretende destacar, neste breve estudo, é o papel fundamental da atuação de magistradas em suas associações de classe que, comprometidas com a efetivação da justiça substantiva e atentas à realidade social de profunda desigualdade de gênero, raça e classe foram capazes de superar o isolamento pessoal característico do exercício da magistratura para refletir e produzir documentos, cartilhas, orientações voltadas tanto à coletividade quando ao próprio judiciário.

Atualmente se encontram constituídas Comissões de Igualdade de Gênero e Enfrentamento da Discriminação em muitos Tribunais, em atenção às Resoluções ns. 254, que instituiu a Política Judiciária Nacional de Enfrentamento da Violência Contra as Mulheres pelo Poder Judiciário e a 255, que instituiu a Política Nacional de Incentivo à Participação Institucional Feminina no Poder Judiciário (CNJ, 2018).

A intensa divulgação, análises e aplicação em casos concretos do Protocolo demonstra que ele corresponde de fato a uma necessidade da sociedade brasileira e propicia reais possibilidades de aperfeiçoamento do Poder Judiciário.

2. A aplicação do Protocolo como instrumento de concretização de justiça, no plano material e processual

Essa é a questão fulcral da sentença sob exame. Consta à fl. 7:

> Segundo o protocolo para julgamento com perspectiva de gênero, editado em 2021 pelo CNJ, temos: "A segregação vertical no mercado de trabalho

> baseada no gênero relaciona-se a vieses inconscientes como a associação da liderança, do bom desempenho e do sucesso profissional à masculinidade. Para superar esse estereótipo, a mulher precisa se esforçar mais do que o homem na mesma função para provar que é capaz de desempenhá-la e que tem condições para disputar uma promoção na carreira. Em geral, isso pode significar a prorrogação da jornada de trabalho, o que, combinado com as responsabilidades domésticas, leva à falta de descanso e à sobrecarga física e mental (VIEIRA, Regina Stela Corrêa. Direito e gênero na saúde e segurança das mulheres no trabalho. Belo Horizonte: Casa do Direito, 2019). Segundo contou a preposta, a reclamante, mulher negra (ID. 0d58fc8), fora dispensada por um líder homem, observando exclusivamente critério de produtividade, cujas supostas planilhas que comprovam a assertiva não vieram aos autos, diga-se outra vez mais. Convém ainda observar que mulheres negras ocupam cargos em direção na proporção de 1,9%, enquanto homens não negros ocupam 6,6%. Igualmente, mulheres negras apresentam média salarial de R$ 1.573, ao passo que homens não negros ganham em média R$ 3.484 (BRASIL. Departamento Intersindical de Estatística e Estudos Socioeconômicos. A inserção da população negra e o mercado de trabalho. São Paulo: DIEESE, [2021]. Disponível em: <https://www.dieese.org.br outraspublicacoes/2020/graficoNegros.html>. Acesso em: 29 jul. 2021 (Dados obtidos no segundo trimestre de 2020). Assim, a prática discriminatória adotada pela ré torna-se ainda mais nefasta, quando um homem branco, ocupando espaço de poder (liderança) dispensa uma mulher negra, doente, por suposta improdutividade. É dizer, enfim, que a dispensa discriminatória perpetrada pela ré contribui para a desvalorização do trabalho da mulher negra. À evidência que restaram violados princípios constitucionais da dignidade da pessoa humana e dos valores sociais do trabalho, e sob a luz do julgamento pela ótica da perspectiva de gênero, entendo que devida a reparação pela ofensa. Entendimento contrário violaria a função social do contrato além dos princípios da probidade e boa-fé que regem os contratos (CC, arts. 421 e 422).

Pois bem. A r. sentença destacou, aplicando o Protocolo, o fato de ter sido a reclamante, mulher negra, demitida por um homem branco, trazendo à baila dados e o debate a respeito da segregação vertical, ou seja, na relação da trabalhadora com seus superiores hierárquicos, bem como a questão relativa à ascensão funcional no interior da empresa.

Mas há também outros aspectos, no Protocolo, que podem ser invocados na solução do caso. Sob o aspecto processual, já na primeira aproximação com o processo, será necessária a identificação do contexto no qual o conflito está inserido, verificando a ocorrência de assimetrias de gênero na perspectiva interseccional. Observe-se que mesmo em casos em que o conflito central diz respeito ao gênero, a contextualização da situação poderá demonstrar tal ocorrência, como no caso em exame. O Protocolo (2021, p. 54) apresenta, no item 8, Passo 1, a seguinte questão guia: "É possível que desigualdades estruturais tenham algum papel relevante nessa controvérsia? E a resposta que emerge, sem dúvida é afirmativa.

Durante a instrução processual o Protocolo, no Passo 4 (2021, p. 55), recomenda atenção com o tipo de perguntas formuladas para que não haja uma revitimização da parte afetada. Observe-se que a instrução processual é o momento central do processo e deve ser conduzida com cuidado e atenção aos detalhes. No caso dos autos, a r. sentença demonstra que esse cuidado foi tomado, ao ser obtida a informação de que a reclamante foi demitida por superior hierárquico homem e que a empresa tinha conhecimento da doença que a acometia, com detalhada identificação dos fatos.

Tratado o processo desde seu início com atenção à perspectiva de gênero, a r. sentença passou a avaliar a prova realizada. A questão central, na decisão em comento, diz respeito ao ônus da prova. Consta da r. sentença:

> *In casu*, incontroverso ser a reclamante portadora de mastite crônica, espécie de cisto no seio, consoante exame datado de 19/04/2022 (ID. 6c29671). Evidente, assim, que se trata de patologia que suscita estigma e preconceito, estando enquadrada na hipótese que trata a retromencionada Súmula n. 443 do C. TST, de modo que, em seus estritos termos, a presunção legal é de que a dispensa foi discriminatória. Desse modo, o encargo probatório recai para a reclamada, que deve comprovar robustamente a licitude do ato.

De fato, aplicável ao caso a Súmula n. 443 do C. TST, o que também foi ressaltado em casos análogos, julgados pelo C. TST, como o transcrito na r. sentença:

> (...) a jurisprudência desta Corte é no sentido de que se presume discriminatória a dispensa do empregado portador de neoplasia maligna, presunção esta que só pode ser elidida mediante prova robusta em sentido contrário, a cargo do empregador" Inteligência da Súmula n. 443 desta Corte".(RR-1001008-74.2017.5.02.0468, 4ª Turma, relator Ministro Alexandre Luiz Ramos, *DEJT* 29.04.2022).

E no caso em exame, cabendo ao empregador tal ônus, e confessado em depoimento pessoal da empresa, que mantinha controle documental da produtividade de seus empregados, tais documentos se tornaram essenciais para a demonstração das razões de defesa. E esses documentos não foram apresentados nos autos. Mas além disso a preposta confessou, segundo a r. sentença, que ainda que tais documentos existissem, a decisão da rescisão se pautou pela simples palavra do superior hierárquico. Correta a conclusão sentencial de que a empresa não se desincumbiu de seu ônus de provar a motivação técnica para a dispensa, completamente desvinculada da doença que acometeu a reclamante.

Acresça-se que na hipótese, aqui formulada para efeito de raciocínio, de que tivesse a empresa acostado aos autos a necessária prova documental de produtividade reduzida, cuja existência foi mencionada no depoimento da reclamada, diga-se novamente, as planilhas de produção deveriam ser examinadas de acordo com os parâmetros do Protocolo.

De fato, na Parte II, o Item 5 é dedicado à "Valoração de provas e identificação dos fatos" e, dentre outros marcadores, indica a questão relativa ao peso diferente que deve ser dado em termos de credibilidade para a palavra da vítima (2021, p. 48).

O exame da r. sentença indica a ocorrência de efetiva verossimilhança na alegação da autora de que foi vítima de discriminação que culminou com a dispensa, pelo confronto com a análise do contexto da rescisão, como se verá adiante.

Além disso, o julgado deverá observar se as provas se encontram imbuídas de estereótipos de gênero (2021, p. 52). Assim, caso as citadas planilhas de produtividade tivessem sido acostadas aos autos, caberia o seu exame com a verificação de que parâmetros foram utilizados para a conclusão empresarial de baixa produtividade.

O seguinte passo se dá pela correta identificação do marco normativo e precedentes aplicáveis (2021, p. 57). Coerente com a verificação de marcadores de raça e gênero que podem ter influenciado para a demissão, a r. sentença se utilizou dos marcos normativos existentes para a construção da solução judicial, conforme descrito no resumo deste artigo, com observância de instrumentos internacionais, como a Convenção n. 111 da OIT (OIT, 1960), e apresentou jurisprudência do C. TST, plenamente aplicável ao caso[(1)].

Concluindo, verifica-se que a r. sentença observou, tanto no mérito quanto nas questões processuais, as diretivas do Protocolo, dando justa solução ao caso posto para julgamento.

3. Dispensa discriminatória: a Lei n. 9.029/1995

Antecedendo a Constituição de 1988, mas com ela perfeitamente alinhada no reconhecimento da dignidade humana e na rejeição a todas as formas de discriminação, assim como com convenções internacionais de direitos humanos, a Lei n. 9.029/1995

(1) Decisões transcritas na r. sentença: *E-RR-10953-57.2018.5.03.0107*, Subseção I Especializada em Dissídios Individuais, relator Ministro Cláudio Mascarenhas Brandão, *DEJT* 08.04.2022) e RR-1001008-74.2017.5.02.0468, 4ª Turma, relator Ministro Alexandre Luiz Ramos, *DEJT* 29.04.2022).

se constitui, quanto às relações de trabalho, no principal instrumento infraconstitucional antidiscriminatório de defesa contra despedidas por iniciativa do empregador. De fato, muito antes da promulgação da Constituição Federal a defesa contra a dispensa discriminatória esteve na pauta de reclamações trabalhistas, de decisões judiciárias e de abordagem doutrinária. É parte importante de toda a história de criação e desenvolvimento do Direito do Trabalho e das lutas sociais dos trabalhadores e trabalhadoras.

Foi especialmente presente, na década de 80 do século XX, em negociações coletivas, resultando em cláusulas sociais de convenções e acordos coletivos de proteção à saúde do trabalhador e da trabalhadora e de outras situações de vulnerabilidade. Dessa forma foram criadas cláusulas de garantias provisórias de emprego por acidentes do trabalho e doenças profissionais, por estar o empregado em época de alistamento militar, para justificativas de faltas decorrentes de doença de filhos e pelo exercício de direção sindical. Nesse contexto, uma das mais importantes cláusulas convencionais foi a da garantia de emprego para gestantes até cinco meses depois do parto, resultado de intensa atuação sindical.

Essas cláusulas de garantias provisórias de emprego respondiam diretamente às despedidas discriminatórias fundadas em situações de vulnerabilidade do trabalhador e trabalhadora, sempre alinhadas com os fundamentos da própria criação e evolução do Direito do Trabalho.

A Convenção n. 111 da OIT, relativa à Discriminação em Matéria de Emprego, que proíbe todas as formas de discriminação no acesso ou na manutenção do trabalho entrou em vigor em 1960 e somente foi ratificada pelo Brasil em 19.01.1968, pelo Decreto n. 62.150.

As decisões trabalhistas, também com base na legislação previdenciária, vinham então reconhecendo a ocorrência de dispensas discriminatórias de trabalhadores e trabalhadoras acometidos de câncer, e nesse período houve um movimento constante para o alargamento das hipóteses de tal reconhecimento.

A advocacia teve papel relevante na construção de uma jurisprudência antidiscriminatória na Justiça do Trabalho. Parte importante para esse movimento é reconhecida em publicação do Ministério da Saúde. Contrera (2000, p. 48) ao se dedicar à história dos GAPAS — Grupos de Apoio à Prevenção à AIDS, destaca a importância da fundação do primeiro GAPA, em 1985, na cidade de São Paulo. Foi o auge desta epidemia no Brasil, com centenas de mortes, desinformação generalizada sobre a doença e nenhum apoio estatal organizado:

> Nos anos seguintes o GAPA iniciou o primeiro trabalho de assessoria jurídica para os portadores do HIV assintomáticos e doentes, através da

> Dra. Áurea Celeste da Silva Abbade. Este serviço foi o primeiro do Brasil e da América Latina. Como dizia Herbert Daniel, as pessoas infectadas, antes de ficarem doentes, tinham a sua morte civil decretada. As empresas demitiam, quando sabiam que um de seus funcionários estava com o vírus HIV, fosse por justa causa ou não. Era preciso que os Direitos Humanos fossem resguardados. Havia ainda, os casos de adoção das crianças órfãs pela aids, os casos dos indivíduos encarcerados e que estavam com o vírus HIV, os seguros de saúde que não cobriam os casos de aids por considerarem-na epidemia e, portanto, de responsabilidade do Estado, pessoas que eram discriminadas em seus prédios. Enfim, toda sorte de discriminações originárias do medo, do preconceito e da ignorância.

Na década de 80 e início de 90 do século XX, decisões pioneiras da Justiça do Trabalho contribuíram para a evolução da matéria, o que culminou na promulgação, em 1995, da Lei n. 9.029 e em 2012, a edição da Súmula n. 443 do C. TST:

> Dispensa discriminatória. Presunção. Empregado portador de doença grave. Estigma ou preconceito. Direito à reintegração. Presume-se discriminatória a despedida de empregado portador do vírus HIV ou de outra doença grave que suscite estigma ou preconceito. Inválido o ato, o empregado tem direito à reintegração no emprego.

No Brasil, em que o ordinário é a prevalência do ato discricionário de dispensa pelo empregador, pela inadmissível ausência de regulação definitiva do disposto no inciso I do art. 7º da Constituição e da longa e inconclusa apreciação pelo Supremo Tribunal Federal da matéria relativa à denúncia pelo Estado brasileiro da Convenção 158 da OIT(2), a proteção legal e jurisprudencial contra a despedida discriminatória é instrumento central para a garantia da dignidade da vida dos trabalhadores e trabalhadoras.

4. Dispensa discriminatória: a doença e o corpo feminino

Consta da r. sentença, à fl. 4: "In casu, *incontroverso ser a reclamante portadora de mastite crônica, espécie de cisto no seio, consoante exame datado de 19/04/2022 (ID. 6c29671)*", e, na sequência: "... no pertinente ao caráter estigmatizante das neoplasias *(quadro possível quanto à doença da autora, ainda em investigação no momento da rescisão)*".

Observa-se de início que a classificação da doença de que é portadora a trabalhadora como grave e estigmatizante comporta um exame com evidente recorte de gênero. Ainda que a doença possa acometer homens é evidente que para mulheres há uma diferenciada sobrecarga emocional e social.

(2) STF – ADI n. 1.625. Disponível em: <portal.stf.jus.br>. Acesso em: 15 fev. 2023.

O tema é tratado em publicação do Ministério da Saúde (2018, p. 4): *"Mais do que qualquer outra parte do corpo humano, os seios são fonte de variadas simbologias nas diferentes culturas"*. De fato, os seios são parte do corpo feminino, seja cis ou trans, com enorme concentração de marcadores de identidade de gênero, cultural e simbolicamente, e por isso mesmo, atraem não só o imaginário sexual como também toda a sorte de violência contra as mulheres.

Da mesma forma, o acometimento de doença grave nos seios atrai uma gama enorme de alterações subjetivas na paciente e reações no campo social que podem transitar de solidariedade a aversão e exclusão. Eis o sentido da doença estigmatizante: a doença marca indelevelmente a pessoa portadora em todos os setores de sua vida. E o faz vitimizando-a duplamente: com a própria doença e com a sua marca social. Essa é a realidade do preconceito.

A reclamante encontrava-se em fase de investigação diagnóstica. A dispensa a colheu quando ainda pairava a dúvida quanto à realidade do câncer. Teria a sua dispensa sido considerada "preventiva" pela empresa? Nesse caso a dispensa discriminatória pretenderia obstar a aquisição de direito, não deixando assim de ser discriminatória.

Igualmente não há que se deixar de pensar em que medida a dispensa objetivou evitar aumento de despesas financeiras com a saúde da trabalhadora, bem como as consequências de eventuais ausências decorrentes de tratamento longo e desgastante.

Daí a plena pertinência da r. sentença em fundamentar sua decisão também na função social da propriedade (inciso XXIII do art. 5º e inciso III do art. 17, ambos da CRFB). A propriedade privada no Brasil não se legitima por si mesma, na exclusiva busca irrefreável por lucro em benefício único de seus proprietários, o que leva a sociedade à beira da barbárie. Não, sua legitimidade constitucional provém da função que exerce na construção de uma sociedade mais justa e igualitária, nos fundamentos do Estado Democrático de Direito e no estado do bem-estar social. Ou seja, da responsabilidade que tem em relação aos trabalhadores que emprega ou dos serviços dos quais se utiliza, em relação ao meio ambiente, aos recursos naturais que sustentam sua atividade econômica e à sociedade em geral, inclusive com pagamento de impostos.

Além disso, a potencializar a gravidade e os marcadores sociais da doença a que é acometida a reclamante, no processo em exame, trata-se de mulher negra. Inúmeros estudos sobre gênero e raça apontam o que na realidade é sentido há séculos e se constitui em permanência colonial e escravocrata: a sexualização do corpo negro no imaginário cultural (GONZALEZ, 2020).

Nessa perspectiva, a manutenção do emprego de pessoa acometida de doença grave, de pleno conhecimento do empregador, como confessado e consta da r. sentença, é mais do que o direito individual da trabalhadora, é exigência civilizatória.

5. Dispensa discriminatória: a produtividade

Verifica-se no relatório da sentença em exame que a defesa da empresa, ao negar tenha procedido a uma dispensa discriminatória, alegou que ainda que a dispensa tenha ocorrido sem justa causa, se deu, na realidade por ter a empregada apresentado baixa produtividade. A r. sentença não apreciou o mérito de tal alegação, afastando-a por absoluta ausência de prova.

Ainda assim, a alegação no âmbito doutrinário, merece atenção, com a advertência de que não se atém à realidade do caso concreto.

O Protocolo desafia o olhar julgador a estar atento a todas as condições concretas de vida das mulheres, bem como para distinguir essas condições das vividas por seus contemporâneos homens em atividade semelhante. É por meio do exame do contexto das vidas envolvidas no conflito que será possível balizar o direito.

É certo que a Justiça do Trabalho, dada a natureza tuitiva do Direito do Trabalho sempre, em maior ou menor grau procedeu desta maneira. O Protocolo, entretanto, cria método, organiza e legitima a necessidade imperiosa do exame completo do modo de vida e de trabalho das mulheres, dentro e fora da empresa.

A produtividade se concretiza na quantidade e na qualidade do trabalho realizado em determinada unidade de tempo. É medida de resultado. Quanto maior, maior a lucratividade da empresa e seu aumento, quanto ao trabalho humano, pressupõe ou a intensificação do trabalho durante a mesma jornada ou a dilação do tempo trabalhado. Por ser central à acumulação capitalista é medida, avaliada e controlada pelo empregador, por diversas formas. Pode ser causa, em casos extremos, de justa despedida, quando aparece sob a forma de desídia (letra *"e"* do art. 483 da CLT) e pode fundamentar dispensa por motivo técnico, sem justa causa. Foi o que alegou a reclamada no caso em exame.

Mas aqui há de ser questionada a medida, a régua utilizada para a avaliação da produtividade. Historicamente a norma legal foi pensada e estruturada com o parâmetro do sujeito universal iluminista, um ser pressuposto e incorpóreo, mas sempre masculino e branco, o homem médio, ainda que no Direito do Trabalho, considerada sua classe, em grande linha, de empregado ou empregador (MARIANO, 2005). Também tem como pressuposto o isolamento da relação de trabalho de todas as demais condições de vida de quem presta o trabalho.

Ocorre que as mulheres trabalhadoras são as pessoas que são responsabilizadas e se responsabilizam, em sua grande maioria, pelo trabalho doméstico e de cuidados com crianças e idosos, além de outros adultos dependentes ou não. Arcam com a carga da reprodução e caso não tenham filhos, com a exigência social de tê-los.

Amiúde acordam horas mais cedo do que seus companheiros homens para preparar alimentação para a família, cuidar das roupas de todos e organizar todo o andamento da casa, em trabalho que também implica em desgaste mental e emocional de grande monta. A dupla jornada pode se transformar em tripla, se também estuda, tem atuação associativa ou cultural ou acrescenta horas de trabalho profissional além da sua jornada contratual. Sendo a responsável pelos cuidados de saúde de familiares, terá, muitas vezes maior absenteísmo no trabalho.

Chegando ao trabalho já exausta e preocupada, poderá ter menor produtividade, ou caso contrário, dispenderá maior esforço físico e mental para atingir os mesmos patamares que seus colegas do gênero masculino, comprometendo sua saúde presente e futura.

Não é difícil verificar a potencialização dessa situação no caso da mulher ser acometida por doença grave, estigmatizante e geradora de preconceito. Pressupondo a hipotética ocorrência de queda de produtividade, a exigência patronal de manutenção do nível de produtividade deve ser mitigada. É, como vimos, imperativo civilizatório, decorrente da função social da empresa. Caso a produtividade não seja afetada, será a sua manutenção realizada com muito maior esforço, cabendo ao empregador o fornecimento de apoio e formas compensatórias de agir.

De fato, não é admissível que a empresa seja pautada pela mesma medida, pelo paradigma do trabalhador médio, tão ao modo Taylorista. Como acima examinado, o exame da produtividade deverá ser sempre balizado pelas diferenças de gênero e demais marcadores sociais, para que sejam alcançadas avaliações justas do trabalho realizado.

6. Mulher, raça e classe: interseccionalidade e o judiciário

Tratamos acima da importância da análise processual e material do contexto pessoal e social da mulher que se apresenta em juízo, para a justa solução do conflito.

Falar de contexto da vida de uma pessoa implica necessariamente no exame dos três eixos estruturantes das relações das pessoas com o mundo: a sua classe, o seu gênero e a sua raça ou etnia. Acresça-se a estes, os marcadores sociais de sexo, idade, origem e território, entre outros, como reconhecido pela Comissão Econômica para América Latina e Caribe. (CEPAL, 2021).

Contribuição fundamental do feminismo negro e marxista, como as autoras Angela Davis (DAVIS, 2017), Patrícia H. Collins (COLLINS, 2022) e *bell hooks* (*HOOKS*, 2021) entre outras, demonstraram que tais categorias são estruturantes da sociedade contemporânea e que entre elas não há hierarquias nem prioridades, quando se trata de identificar as causas e as consequências da opressão e desigualdade social.

E mais, apontam que quando tais marcadores sociais se apresentam em conjunto na vida de uma pessoa eles não só se somam, mas se potencializam entre si, radicalizando a situação de vulnerabilidade existencial e social. Este é o fundamento, em muito rápidas palavras, da construção teórica do conceito de interseccionalidade, e da compreensão de que estes três eixos, justamente por sua condição de estruturantes da sociedade, atravessam todos os âmbitos da vida, e assim, o exame do contexto das condições de vida não pode prescindir de sua análise.

A interdisciplinaridade e a transversalidade, portanto, são um imperativo lógico conceitual, que devem vincular tanto a produção acadêmica e a atividade social libertadora, quanto a produção legal, a hermenêutica e a jurisdição, elementos da cultura com potencial transformador e redutor de desigualdades, no devir sinalizado pela Constituição da República.

7. Conclusão: a importância da jurisprudência: mudança cultural e ação pedagógica

O direito do trabalho tem por característica sua permeabilidade com a sociedade e sua permanente construção. Os interesses de classe que são traduzidos nas ações postas ao Judiciário Trabalhista se movem na permanente tensão entre o capital e o trabalho, o que, a depender das forças sociais hegemônicas na sociedade pode significar avanços ou retrocessos no sentido da construção de uma sociedade que é capaz de efetivar os valores da Constituição de 1988.

Esse processo também se reflete na construção doutrinária e na jurisprudência dos tribunais. Os julgados desempenham, nesse processo, relevante posição. Além de solucionar o conflito posto pelas partes, vão se constituindo em fontes primordiais do direito, como precedentes que se tornam referência para casos análogos, ainda antes de sua consolidação em Súmulas.

E mais. Sua capacidade pedagógica ultrapassa as fronteiras do conflito posto, para, diretamente junto à sociedade, criar um caldo de cultura referencial para os diversos temas, com capacidade efetiva de contribuir com a redução das desigualdades e com a formação de uma sociedade justa e solidária.

Ao tratar do tema, o Protocolo, didaticamente, demonstra que esta atitude ativa do magistrado e da magistrada nem de longe afeta a necessária imparcialidade do Poder (2021, p. 34-36).

> (...)
>
> Em conformidade com o Estado Democrático de Direito, a concepção contemporânea da imparcialidade agrega um novo ponto de vista: a perspectiva objetiva da imparcialidade, que é a promoção de uma atividade jurisdicional sob o enfoque do "devido processo legal substancial". Assim, a imparcialidade deixa de tratar apenas de questões referentes à subjetividade de quem julga, para abranger a própria persecução de um processo justo,

sob o ponto de vista do procedimento. Um dos atributos da imparcialidade é a objetividade, que consiste na qualidade de abordar decisões e reivindicações da verdade sem a influência de preferência pessoal, interesse próprio e emoção. A objetividade seria, portanto, um critério a ser observado para afastar eventuais atos discriminatórios.

(...)

É dizer, a desconsideração das diferenças econômicas, culturais, sociais e de gênero das partes na relação jurídica processual reforça uma postura formalista e uma compreensão limitada e distante da realidade social, privilegiando o exercício do poder dominante em detrimento da justiça substantiva. Nesse contexto, o patriarcado e o racismo influenciam a atuação jurisdicional. Como foi dito, magistradas e magistrados estão sujeitos, mesmo que involuntária e inconscientemente, a reproduzir os estereótipos de gênero e raça presentes na sociedade. A partir dessas premissas, a neutralidade do direito passa a ser compreendida como um mito, porque quem opera o direito atua necessariamente sob a influência do patriarcado e do racismo ou ainda, passa a ser reconhecida como indiferença e insensibilidade às circunstâncias do caso concreto.

Agir de forma supostamente neutra, nesse caso, acaba por desafiar o comando da imparcialidade. A aplicação de normas que perpetuam estereótipos e preconceitos, assim como a interpretação enviesada de normas supostamente neutras ou que geram impactos diferenciados entre os diversos segmentos da sociedade, acabam por reproduzir discriminação e violência, contrariando o princípio constitucional da igualdade e da não discriminação. A ideia de que há neutralidade nos julgamentos informados pela universalidade dos sujeitos é suficiente para gerar parcialidade. Um julgamento imparcial pressupõe, assim, uma postura ativa de desconstrução e superação dos vieses e uma busca por decisões que levem em conta as diferenças e desigualdades históricas, fundamental para eliminar todas as formas de discriminação contra a mulher. Considerar que os estereótipos estão presentes na cultura, na sociedade, nas instituições e no próprio direito, buscando identificá-los para não se submeter à influência de vieses inconscientes no exercício da jurisdição é uma forma de se aprimorar a objetividade e, portanto, a imparcialidade no processo de tomada de decisão. Além disso, a compreensão crítica de que a pessoa julgadora ocupa uma posição social, que informa a sua visão de mundo, muitas vezes bem diversa das partes.

Por tudo, conclui-se que a alternativa para a construção de uma jurisprudência inclusiva, antidiscriminatória e atenta à igualdade substantiva implica no respeito à universalidade da lei com o balizamento da verificação das condições concretas de vida e das relações em que o conflito foi instaurado, numa perspectiva que considere a interseccionalidade de gênero, raça e classe.

Referências

BRASIL. *Constituição da República Federativa do Brasil de 1988*. Disponível em: <https://www.planalto.gov.br/ccivil_03/Constituicao/Constituicao.htm>. Acesso em: 7 fev. 2023.

______. *Lei n. 9.029, de 13 de abril de 1995*. Disponível em: <https://www.planalto.gov.br/ccivil_03/LEIS/L9029.HTM Acesso em: 7 fev. 2023.

______. Tribunal Regional do Trabalho da 2ª Região. *ATOrd 1000915-10.2022.5.02.0445*. 5ª Vara do Trabalho de Santos. Juíza do Trabalho Samantha Fonseca Steil Santos e Melo. *DEJT* 25.01.2023.

______. Conselho Nacional de Justiça. *Portaria n. 27/2021*. Protocolo para julgamento com perspectiva de gênero [recurso eletrônico] / Conselho Nacional de Justiça. Brasília: Conselho Nacional de Justiça – CNJ; Escola Nacional de Formação e Aperfeiçoamento de Magistrados — Enfam, 2021. Disponível em: <https://www.enfam.jus.br/publicacoes-3/colecao-enfam/colecao-manuais-e...>. Acesso em: 12 fev. 2022.

______. CNJ. *Resolução n. 254, 2018*. Disponível em: <https://atos.cnj.jus.br/atos/detalhar/atos-normativos?documento=2669>. Acesso em: 12 fev. 2023.

______. CNJ. *Resolução n. 255, 2018*. Disponível em: <https://atos.cnj.jus.br/files/resolucao_255_04092018_050920181...>. Acesso em: 12 fev. 2023

______. MINISTÉRIO DA SAÚDE. Instituto Nacional do Câncer José Alencar Gomes da Silva. *A mulher e o câncer de mama no Brasil*. Coordenação Geral de Prevenção e Vigilância. Divisão de Detecção Precoce e Apoio à Organização de Rede. 3. ed. Rio de Janeiro: INCA.2018. Disponível em: <https://www.inca.gov.br/.../publicacoes/A_mulher_cancer_,mama...>. Acesso em: 7 fev. 2023.

______. TRIBUNAL SUPERIOR DO TRABALHO. *E-RR-10953-57.2018.5.03.0107*, Subseção I Especializada em Dissídios Individuais, relator Ministro Cláudio Mascarenhas Brandão, *DEJT* 08.04.2022 e RR-1001008-74.2017.5.02.0468, 4ª Turma, relator Ministro Alexandre Luiz Ramos, *DEJT* 29.04.2022.

COLLINS, P. H. *Bem mais que ideias:* a interseccionalidade como Teoria Social Crítica. São Paulo: Boitempo, 2022. p. 14-18.

CONTRERA, W. F. *GAPAS:* uma resposta comunitária à epidemia da AIDS no Brasil. Brasília: Ministério da Saúde, Secretaria de Políticas de Saúde, 2000. Disponível em: <https://bvsms.saude.gov.br/bvs/publicacoes/179_2Gapas.pdf>, pg. 48. Acesso em: 13 fev. 2023.

CIDH — CORTE INTERAMERICANA DE DIREITOS HUMANOS. Notícias: *Juíza Patrícia Peres Goldberg inaugurou e apresentou uma palestra magistral no encontro para formar a I Rede Interamericana para justiça com perspectiva de gênero celebrado no México*. 08 jul. 2022. Disponível em: Corte Interamericana de Direitos Humanos – Últimas Notícias <corteidh.or.cr> e <https://youtu.be/UOXrbz_tMLA>. Acesso em: 12 fev. 2023.

______. *Caso Barbosa de Souza e outros* vs. *Brasil.* 7set. 2021. Disponível em: <https://www.corteidh.or.cr/docs/casos/articulos/seriec_435_por.pdf>. Acesso em: 13 fev. 2023.

DAVIS, A. *Mulheres, Raça e Classe.* São Paulo: Boitempo, 2017.

FALCÃO, B. C. *Caso Márcia Barbosa de Souza e outros* vs. *Brasil:* análise da sentença da CIDH. 03 jan. 2022. Disponível em: <https://www.conjur.com.br/.../falcao-marcia-barbosa-souza-outros-vs-brasi>. Acesso em: 13 fev. 2023.

GONZALEZ, L. *Por um feminismo afro-latino-americano:* ensaios, intervenções e diálogos. Organização Flávia Rios, Márcia Lima. Rio de Janeiro: Zahar, 2020. p. 58-60.

HOOKS, B. *Ensinando a Transgredir:* a educação como prática de liberdade. São Paulo. Folha de S. Paulo, 2021. (Coleção Folha Os Pensadores, v. 3).

MAEDA, P. Julgamento com Perspectiva de gênero no mundo do trabalho. *Revista LTr: legislação do trabalho,* v. 85, n. 8, ago. 2021, p. 913-921. Disponível em: <https://www.lexml.gov.br/urn/urn:lex:br:rede.virtual.bibliotecas>. Acesso em: 13 fev. 2023.

MARIANO, S. A. O sujeito no feminismo e o pós-estruturalismo. In: *Revista Estudos Feministas,* Florianópolis, 13(3): 320, set./dez. 2005. Disponível em: <https://doi.org/10.1590/S0104-026X2005000300002>. Acesso em: 11 fev. 2023.

OIT — ORGANIZAÇÃO INTERNACIONAL DO TRABALHO. OIT Brasília. *Convenção 111* — Discriminação em Matéria de Emprego e Ocupação. Disponível em: <https://www.ilo.org/brasilia/convencoes/WCMS_235325/lang--pt/index.htm>. Acesso em: 15 fev. 2023.

ONU — CEPAL — Comissão Econômica para a América Latina e o Caribe. *Afrodescendente e a matriz da desigualdade social na América Latina: desafios para a inclusão.* Síntese: Capítulo 1: A matriz da desigualdade social na América Latina. Documentos de Projetos (LC/TS.2021/26), Santiago: Nações Unidas, 2021. p. 8. Disponível em: <https://repositorio.cepal.org/bitstream/handle/11362/46872/1/S2000930_pt.pdf>. Acesso em: 12 fev. 2023.

ONU/BRASIL. *Agenda 2030 para o Desenvolvimento Sustentável.* Disponível em: <https://brasil.un. org/pt-br/91863-agenda-2030-para-o-desenvolvimento-sustentavel>. Acesso em: 15 fev. 2023.

STF — SUPREMO Tribunal Federal. *ADI n. 1.625.* Disponível em: <https://portal.stf.jus.br/processos/detalhe.asp?incidente=1675413>. Acesso em: 15 fev. 2023.

Discriminação Regional

Xenofobia Regional no Ambiente Laboral e a Aplicação do Protocolo para Julgamento com Perspectiva de Gênero

Milena Barreto Pontes Sodré

Lorena de Mello Rezende Colnago

INDENIZAÇÃO POR DANOS MORAIS COLETIVOS. PUBLICAÇÃO DE TEXTO JORNALÍSTICO COM CONTEÚDO DISCRIMINATÓRIO. Trata-se de decisão que reconheceu a violação moral a trabalhadores, porteiros e empregadas, de origem nordestina, com ofensa à cultura regional e menção expressa, pejorativa, à cidade de Salvador e ao Estado de Pernambuco. Afastou o argumento de defesa focado na liberdade de expressão e de imprensa constitucionalmente garantida (arts. 5º, inciso IV e XIII, e 220 da CF/88). A decisão condenou as rés em danos morais coletivos no valor de R$ 50.000,00 e reafirmou os direitos relativos à honra e imagem dos empregados, bem como com a garantia do exercício da cidadania através do voto direto, secreto e universal (arts. 5º, incisos V e X, e 14 da CF /88). (Acórdão n. 1000456-43.2016.5.02.0372 (AIRO). 9ª Turma. Desembargadora relatora: Eliane Aparecida da Silva Pedroso, *DEJT* 22.08.2019)[(1)]

A xenofobia regional ganhou força no país politicamente dividido e perpassou os pudores ao ser abertamente declarada em discursos de ódio[(2)]. Ao tempo em que se escreve este artigo, um vereador da terra dos Pampas, em tribuna, declaradamente atribui a trabalhadores resgatados em condição análoga à de escravos a responsabilidade pelas condições precárias em que foram submetidos em vinícolas, sob o pretexto de não

(1) BRASIL. Tribunal Regional do Trabalho da 2ª Região. Acórdão n. 1000456-43.2016.5.02.0372 (AIRO). 9ª Turma. Desembargadora relatora: Eliane Aparecida da Silva Pedroso, *DEJT* 22.08.2019.

(2) FOLHA DE S. PAULO. *Eleições 2022*. Eleitores do Nordeste sofrem ataques criminosos após votação em massa em Lula. Pub. 6 out. 2022. Disponível em: <https://www1.folha.uol.com.br/poder/2022/10/eleitores-do-nordeste-sofrem-ataques-criminosos-apos-votacao-em-massa-em-lula.shtml>. Acesso em: 5 abr. 2023.

serem limpos, só viverem de praia e tocarem tambor.[(3)] A repetição incessante de ocorrências prova a necessidade do Poder Judiciário realizar uma escuta ativa para acolher as vítimas do preconceito regional, tal como foi estabelecido no Acórdão n. 1000456-43.2016.5.02.0372[(4)] e no protocolo para julgamento com perspectiva de gênero[(5)], obrigatório por meio da Resolução CNJ n. 492, de 17 de março de 2023[(6)].

Não obstante seja objetivo fundamental da República promover o bem de todos, sem preconceitos de origem, raça, sexo, cor, idade e quaisquer outras formas de discriminação (art. 3º, inciso IV, da CF/88), o fato é que a aplicação do direito ao caso concreto sob a perspectiva do ônus da prova e sobre a baliza do "homem médio" desconsidera as questões estruturais da sociedade brasileira, os estigmas, o racismo e as diferenças de gênero.

O protocolo para julgamento com perspectiva de gênero surge da necessidade de trazer considerações teóricas sobre a questão da igualdade e também um guia para que os julgamentos que ocorrem nos diversos âmbitos da Justiça possam ser aqueles que realizem o direito à igualdade e à não discriminação de todas as pessoas, de modo que o exercício da função jurisdicional se dê de forma a concretizar um papel de não repetição de estereótipos, de não perpetuação de diferenças, constituindo-se um espaço de rompimento com culturas de discriminação e de preconceitos.[(7)]

O Acórdão em análise foi prolatado em 2019 muito antes à elaboração e publicação do protocolo do CNJ (2021) e com toda fragilidade encontrada, ainda assim ele se adequa aos ditames da perspectiva de gênero. A matéria jornalística em debate, datada de outubro de 2014, sugere, dentre outros absurdos possíveis de se realizar com um ser humano: trancar "secretárias do lar" em casa, interditar casas de forró e proibir porteiros de saírem dos prédios para evitar votos à candidata Dilma Rousseff. Na decisão, foram ponderados o direito fundamental à liberdade de expressão e a liberdade de imprensa (arts. 5º, inciso IV e XIII, e 220 da CF/88) versus a honra, a imagem, o sufrágio universal e o voto direto e secreto (arts. 5º, incisos V e X, e 14 da CF/88).

---

(3) CAMARGO, Cristina. ONGs vão à Justiça contra vereador gaúcho acusado de atacar baianos. *Folha de S. Paulo*. São Paulo, 1º mar. 2023. Disponível em: <https://www1.folha.uol.com.br/mercado/2023/03/ongs-vao-a-justica-contra-vereador-gaucho-acusado-de-atacar-baianos.shtml>. Acesso em: 1º mar. 2023./

(4) BRASIL. Tribunal Regional do Trabalho da 2ª Região. *Acórdão n. 1000456-43.2016.5.02.0372 (AIRO)*. 9ª Turma. Desembargadora relatora: Eliane Aparecida da Silva Pedroso, *DEJT* 22.08.2019.

(5) BRASIL. Conselho Nacional de Justiça. *Protocolo para julgamento com perspectiva de gênero*. Brasília: Conselho Nacional de Justiça — CNJ; Escola Nacional de Formação e Aperfeiçoamento de Magistrados, Enfam, 2021. Disponível em: <https://atos.cnj.jus.br/atos/detalhar/4377>. Acesso em: 1º mar 2023.

(6) BRASIL. Conselho Nacional de Justiça. *Resolução n. 492, de 17 de março de 2023*. Atos. Disponível em: <https://atos.cnj.jus.br>. Acesso em: 20 mar. 2023.

(7) BRASIL. Tribunal Regional do Trabalho da 2ª Região. *Acórdão n. 1000456-43.2016.5.02.0372 (AIRO)*. 9ª Turma. Desembargadora relatora: Eliane Aparecida da Silva Pedroso, *DEJT* 22.08.2019, p. 7.

Infelizmente, em 2022 renasceu todo ódio manifestado naquele caso, durante as eleições presidenciais(8), e com uma força ainda maior e uma vergonhosa discriminação quanto a uma região inteira do país. Por isso, os fatos descritos na ação civil pública eleita para o comentário, continuam, mais do que nunca atuais.

A primeira indagação do protocolo é: É possível que desigualdades estruturais tenham algum papel relevante nessa controvérsia? A resposta é positiva. O preconceito de origem, especialmente à nordestina, está relacionado ao preconceito de raça, à escravidão e ao sentimento de superioridade branca existente no Brasil.

O Brasil é um país construído por portugueses, povos originários, negros escravizados e imigrantes. O tratamento dado aos imigrantes que chegaram ao Brasil, especialmente nas regiões Sul e Sudeste do país, com garantia de emprego, difere do tratamento dado aos negros alforriados que foram entregues à própria sorte após a abolição, sem qualquer indenização e sem possibilidade de compra de terras(9). Aos donos de terra, foi garantida a manutenção de seus latifúndios. Consequentemente, a permanência de pessoas negras e nordestinas na maioria dos trabalhos domésticos e de portaria e de baixa rentabilidade advém da estrutura da sociedade brasileira.

O passo 2 fomenta a *aproximação dos sujeitos processuais*. Na ação, o Ministério Público, antes de ingressar com a ação civil pública, a partir de uma notícia de fato instaurou o inquérito civil público administrativo para que a editora se manifestasse sobre a publicação jornalística, mas esta permaneceu silente.

Já o passo 3, preconizado pelo protocolo, trata de medidas especiais de proteção. Esta parte do protocolo é destinada aos casos de violência física e psicológica. A decisão do caso concreto adotou como medida de redução dos danos causados pela publicação da notícia, diferente das retratações realizadas pelo mesmo meio de imprensa onde se veiculou a ofensa, foi indeferido o pedido de tornar pública a decisão meritória da ação civil pública.

Ressuscitar os fatos discriminatórios veiculados traria o efeito reverso, não educativo, de manter o chamado "discurso de ódio", destaca-se do acórdão o trecho da reportagem

---

(8) MARQUES, Fabíola. Reflexões trabalhistas: assédio eleitoral nas relações de trabalho. *Cojur*. Publ. 21 out. 2022. Disponível em: <https://www.conjur.com.br/2022-out-21/reflexoes-trabalhistas-assedio-eleitoral-cometido-ambito-relacoes-trabalho>. Acesso em: 5 abr. 2023. SHIRADO, Nayana. Assédio eleitoral no ambiente de trabalho: a ingerência do empregador na escolha política do empregado. *Revista de Jurisprudência do Tribunal Regional Eleitoral do Amazonas*, Manaus, n. 15, p. 13-51, 2015.

(9) Lei de Terras, Lei n. 601/1850. Art. 1º Ficam prohibidas as acquisições de terras devolutas por outro titulo que não seja o de compra. (...) Art. 18. O Governo fica autorizado a mandar vir annualmente á custa do Thesouro certo numero de colonos livres para serem empregados, pelo tempo que for marcado, em estabelecimentos agricolas, ou nos trabalhos dirigidos pela Administração publica, ou na formação de colonias nos logares em que estas mais convierem; tomando anticipadamente as medidas necessarias para que taes colonos achem emprego logo que desembarcarem. (BRASIL. Presidência da República. Lei n. 601, de 18 de setembro de 1850. Disponível em: <https://www.planalto.gov.br/ccivil_03/leis/l0601-1850.htm>. Acesso em: 5 abr. 2023.

com palavras de baixo calão e graves ofensas, que jamais deveriam fazer parte da linguagem culta e informativa que se espera de uma imprensa:

> Não desconsidero o fato de que o ponto de vista do autor do texto, tal como exposto na publicação, parece equivocado e deveras preconceituoso. Afinal, segundo o que parece pensar o autor, apenas "drogados", trabalhadores não graduados, nordestinos e pobres seriam os eleitores de Dilma Rousseff em 2014. Aliás, aparentemente, segundo o ponto de vista do autor, o Nordeste nada produz, além de ter, ao lado da Região Norte, uma grande população de analfabetos. O que é, em grande parte, mentiroso. Mas nem por isso capaz de gerar algum reflexo danoso do ponto de vista trabalhista para os supostos trabalhadores de baixa graduação.(10)

O Ministério Público do Trabalho entende de modo diferente e, por isso, recorreu da decisão regional, mas o caso ainda não foi julgado no âmbito do Tribunal Superior do Trabalho. Para o *Parquet* é necessária uma retratação das rés nos mesmos meios de imprensa em que o texto circulou como medida de reeducação dos réus e social, considerando a repercussão do texto publicado, que gerou os pedidos de indenização coletiva.

Nas palavras de Elder Pereira, a xenofobia é o medo incontrolável do desconhecido, caracterizada por preconceito ou transtorno psiquiátrico. O autor explica que no caso dos nordestinos ela vem acompanhada de racismo e é uma forma de preconceito. E ainda constata: *"Não é tão difícil encontrar brasileiros que entendam que os habitantes do nordeste são uma sub raça ou, em última análise, um povo miserável sob todos os aspectos, inclusive desinformado"*(11). Esse tipo de conduta é crime tipificado na Lei n, 7.716, de 5 de janeiro de 1989: *"Art. 2º-A Injuriar alguém, ofendendo-lhe a dignidade ou o decoro, em razão de raça, cor, etnia ou procedência nacional. (Incluído pela Lei n. 14.532, de 2023)Pena: reclusão, de 2 (dois) a 5 (cinco) anos, e multa. (Incluído pela Lei n. 14.532, de 2023)".*

Quando se trata de assédio eleitoral em razão de opção política associado à região do Brasil originária de uma pessoa, o caso ainda se torna mais grave. Nos termos da Convenção n. 190 da OIT, ainda não ratificada pelo Brasil, sobre violência de gênero, há a expressa menção de que o assédio é um ato de violência no trabalho, único ou reiterado como se pode observar no art. 1:

> 1. Para efeitos da presente Convenção:
>
> (a) o termo "violência e assédio" no mundo do trabalho refere-se a um conjunto de comportamentos e práticas inaceitáveis, ou de suas ameaças, de ocorrência única ou repetida, que visem,

---

(10) BRASIL. Tribunal Regional do Trabalho da 2ª Região. *Acórdão n. 1000456-43.2016.5.02.0372 (AIRO)*. 9ª Turma. Desembargadora relatora: Eliane Aparecida da Silva Pedroso, *DEJT* 22.08.2019.

(11) PEREIRA, Elder. Preconceito contra nordestinos mostra um Brasil que não é cordial. *Jusbrasil*. Publ. 2015. Disponível em: <https://consultorelder.jusbrasil.com.br/artigos/231687919/preconceito-contra-nordestinos-mostra-um-brasil-que-nao-e-cordial>. Acesso em: 10 abr. 2023.

causem, ou sejam susceptíveis de causar dano físico, psicológico, sexual ou económico, e inclui a violência e o assédio com base no género;[(12)]

O documento internacional conceitua o assédio e acrescenta a violência ou o assédio fundamentados no gênero. A partir das notícias contemporâneas de dispensa, ameaças de desemprego, agressões à população nordestina, de um modo geral, quanto à sua origem e opção política, independentemente do ato ser único ou reiterado, ele pode ser caracterizado como assédio moral.

O Brasil não tem regramento específico para o assédio moral, salvo a recente alteração realizada na Consolidação das Leis do Trabalho, quanto à CIPA art.163 alterado pela Lei n. 14.457, de 21 de setembro de 2022, para incluir em sua função a prevenção de assédios nessa comissão — a NR-5 do MTP também foi alterada[(13)]. As reprimendas são extraídas do conjunto de diversas normas jurídicas interpretadas em conjunto: art. 5º, V e X, da CF/88, arts. 11, 20, 21, 186, 187, 927 do Código Civil, art. 483, alíneas *"b"* e *"e"*, da CLT, além do art. 4º da Lei n. 9.029/1995 (em caso de discriminação) e da Convenção da OIT n. 111, ratificada pelo Brasil (Decreto n. 62.150, de 19.1.1968)[(14)].

O Texto Celetista (art. 8º) permite a utilização do direito estrangeiro como fonte direta do Direito do Trabalho. As normativas da Organização Internacional do Trabalho constituem verdadeiro código internacional para a área trabalhista, pois visam uniformizar a legislação dos países que a constituem para criar um patamar mínimo de regramento para as relações jurídicas trabalhistas e sindicais.

Dessa forma, a Convenção n. 190 da OIT e a Resolução n. 492, de 17 de março de 2023[(15)], que confere normatividade à cartilha de julgamento com perspectiva de gênero, são documentos normativos complementares no combate às violências praticadas

(12) ORGANIZAÇÃO INTERNACIONAL DO TRABALHO — OIT. Brasília. Notícias: *Eliminar a violência e o assédio no mundo do trabalho* — Convenção n. 190. Disponível em: <https://www.ilo.org/brasilia/noticias/WCMS_831984/lang--pt/index.htm>. Acesso em: 1º abr. 2023.

(13) 5.1.1 Esta norma regulamentadora — NR estabelece dos parâmetros e os requisitos da Comissão Interna de Prevenção de Acidentes e de Assédio — CIPA tendo por objetivo a prevenção de acidentes e doenças relacionadas ao trabalho, de modo a tornar compatível permanentemente o trabalho com a preservação da vida e promoção da saúde do trabalhador. (BRASIL. MTP. Ministério do Trabalho e Previdência. Portaria MTP n. 4.219, de 20 de dezembro de 2022 — redação que entra em vigor no dia 20 de março de 2023. Disponível em: <https://www.gov.br/trabalho-e-previdencia/pt-br/acesso-a-informacao/participacao-social/conselhos-e-orgaos-colegiados/ctpp/normas-regulamentadora/normas-regulamentadoras-vigentes/norma-regulamentadora-no-5-nr-5>. Acesso em: 19 abr. 2023)

(14) ORGANIZAÇÃO INTERNACIONAL DO TRABALHO — OIT. Brasília. *C111* — Discriminação em Matéria de Emprego e Ocupação. Disponível em: <https://www.ilo.org/brasilia/convencoes/WCMS_235325/lang--pt/index.htm>. Acesso em: 1º abr. 2023.

(15) CONSELHO NACIONAL DE JUSTIÇA. *Resolução n. 492, de 17 de março de 2023*. Atos. Disponível em: <https://atos.cnj.jus.br>. Acesso em: 20 mar. 2023.

contra trabalhadoras, mas também pode estender-se a grupos de pessoas vulnerabilizados, como ocorreu no caso concreto relatado. Naquela época do julgamento, esses importantes documentos ainda não existiam. O caso concreto escolhido pode aplicar a normatização atual, reforçando a proibição de tratamentos discriminatórios contidos na legislação pátria, especialmente a Lei n. 9.029/1995 — utilizada como legislação geral para o combate de toda e qualquer discriminação praticada no âmbito das relações de trabalho no ordenamento pátrio.

A indenização pelo dano moral coletivo é um importante instrumento de reeducação social [16], mas não é a única forma de coibir as condutas e inibir novas tentativas de violação à origem regional das pessoas, sua cultura, mas também ao direito ao voto.

A Resolução n. 23.610 de 18 de dezembro de 2019, alterada pela Resolução n. 23.671, de 14 de dezembro de 2021, ambas do Tribunal Superior do Trabalho, regulamentam a propaganda eleitoral e enunciam expressamente a intolerância àquelas que expressem preconceito de de origem, etnia, raça, sexo, cor, idade, religiosidade, orientação sexual, identidade de gênero e quaisquer outras formas de discriminação, inclusive contra pessoa em razão de sua deficiência (art. 22, I). [17] Em curso da Escola Judicial da 2ª Região, transmitido pelo *Youtube* (<https://www.youtube.com/watch?v=o6m_3xI9UH0>), o Ministério Público do Trabalho, por meio das procuradoras Adriane Reis Araújo e Danielle Olivares Corrêa, explica que para além das sanções decorrentes dos atos assediadores dos empregadores, há outras sanções legais aplicáveis por meio da Lei n. 9.029/1995 (art. 3º) e Lei n. 11.498/2009 (art.4º): a proibição de obtenção de empréstimos e financiamentos junto a instituições financeiras oficiais, para aqueles que praticarem qualquer ato discriminatório no curso das relações de trabalho.

Esses artigos aplicam-se aos casos de discriminação eleitoral associada à origem regional. Portanto, verifica-se que o ordenamento pátrio prevê em diversas normas jurídicas a conduta de discriminação por origem regional com sanções civis, administrativas, penais e trabalhistas para as pessoas que praticarem esses atos de violência. Tudo em consonância com o ordenamento internacional.

Referências

BRASIL. Presidência da República. *Lei n. 601, de 18 de setembro de 1850.* Disponível em: <https://www.planalto.gov.br/ccivil_03/leis/l0601-1850.htm>. Acesso em: 5 abr. 2023.

______. Conselho Nacional de Justiça. *Resolução n. 492, de 17 de março de 2023.* Atos. Disponível em: <https://atos.cnj.jus.br>. Acesso em: 20 mar. 2023.

(16) GÓES, Gisele. O pedido de dano moral coletivo na ação civil pública do Ministério Público. In: MAZZEI, Rodrigo; NOLASCO, Rita (Coords.). *Processo civil coletivo.* São Paulo: Quartier Latin, 2005. p. 470-481.

(17) BRASIL. Tribunal Superior Eleitoral. *Resolução n. 23.610, de 18 de dezembro de 2019.* Disponível em: <https://www.tse.jus.br/legislacao/compilada/res/2019/resolucao-no-23-610-de-18-de-dezembro-de-2019>. Acesso em: 19 abr. 2023.

______. Conselho Nacional de Justiça. *Protocolo para julgamento com perspectiva de gênero. Brasília:* Conselho Nacional de Justiça — CNJ; Escola Nacional de Formação e Aperfeiçoamento de Magistrados, Enfam, 2021. Disponível em: <https://atos.cnj.jus.br/atos/detalhar/4377>. Acesso em: 1º mar 2023.

______. Tribunal Regional do Trabalho da 2ª Região. *Acórdão n. 1000456-43.2016.5.02.0372 (AIRO).* 9ª Turma. Desembargadora relatora: Eliane Aparecida da Silva Pedroso, *DEJT* 22.08.2019.

______. MTP. Ministério do Trabalho e Previdência. *Portaria MTP n. 4.219, de 20 de dezembro de 2022* — redação que entra em vigor no dia 20 de março de 2023. Disponível em: <https://www.gov.br/trabalho-e-previdencia/pt-br/acesso-a-informacao/participacao-social/conselhos-e-orgaos-colegiados/ctpp/normas-regulamentadora/normas-regulamentadoras-vigentes/norma-regulamentadora-no-5-nr-5>. Acesso em: 19 abr. 2023.

______. Tribunal Superior Eleitoral. *Resolução n. 23.610, de 18 de dezembro de 2019.* Disponível em: <https://www.tse.jus.br/legislacao/compilada/res/2019/resolucao-no-23-610-de-18-de-dezembro-de-2019>. Acesso em: 19 abr. 2023.

CAMARGO, Cristina. ONGs vão à Justiça contra vereador gaúcho acusado de atacar baianos. *Folha de S. Paulo*, São Paulo, 1º mar. 2023. Disponível em: <https://www1.folha.uol.com.br/mercado/2023/03/ongs-vao-a-justica-contra-vereador-gaucho-acusado-de-atacar-baianos.shtml>. Acesso em: 1º mar. 2023.

CONSELHO NACIONAL DE JUSTIÇA. *Resolução n. 492, de 17 de março de 2023.* Atos. Disponível em: <https://atos.cnj.jus.br>. Acesso em: 20 mar. 2023.

FOLHA DE S. PAULO. *Eleições 2022.* Eleitores do Nordeste sofrem ataques criminosos após votação em massa em Lula. Publ. 6 out. 2022. Disponível em: <https://www1.folha.uol.com.br/poder/2022/10/eleitores-do-nordeste-sofrem-ataques-criminosos-apos-votacao-em-massa-em-lula.shtml>. Acesso em: 5 abr. 2023.

GÓES, Gisele. O pedido de dano moral coletivo na ação civil pública do Ministério Público. In: MAZZEI, Rodrigo; NOLASCO, Rita (Coords.). *Processo civil coletivo.* São Paulo: Quartier Latin, 2005. p. 470-481.

MARQUES, Fabíola. Reflexões trabalhistas: assédio eleitoral nas relações de trabalho. *Cojur.* Publ. 21 out. 2022. Disponível em: <https://www.conjur.com.br/2022-out-21/reflexoes-trabalhistas-assedio-eleitoral-cometido-ambito-relacoes-trabalho>. Acesso em: 5 abr. 2023.

ORGANIZAÇÃO INTERNACIONAL DO TRABALHO — OIT. Brasília. *C111* — Discriminação em Matéria de Emprego e Ocupação. Disponível em: <https://www.ilo.org/brasilia/convencoes/WCMS_235325/lang--pt/index.htm>. Acesso em: 1º abr. 2023.

______. Brasília. Notícias: *Eliminar a violência e o assédio no mundo do trabalho* — Convenção n. 190. Disponível em: <https://www.ilo.org/brasilia/noticias/WCMS_831984/lang--pt/index.htm>. Acesso em: 1º abr. 2023.

SHIRADO, Nayana. Assédio eleitoral no ambiente de trabalho: a ingerência do empregador na escolha política do empregado. *Revista de Jurisprudência do Tribunal Regional Eleitoral do Amazonas*, Manaus, n. 15, p. 13-51, 2015.

Discriminação Religiosa

Afronta à Dignidade Humana e Violação ao Princípio da Igualdade: Relação entre o Protocolo para Julgamento com Perspectiva de Gênero do CNJ e Decisão Judicial sobre Discriminação Racial e Religiosa

Eliane Pedroso

OFENSAS RACIAIS E RELIGIOSAS. DISCRIMINAÇÃO. AFRONTA À DIGNIDADE DA PESSOA HUMANA. O acórdão se firmou sobre a importância de serem extirpados todos os tipos de preconceito, inclusive o oriundo de orientação religiosa. Para tanto adotou expressamente os arts. 3º, incisos I e IV, e 5º, X, da Constituição da República Federativa do Brasil. Aproximação com o Protocolo para julgamento com perspectiva de gênero 2021, desenvolvido pelo Conselho Nacional de Justiça, e com a Resolução CNJ n. 492, de 2023 (Acórdão da 3ª Turma do TRT2. Relatora Desª. Mércia Tomazinho. Publ. em *DEJT* 31.07.2017).

O presente artigo visa a apresentar alguns apontamentos e comentários, a partir de decisão judicial exarada pela Terceira Turma do Tribunal Regional do Trabalho da Segunda Região, de relatoria da Desembargadora Mércia Tomazinho,[1] sob o enfoque do Protocolo Para Julgamento com Perspectiva de Gênero 2021, desenvolvido pelo Conselho Nacional de Justiça (CNJ), cujas diretrizes foram estabelecidas pela Resolução n. 492, de 17 de março de 2023, desse órgão.

---

(1) BRASIL. Tribunal Regional do Trabalho da Segunda Região. *Acórdão em Recurso Ordinário 1001408-33.2015.5.02.0703*. 3ª Turma. Desembargadora relatora Mércia Tomazinho, *DEJT* 31.07.2017.

Para o desenvolvimento do texto, far-se-á uma breve definição sobre o CNJ, apresentar-se-ão algumas das normas mais relevantes sobre o tema inspirador do Protocolo para Julgamento com Perspectiva de Gênero 2021 e, quanto a este, será feita uma singela demonstração dos seus propósitos. Em sequência, relaciona-se o citado Protocolo, e sua correspondente Resolução estabelecedora de diretrizes, ao Poder Judiciário e passa-se à concepção de decisão neutralizadora de desigualdades, a partir da qual será comentada a decisão em destaque, à luz dos conceitos de interseccionalidade, assimetria de poder, feminização da pobreza, racismo religioso e violência.

O Conselho Nacional de Justiça (CNJ), cuja instalação remonta ao ano de 2005, teve sua criação animada pela Emenda Constitucional n. 45/2004, que o introduziu na Constituição da República do Brasil, em seu art. 103-B, e busca o aperfeiçoamento e o bom desenvolvimento do Poder Judiciário, na esteira da construção de uma sociedade melhor, tornando-a mais justa e bem amparada na garantia de seus direitos e solução eficiente de seus conflitos, o que tal órgão promove ao atuar por meio de políticas judiciárias alinhadas com as necessidades nacionais e os propósitos universais de alcance do bem comum e da paz social.

Nesse trilhar, o CNJ instituiu, inauguralmente e por meio da Portaria n. 27, de 2021, posteriormente complementada por suas normas alteradoras, o Grupo de Trabalho voltado a colaborar com a implementação das Políticas Nacionais estabelecidas pelas Resoluções CNJ ns. 254/2020 e 255/2020, relativas, nessa ordem, ao Enfrentamento da Violência contra as Mulheres pelo Poder Judiciário e ao Incentivo à Participação Feminina no Poder Judiciário.

Acima referidas, as Resoluções ns. 254 e 255 assumiram a necessidade do Estado de, respectivamente, estabelecer Política Judiciária Nacional de Enfrentamento da Violência contra as Mulheres, ao mesmo tempo em que era preciso incentivar a Participação Institucional Feminina no Poder Judiciário. Pensou-se aqui não apenas em um ideal restritivo ou limitante dos agentes, mas sim em uma atuação participativa de todos os segmentos da Justiça, sem exclusões ou tangenciamentos de qualquer espécie.

Ao dar esse passo, o CNJ não repousou olhos circunscritos à esfera pública brasileira. Estava ele atento à Agenda 2030 da ONU, com sua ambição global de promover um mundo melhor para todos os povos e nações e, como não poderia deixar de ser, dentro dos objetivos de desenvolvimento sustentável daquela agenda.

Estimula a ONU, é certo, o alcance da igualdade de gênero e o empoderamento feminino, ambos viabilizadores de iguais oportunidades para todos e de solidificação de leis e políticas públicas vigorosas no enfrentamento de qualquer forma de desigualdade. Essas ferramentas robusteceram o antigo Decreto n. 4.377, de 2002, que, há tanto, já havia ratificado a Convenção da ONU sobre a Eliminação de Todas as Formas de Discriminação contra a Mulher.

Sob todo esse cenário surge o Protocolo para Julgamento com Perspectiva de Gênero 2021, como instrumento focado no alcance da almejada igualdade de gênero acima informada.

Fruto do dedicado empenho do Grupo de Trabalho citado nos primeiros parágrafos desse artigo, em aqui reduzida, por didática divisão, contribuiu o Protocolo para sedimentar considerações técnicas sobre o conceito de igualdade e orientações para que os julgados não se pautem em estereótipos e nem perpetuem diferenças preexistentes, de forma a garantir o direito à igualdade e à não discriminação. Espera-se, assim, que se atinja o rompimento definitivo e inexorável da cultura estrutural da discriminação e do preconceito. Tal patamar traduz, em resumo, não mais do que o desejável amadurecimento do Poder Judiciário.

A Resolução n. 492, de 2023, coroa o processo, ao iluminar aquele instrumento, fornecendo-lhe diretrizes e criando direitos e obrigações com vistas a eliminar a discriminação contra a mulher, modificar padrões socioculturais fincados sobre desigualdades e promover a conscientização e a capacitação dos agentes do sistema de justiça.

O Poder Judiciário que temos, saliente-se, é forte e independente, absolutamente comprometido com o aperfeiçoamento da prestação jurisdicional. Essa feição não afasta, porém, a necessidade de constante renovação, substantivo inerente a tudo aquilo que é vivo e se movimenta. É sob esse aspecto que se enquadra o avanço da cultura jurídica, a englobar formação, interpretação e aplicação do direito, sem perder de vista o ideal de dissolução das consequências do passado histórico pilarizado sobre desigualdades sociais e políticas.

Reflita-se, em pequeno, mas imprescindível, aparte, sobre o Supremo Tribunal Federal (STF). Seu compromisso tem alicerce na defesa dos direitos humanos em harmonia com as demais Cortes Regionais e também Internacionais. É órgão que não pode comungar com a barbárie, o retrocesso ou qualquer espécie de violência, seja ela de manifesta evidência ou não. O STF não se presta a minorar direitos, e não poderia de fato minorá-los, nem compactua com o obscurantismo da importância cultural, histórica, social e política que a mulher representa. E nada há de inovador nisso senão o amadurecimento da leitura dos princípios e objetivos constitucionais que, há 34 anos já permeava a Carta vigente, reconhecidos eles como dignidade e igualdade. Logo, não se inova, asseguram-se sedimentos ancestrais da Constituição democrática.

O convite feito pelo Protocolo, transformado em fonte de direitos e obrigações, pela Resolução n. 492, é, portanto, o de reposicionar o olhar, lançar uma perspectiva mais humana sobre o mínimo constitucional que a enraizada cultura patriarcal, eivada da sede de manutenção de seus privilégios, teima em nublar. Convida, ainda, a não ceder ao comodismo leniente da perpetuação de ideias. Quer o Protocolo, agora sob o apoio da Resolução que estabeleceu suas diretrizes, revolver, sacudir perspectivas e paisagens. E o fará. Há ele de integrar todos os agentes sociais e convencer quem quer que seja que não há patamares de igualdade. Degraus e igualdades são conceitos que não dialogam harmonicamente entre si. Observar o protocolo, por sua vez, representa o caminhar da sociedade em via positiva.

Se, de um lado, a permanência sob as lentes da obtusidade é possível e, para alguns até, bastante confortável, certo é que corrigir essas lentes possibilitará apurar a visão a fim de enxergar sob a perspectiva da igualdade sociopolítica e cultural. As novas lentes antagonizam a obtusidade e podem então ser chamadas de sabedoria.

Endógena ou exogenamente o Protocolo provocou, sem afronta mas também sem hesitação, o Poder Judiciário. Tal provocação, contudo, assenta-se, como antes colocado, no amadurecimento. Estimula-se, assim, a evolução positiva de seu já panorama de obrigações: avançar a política de equidade e efetivar a igualdade. Mais uma vez, diga-se, não pode haver retrocesso na defesa da dignidade dos seres humanos. O Poder Judiciário amadurecido se conforma em autoimagem e, em simultâneo, reflexo para o ambiente social desenvolvido.

Não há dúvida de que o Poder Judiciário é o Poder que garante o Direito. Já o Direito é prática contínua do exercício de tomada de decisão por todos os agentes que nele atuam. A partir dessa premissa, impõe-se que a ninguém cabe a reprodução da cultura estrutural da desigualdade, ao passo que a todos cabe o sacudimento de tal cultura por meio da emancipação condutora da maturidade, elemento prévio para a plenitude da vida em sociedade.

Apontou-se acima, relembre-se, que o Poder Judiciário é o garantidor dos direitos, assim como que o Protocolo propôs ao universo de julgadores que suas decisões não se pautem em estereótipos e nem perpetuem diferenças preexistentes. Dessa forma, cabe àquele Poder comprometer-se com a igualdade e com a não discriminação, ambos direitos constitucionalmente assegurados.

Comprometer-se com a igualdade vai além da mera convicção de igualar, porém. É imperioso atentar-se à desigualdade e, paralelamente, pretender neutralizá-la. Ambas as circunstâncias parecem idênticas, mas efetivamente não o são. Para neutralizar a desigualdade, a decisão judicial deve percorrer o juízo sobre as possíveis relações assimétricas que experienciem os envolvidos em conflito.

Vamos à diferença. Se ao julgar, os olhos, por princípio imparciais e neutros do julgador, fundam-se na cultura anacrônica do patriarcado e reproduzem, seja de forma consciente ou não, a existência de movimentos discriminatórios também contra o masculino, o pretenso igualar tão somente se inseriu no interior do pensamento que habita no grupo sociopolítico dominante. Estar-se-á no viés da apologia pregada por esse grupo. Em outras palavras, negar-se-ia a estrutura machista da sociedade em que estamos, sem promover a efetiva defesa da igualdade; classificar-se-ia como natural aquilo que é cultural e empregado como álibi para justificar desigualdades. Neutralizar a desigualdade dá alguns passos além. Restabelecem-se todas as pessoas ao único patamar social razoável a ser adotado em uma cultura próspera. Reduzem-se as hierarquias que ofendem o direito à igualdade.

É preciso, assim, deixar claro que as diferenças de que tratamos aqui são culturais. São elas reprodutoras de hierarquias sociais e servem ao posicionamento dos indivíduos em segmentos estruturais que, segundo os ideais do grupo dominante, mantêm-se lotados em locais mais valorizados ou menos valorizados, em arranjos mais edificados ou, na outra ponta, mais precarizados.

O interesse que repousa na formação da estrutura então exposta é o de manter os vínculos de dependência das relações humanas em condições estáveis e favoráveis à classe dominante, de modo que esta última não sinta e muito menos sofra a mais sutil ameaça de descer os degraus de sua hierarquia de poder, sob risco de precisar reconstruir-se em um patamar único de existência justa e livre para todos.

Configurou-se uma sequência perversa que a sociedade civilizada exige que seja desmontada: maior dependência de uma pessoa em relação à outra leva à sua maior sujeição, que leva à menor possibilidade de reivindicação de direitos, que reduz o poder do ser dependente e que torna mais estável a sua posição inferiorizada na estrutura sociocultural em que está posicionado.

Esse o recado do Protocolo em advertência às reflexões ora feitas:

> "[...] recomenda-se atenção à dimensão cultural da construção dos sujeitos de direito — e seus potenciais efeitos negativos. Isso pode ser feito a partir do questionamento sobre o papel que as características socialmente construídas podem ter ou não em determinada interpretação e sobre o potencial de perpetuação dessas características por uma decisão judicial."(2)

Assim assentado, faz o Protocolo referência ao conceito de interseccionalidade, apondo-o como a sobreposição de discriminações que envolvem, portanto, não só o gênero, mas também classe social, etnia, idade, religião, raça, opinião política etc. Esse imbricamento de discriminações pode ser conferido nos fatos que culminaram na decisão relatada pela Desembargadora Mércia Tomazinho, e é assim tratado naquele

---

(2) *Protocolo para Julgamento com Perspectiva de Gênero* [recurso eletrônico] / Conselho Nacional de Justiça – Brasília: Conselho Nacional de Justiça — CNJ; Escola Nacional de Formação e Aperfeiçoamento de Magistrados — Enfam, 2021. Disponível em: <www.cnj.jus.br>. Acesso em: 02 dez. 2022.

instrumento: "como a atribuição de atributos não é homogênea entre membros de um mesmo grupo, é muito importante que magistradas e magistrados atentem para como outros marcadores sociais impactam a vida de diferentes mulheres".(3)

O olhar sensível sobre o tema da interseccionalidade desvela que a discriminação por gênero estabelece certo grau de opressão, já evidentemente nada irrelevante. Esse grau, contudo, é superalimentado quando àquela condição associam-se outras formas de opressão fundadas em eleições discriminatórias.

Façamos uso de uma ilustração. Partindo do pressuposto que a mulher, pelo gênero, seja alvo de discriminação, não é difícil crer que sua condição de discriminada se incremente, uma vez que seja ela uma mulher negra.

Conclui-se, à vista disso, que a desigualdade de gênero não deve ser considerada sob o signo da universalidade. Cada mulher é única, biológica, social e culturalmente. Cada pessoa e suas próprias experiências é que vão desenhar os marcadores sociais que possuem e que se interseccionam, de modo que sobrará àquela encaixar-se em graus diversos de discriminação e de hierarquia incidente.

Sobre a soma de vulnerabilidades alerta o Protocolo que "os marcadores sociais de raça e gênero são determinantes para a análise da desigualdade da violência no Brasil"(4). Ato contínuo, cita ele o Atlas da Violência de 2020 que, "ao analisar o período entre 2008 e 2018, constatou como a sobreposição de opressões pode acentuar as desigualdades".(5) Amplia-se, dessa feita, os eixos de subordinação e sujeição que as hierarquias estruturais da sociedade impõem.

A desigualdade é a regular sequela da existência de tais estruturas hierárquicas moldadoras da existência social. Poder-se-ia falar em desigualdade estrutural, identificada nos quadros em que se avista a cimentação de pessoas de menor poder, destinadas a se manter em posição de inferioridade na sociedade.

Feitas tais considerações, analisemos mais de perto o acórdão do Recurso Ordinário apresentado no processo n. 1001408-33.2015.5.02.0703, relatado pela Desembargadora Mércia Tomazinho, cujo voto foi acompanhado, por unanimidade, pelas Desembargadoras Rosana de Almeida Buono e Kyong Mi Lee e se encontra assim ementado:

> DANOS MORAIS. OFENSAS RACIAIS E RELIGIOSAS. DISCRIMINAÇÃO. A discriminação é afronta direta à dignidade da pessoa humana. A Constituição Federal de 1988, em seu art. 3º, incisos I e IV, define como objetivos fundamentais da República construir uma sociedade livre, justa e solidária,

---

(3) *Protocolo para Julgamento com Perspectiva de Gênero* [recurso eletrônico] / Conselho Nacional de Justiça – Brasília: Conselho Nacional de Justiça — CNJ; Escola Nacional de Formação e Aperfeiçoamento de Magistrados — Enfam, 2021. Disponível em: <www.cnj.jus.br>. Acesso em: 02 dez. 2022.

(4) *Idem.*

(5) *Idem.*

promovendo o bem de todos sem preconceitos de origem, raça, sexo, cor, idade e quaisquer outras formas de discriminação (TRT-2 – RO 1001408-33.2015.5.02.0703. Desembargadora Relatora: Mércia Tomazinho, Terceira Turma, publicado em *DEJT* 31/07/2017).

Na exímia fundamentação, em adição à ementa supra transcrita, afirma a relatora que "a expressão 'quaisquer outras formas de discriminação' refere-se a todas as formas de discriminação não mencionadas expressamente no artigo, tais como a orientação religiosa".(6) E para que não pairem dúvidas sobre os fatos ensejadores do dano moral reconhecido pela turma julgadora, tratavam-se eles de ofensas sofridas no ambiente laboral por empregada negra e candomblecista, ofensas estas de teor pejorativo em relação ao fenótipo da mulher negra e à prática do candomblé.

Nesse cenário, o momento reclama apontar que, a despeito do Protocolo constitutivo do núcleo desta reflexão, autodenominar-se expressamente que se erige para *julgamento com perspectiva de gênero*, fato é que aquele próprio instrumento exprime na Parte I, Capítulo 3, *"c"*, intitulado *Princípio da igualdade*, que **TODAS** as considerações nele constantes se aplicam às desigualdades raciais e outras mais.(7) Não por outra razão, a Resolução CNJ n. 492, de 2023, agrega em suas considerações a Convenção das Nações Unidas sobre a Eliminação de Todas as Formas de Discriminação Racial, bem como inclui diversos dispositivos que se dirigem à diversidade racial e étnica.

Não é demais também esclarecer que é certo que a decisão é de 2017 e o Protocolo de 2021, mas que tal circunstância não prejudica a construção textual que, conforme apresentado na introdução, visa a tecer comentários de decisão judicial sob o enfoque do Protocolo, o que é diverso da proposta, não feita, de comentar a adoção do Protocolo em determinada decisão judicial.

Destacou-se tal conteúdo, em especial, para que, desde logo, jogue-se uma pá de cal sobre eventual argumentação quanto à não utilização do protocolo em litígios que versem sobre discriminação sem que o gênero esteja em questão ou que se apresente de modo contingente. Ainda que assim não fosse, é cristalino que a aplicação analógica ou ampliativa do Protocolo estaria justificada dada a sua figura de instrumento de proteção da liberdade pessoal e dos direitos de igualdade e de dignidade humana. É dizer que, em maior escala, o Protocolo se lançou, intrinsecamente, como arma de combate contra toda violação de direitos essenciais humanos e essa característica se tornou explicitamente marcada a partir da Resolução n. 492, do CNJ. Posto isso, estão o protocolo e a legislação a ele aderida a serviço do expurgo da discriminação racial e religiosa, para além do envolvimento de tal discriminação envolver também gênero.

---

(6) BRASIL. Tribunal Regional do Trabalho da Segunda Região. *Acórdão em Recurso Ordinário 1001408-33.2015.5.02.0703*. 3ª Turma. Desembargadora relatora Mércia Tomazinho, *DEJT* 31.07.2017.

(7) *Protocolo para julgamento com perspectiva de gênero* [recurso eletrônico] / Conselho Nacional de Justiça — Brasília: Conselho Nacional de Justiça — CNJ; Escola Nacional de Formação e Aperfeiçoamento de Magistrados — Enfam, 2021. Disponível em: <www.cnj.jus.br>. Acesso em: 02 dez. 2022, p. 39.

Reúnem-se em sintonia, de tal maneira, os fundamentos do Protocolo aos do voto condutor do acórdão acima mencionado, porquanto em ambos reconhece-se a necessidade de aplicação do princípio da igualdade uma vez levado em conta que o conflito em análise brote de relações assimétricas de poder, exigindo assim o premente combate a qualquer tipo de discriminação como medida de efetiva garantia do acesso à justiça e consideração das desigualdades culturais econômicas, históricas, políticas e sociais. Caminham, assim, de mãos dadas rumo à preservação do princípio da dignidade humana.

Sobre esses trilhos é que a decisão da Terceira Turma manteve a condenação da ex-empregadora no pagamento de indenização por danos morais, majorando-a em aproximadamente 70% de seu valor originalmente arbitrado, eis que se pautou na gravidade dos fatos comprovados durante a instrução processual.

É de se compreender que a fixação de tais indenizações ultrapassam o essencial cunho reparatório do direito lesado, possibilitando ao Poder Judiciário que, por sua atividade, gere também o efeito estimulador à coibição de abusos, momento em que, como mais largo espectro, acaba por dirigir-se também à prevenção contra outras lesões assemelhadas ainda que sua atenção esteja voltada a determinado caso concreto.

Nesse passo, vê-se que a fixação de indenização por danos morais advindos de atos discriminatórios se encontra, verdadeiramente, como movimento impetuoso no interior do ato judicial decisório, já que agrega em si a força de romper com ciclos de violência potencializados pela assimetria de poder que as desigualdades estruturam socialmente.

Para a Terceira Turma, que se conduziu pelo voto da Desembargadora Mércia Tomazinho, a trinca julgadora não representou o menor óbice para a manutenção e sucessiva majoração da indenização pleiteada pela Reclamante. Não poderia sê-lo, em verdade, ante a imparcialidade e a objetividade de que se nutrem as componentes daquele órgão. Mas não é só. A decisão que responde à discriminação com justeza cresce em importância à medida em que não desqualifica a parte vitimada sem que se vincule o julgador às suas experiências pessoais ou que venha ele a pertencer a outros grupos sociais ou mesmo que não comungue de semelhantes características físicas ou escolhas culturais, religiosas e sociais similares. Não minimizar a relevância da assimetria que se esconde por trás da discriminação é aplicar o direito sem estar alheio ao experienciamento dos grupos subordinados, bloqueando, com firmeza, o espalhamento das desigualdades estruturais.

O Direito, enquanto ferramenta capaz de neutralizar desigualdades, não deve destacar-se do contexto vivido por grupos inferiorizados nem se restringir à percepção de mundo do julgador. Não por menor razão o Brasil firmou, desde 2013, a Convenção Interamericana contra o Racismo, a Discriminação Racial e Formas Correlatas de Intolerância, cujo art. 9º dispõe que os Estados Partes "comprometem-se a garantir que seus sistemas políticos e jurídicos reflitam adequadamente a diversidade de suas sociedades, a fim de atender às necessidades especiais e legítimas de todos os setores da população"[8] e acrescenta, no art. 10, que também devem comprometer-se a "garantir às vítimas de discriminação e intolerância um tratamento equitativo e não discriminatório, acesso igualitário ao sistema de justiça, processos ágeis e eficazes e reparação justa nos âmbitos civil e criminal"[9].

Não se olvide que o combate a quaisquer práticas discriminatórias é preocupação internacional, que extrapola qualquer perspectiva territorial, fato já ressaltado ao ser mencionada a Agenda 2030 da ONU e destacado na Convenção supra, abonada pela Organização dos Estados Americanos. Tanto assim o é que o Brasil, no caso 12.001 apreciado pela Comissão Interamericana de Direitos Humanos, foi responsabilizado e sofreu incisivas recomendações tendo em vista que, entre outras conclusões, houve "tratamento desigual conferido pelas autoridades brasileiras à denúncia de racismo e discriminação racial feita por Simone André Diniz, revelador de uma prática generalizada discriminatória na análise desses crimes".[10]

No limite do Direito do Trabalho brasileiro é lógico admitir que pensou o acórdão da Terceira Turma em todo o já exposto, posto que se fundamentou na Constituição da República para adotar a conclusão que exarou.

Há, todavia, agravantes que influenciam a intensidade da discriminação, os quais, embora não completamente explícitos na decisão comentada convêm trazer à tona por refletirem à realidade brasileira: a) situações de interseccionalidade, como as deste caso em que as ofensas se referiram pejorativamente às características físicas de empregada negra também insultada em sua religião, empurram a trabalhadora para o mais baixo nível da pirâmide institucional; b) a dependência financeira associada à comum ausência de qualificação e a precariedade econômica da trabalhadora negra fomentam maiores índices de desemprego entre tais mulheres; c) o trabalho informal encontra maior eco nesse segmento da população; d) uma em cada seis mulheres assediadas pede demissão[11]; e) as mulheres negras são as que mais sentem o desemprego e a precarização do trabalho em relação às mulheres brancas e aos homens em geral.[12] Esse rol exemplificativo apresenta algumas das fontes de inspiração para o conceito que academicamente tornou-se conhecido por *feminização da pobreza*.[13]

---

(8) *Convenção Interamericana contra o Racismo, a Discriminação Racial e Formas Correlatas de Intolerância.* Guatemala, 2013.

(9) *Idem.*

(10) CIDH, *Caso 12.001. Simone André Diniz x Brasil.* 21 de outubro de 2006.

(11) *Protocolo para julgamento com perspectiva de gênero* [recurso eletrônico] / Conselho Nacional de Justiça — Brasília: Conselho Nacional de Justiça — CNJ; Escola Nacional de Formação e Aperfeiçoamento de Magistrados — Enfam, 2021. Disponível em: <www.cnj.jus.br>. Acesso em: 02 dez. 2022, p. 113.

(12) *Ibidem*, p. 105 e 106.

(13) NOVELLINO, Maria Salet Ferreira. *Os estudos sobre feminização da pobreza e políticas públicas para mulheres.* Trabalho apresentado no XIV Encontro Nacional de Estudos Populacionais, ABEP, realizado em Caxambu, MG – Brasil, de 20-24 de setembro de 2004. Disponível em: <www.abep. org.br>. Acesso em: 27 jan. 2023.

Todo ato de discriminação constitui violência. Por sua vez, várias são as apresentações que a violência pode tomar em um único ato de discriminação. Decorre daí que os julgadores devem estar atentos ao arcabouço de sujeição da vítima aos atos violentos. Esse quadro não ficou isento da apreciação das desembargadoras que julgaram o processo 1001408-33.2015.5.02.0703.

Com efeito, o depoimento testemunhal transcrito no voto da Desembargadora Mércia expõe não somente as agressões e chacotas produzidas no ambiente de trabalho, como confirma que foram elas relatadas ao gerente-geral e que nenhuma providência foi tomada pela empregadora ou seus prepostos. Certeira, a Relatora reforça a gravidade do dano ao apontar que "o gerente-geral foi comunicado da situação que ocorria no setor de produção e não envidou qualquer esforço na tentativa de providenciar um ambiente de trabalho saudável"(14).

Configurou-se, portanto, que o ato de discriminação caracterizou, pelo menos, duas categorias de violência: a violência psicológica, gerada pelo ataque à autoestima da Reclamante, inferiorizada que foi por sua etnia e religião; e a violência institucional, caracterizada pela minimização das queixas sobre a discriminação que vinha sendo perpetrada. Nesse ponto, é de se ressaltar que bem faz a Relatora ao acentuar a gravidade do dano, uma vez que é irrelevante a existência de intencionalidade na omissão da instituição. Para a configuração da violência institucional basta a tolerância com a prática discriminatória no ambiente em que a instituição se estabelece, até porque é obrigação do empregador promover a "estabilidade nas relações laborais e respeito à intimidade e à dignidade dos empregados"(15), o que não ocorreu eis que "a atitude omissiva do empregador violou a intimidade, a vida privada, a honra e a imagem da trabalhadora, ofendendo os princípios da dignidade da pessoa humana e da valorização do trabalho"(16).

Por fim, não se pode encerrar esta exposição sem um superficial mergulho sobre a discriminação religiosa que se perpetrou no ritmo jocoso das expressões ditas à então empregada somado à demonstração de ignorância sobre a função e a importância das religiões afro-brasileiras então referidas pelas agressoras como aquelas que só praticariam o mal.(17) Vê-se, em evidência o desconhecimento do legado deixado pelas religiões de matriz africana e do papel por elas desempenhado como modelos organizativos, "nos arranjos econômico, social e político da parcela da população negra, criando e estabelecendo processos de enraizamento de homens e mulheres, reconstruindo origens,

---

(14) BRASIL. Tribunal Regional do Trabalho da Segunda Região. *Acórdão em Recurso Ordinário 1001408-33.2015.5.02.0703*. 3ª Turma. Desembargadora relatora Mércia Tomazinho, *DEJT* 31.07.2017.

(15) *Idem*.

(16) *Idem*.

(17) *Idem*.

história e ancestralidades, bem como restaurando, para essa população, a condição de humanidade perdida com a escravidão"[18].

Essa desconsideração histórica e cultural reforça com veemência o racismo já contido nas expressões humilhantes sobre as características físicas da empregada, mulher negra. Isso se dá porque negar valor à cultura africana e demonizar suas orientações religiosas não só implica discriminação mas afronta a um grupo social estigmatizado pelo senso comum racista e vitimado pelo processo de colonização brasileira.

É no desejo da superioridade política e cultural que se propagam e perpetuam teorias excludentes, todas elas inadmissíveis para o desenvolvimento do estado constitucional democrático. Deixa-se de lado que, para a construção de justiça e igualdade, as pessoas devem respeitar-se no seio de uma sociedade diversa e multicultural, na qual não preponderam hierarquias ou privilégios.

A sociedade desenvolvida não aceita abusos ou assédios porque anseia por ser livre, justa e solidária, como bem lembrou o voto condutor ao se referir a esse primado da Constituição da República, vívido em seu art. 3º, inciso I. Não há espaço normativo para normalizar a violência. A lição deixada pela Terceira Turma do Tribunal Regional do Trabalho da Segunda Região importa porque une técnica e conhecimento com comprometimento e humanidade.

Referências

BRASIL. Tribunal Regional do Trabalho da Segunda Região. *Acórdão em Recurso Ordinário 1001408-33.2015.5.02.0703.* 3ª Turma. Desembargadora relatora Mércia Tomazinho, *DEJT* 31.07.2017.

COMISSÃO INTERAMERICANA DE DIREITOS HUMANOS – CIDH, *Caso 12.001. Simone André Diniz x Brasil.* 21 out. 2006.

COLNAGO, Lorena de Mello Rezende. O direito dos povos na terceira dimensão dos direitos humanos: tolerância e respeito para inclusão social. *Revista Eletrônica do Tribunal Regional do Trabalho do Paraná*, Curitiba, v. 2, n. 18, p. 79-102, maio 2013. Disponível em: <https://hdl.handle.net/20.500.12178/96322>. Acesso em: 21 mar. 2023.

Convenção Interamericana contra o Racismo, a Discriminação Racial e Formas Correlatas de Intolerância. Guatemala, 2013.

COSTA, Sandra Morais de Brito; MONTANHANA, Beatriz Cardoso. Dignidade humana e inclusão social nas relações de trabalho. *Revista de Direitos Fundamentais nas Relações do Trabalho, Sociais e Empresariais*, Maranhão, v. 7, n. 2, p. 21 –42, jul./dez. 2021. Disponível em: <https://indexlaw.org/index.php/revistadireitosfundamentais/article/view/8172/pdf>. Acesso em: 21 mar. 2023.

---

(18) HOSHINO, Thiago de Azevedo Pinheiro (Org.). *Direitos dos Povos de Terreiro 2.* Organização Thiago Azevedo Pinheiro Hoshino, Bruno Barbosa Heim, Andréa Letícia Carvalho Guimarães e Winnie Bueno. Salvador: Editora Mente Aberta; Instituto Brasileiro de Direito Urbanístico, 2020.

GOMES, Janaína Damaceno. *Os segredos de Virgínia:* Estudo de Atitudes Raciais em São Paulo (1945-1955). Tese de Doutorado. Departamento de Antropologia da Faculdade de Filosofia, Letras e Ciências Humanas da Universidade de São Paulo. São Paulo, 2013.

HOSHINO, Thiago de Azevedo Pinheiro (Org.). *Direitos dos Povos de Terreiro 2*. Organização Thiago Azevedo Pinheiro Hoshino, Bruno Barbosa Heim, Andréa Letícia Carvalho Guimarães e Winnie Bueno. Salvador: Editora Mente Aberta; Instituto Brasileiro de Direito Urbanístico, 2020.

NOVELLINO, Maria Salet Ferreira. *Os estudos sobre feminização da pobreza e políticas públicas para mulheres*. Trabalho apresentado no XIV Encontro Nacional de Estudos Populacionais, ABEP, realizado em Caxambu, MG – Brasil, de 20-24 set. 2004. Disponível em: <www.abep.org.br>. Acesso em: 27 jan. 2023.

Protocolo para Julgamento com Perspectiva de Gênero [recurso eletrônico]. Conselho Nacional de Justiça – Brasília: Conselho Nacional de Justiça — CNJ; Escola Nacional de Formação e Aperfeiçoamento de Magistrados — Enfam, 2021. Disponível em: <www.cnj.jus.br>. Acesso em: 02 dez. 2022.

A Aplicação do Protocolo com Perspectiva de Gênero em Caso de Assédio Moral Decorrente de Violação à Liberdade Religiosa

Laura Rodrigues Benda

LIBERDADE RELIGIOSA. ASSÉDIO MORAL. Trata-se de acórdão proferido em reclamação trabalhista no qual, após interposição de recurso ordinário por parte da reclamante, houve condenação da reclamada ao pagamento de indenização por dano moral por ocorrência de assédio moral decorrente de violação à liberdade religiosa. No caso, restou provada a exigência de que a trabalhadora participasse de orações da religião evangélica, ainda que possuísse outra vinculação religiosa, o que configura ofensa ao seu direito à liberdade religiosa, nos termos do art. 5º, VI da CRFB/88. Para análise do caso concreto, a decisão utiliza, além de inúmeras normas que tratam da promoção da igualdade, o Protocolo com Perspectiva de Gênero, instituído pelo CNJ em fevereiro de 2022. O referido Protocolo é o fundamento apontado pelo acórdão para determinar que o empregador e a empregadora têm a obrigação de promover um ambiente de trabalho saudável e equilibrado, uma vez que "a relação de trabalho no capitalismo é uma relação social e uma relação de poder, que se expressa com o par subordinação/poder diretivo, de modo que assimetria e vulnerabilidade, via de regra, marcam a condição do trabalhador e da trabalhadora. Todavia, o contrato de trabalho não tem o condão de normalizar a violência e o assédio como "parte do trabalho". (Processo n. 1000410-31.2021.5.02.0711. Desembargadora do Trabalho Ivani Contini Bramante. *DEJT* 23.08.2022)[1]

O Conselho Nacional de Justiça (CNJ), ao indicar, por meio da Recomendação n. 128/2022, "a adoção do *Protocolo para Julgamento com Perspectiva de Gênero* no âmbito do Poder Judiciário brasileiro", aderiu a uma meta global, promovida pela Organização das Nações Unidas (ONU). No caso, havia sido instituída por essa a

(1) BRASIL. Tribunal Regional do Trabalho da 2ª Região. *Processo n. 1000410-31.2021.5.02.0711*. Desembargadora do Trabalho Ivani Contini Bramante. *DEJT* 23.08.2022.

Agenda 2030, na qual constam 17 objetivos para o desenvolvimento sustentável (ODS), dentre os quais destacam-se os de número 5 (igualdade de gênero), 10 (redução das desigualdades) e 16 (paz, justiça e instituições eficazes).

Na mesma ONU, por meio de sua Comissão de Direitos Humanos, havia sido instituído, em 2000, o Grupo de Integridade Judicial, responsável por elaborar os Princípios de Conduta Judicial de Bangalore, reunindo-os em sete valores: independência, imparcialidade, integridade, idoneidade, igualdade, competência e diligência. Destaca o documento que o exercício jurisdicional, justamente para ser executado com imparcialidade, deve levar em consideração a diversidade na sociedade e as diferenças que surgem de várias fontes, incluindo raça, cor, sexo, religião, origem nacional, casta, deficiência, idade, estado civil, orientação sexual, status social e econômico e outras causas(2).

No âmbito normativo, o julgamento com perspectiva de gênero atende a importantes pressupostos constitucionais e convencionais. Todo esse arcabouço jurídico foi considerado pela Magistrada que proferiu a decisão ora em análise, já que o principal fundamento dessa é o fato de, na ordem jurídica internacional e nacional, haver inúmeras normas cujo objetivo é o combate às desigualdades em geral, sendo que o Protocolo para Julgamento com Perspectiva de Gênero torna imperiosa a sua observância.

São citadas na referida decisão: Declaração Universal dos Direitos do Homem (ONU/1948); Convenção Americana de Direitos Humanos (art. 24); Convenção para eliminação de todas as formas de discriminação racial, xenofobia e outras manifestações de intolerância (ONU/1966) (Decreto Legislativo n. 65.810, de 8 de dezembro de 1969); Convenção para eliminação de todas as formas de discriminação contra a mulher (ONU/CEDAW/1979); Convenção OIT n. 100/1951, sobre a igualdade de remuneração de homens e mulheres por trabalho de igual valor (Decreto legislativo n. 41.721, de 25 de junho de 1957); Convenção OIT n. 111/1958, sobre discriminação em matéria de emprego e profissão (Decreto Legislativo n. 62.150/1968) e; a recente Convenção OIT n. 190/2019, sobre violência e assédio, ainda não ratificada pelo Brasil.

A aludida decisão menciona ainda que a promoção da igualdade de oportunidades e eliminação da discriminação no trabalho encontra eco na Constituição da República, de 1988, que acolhe em seu bojo as normas internacionais de direitos humanos (art. 5º, §§ 1º, 2º e 3º); professa a não discriminação (art. 3º, IV); assegura a isonomia entre homens e mulheres (art. 5º, II); a vedação de diferença de salário e de condições de trabalho em razão do sexo (art. 1º, III, art. 3º, IV e art. 7º, *caput*, IV, VI, VII, IX, XXII, XXIII, XXV, XXX, XXXI, XXXII XXX); bem como a proteção da mulher no mercado de trabalho (art. 7º, XX). Ainda, a ordem econômica vem fundada na valorização do trabalho humano e na livre iniciativa, a fim de assegurar a todos existência digna, conforme os ditames da justiça social, observada a função social da propriedade (art. 170, *caput* e III), a

---

(2) ORGANIZAÇÃO DAS NAÇÕES UNIDAS (ONU). *Comentários aos Princípios de Bangalore de Conduta Judicial.* Tradução de Marlon da Silva Malha e Ariane Emílio Kloth. Brasília: Conselho da Justiça Federal, 2008.

defesa do meio ambiente (art. 170,VI), a redução das desigualdades regionais e sociais (art. 170, VII), a busca do pleno emprego (art. 170, VIII), com tratamento diferenciado e favorecido para as empresas de pequeno porte constituídas sob as leis brasileiras e que tenham sua sede e administração no país (art. 170, IX).

Para além da observância das normas que impões o combate às desigualdades, o Protocolo para Julgamento com Perspectiva de Gênero é o fundamento apontado pelo acórdão para determinar que o empregador e a empregadora têm a obrigação de promover um ambiente de trabalho saudável e equilibrado, uma vez que "a relação de trabalho no capitalismo é uma relação social e uma relação de poder, que se expressa com o par subordinação/poder diretivo, de modo que assimetria e vulnerabilidade, via de regra, marcam a condição do trabalhador e da trabalhadora. Todavia, o contrato de trabalho não tem o condão de normalizar a violência e o assédio como "parte do trabalho".

No caso em análise, trata-se de empregada que alega ter sofrido assédio moral, consubstanciado na coação para participar de culto religioso e em perseguições realizadas por sua superiora hierárquica. O acórdão, analisando a prova oral colhida, afirma que "restou provada a exigência para participação em orações da religião evangélica, diversa daquela professa pela reclamante, o que, claramente, ofende seu direito à liberdade religiosa".

Liberdade religiosa consiste na livre escolha sobre o exercício de uma crença, apenas por razões de convicção íntima, e sem, portanto, nenhuma imposição ou coação. Tratando-se o Brasil de um Estado laico, não há religião oficial, de modo que todas as confissões existentes devem ser protegidas, assim como a própria liberdade de não se seguir nenhuma religião.

Até a promulgação da Constituição de 1891 o país era declaradamente católico apostólico romano, mas, a partir dessa data, passou a haver previsão da liberdade religiosa. O art. 72, § 3º, da referida Constituição assim previa:

> Todos os indivíduos e confissões religiosas podem exercer pública e livremente o seu culto, associando-se para esse fim e adquirindo bens, observadas as disposições do direito comum.

Atualmente, é o art. 5º, VI, da CRFB/88 quem determina tal direito fundamental:

> É inviolável a liberdade de consciência e de crença, sendo assegurado o livre exercício dos cultos religiosos e garantida, na forma da lei, a proteção aos locais de culto e a suas liturgias.

Tratando-se de direito fundamental, é importante ressaltar que a sua eficácia atinge tanto a dimensão vertical, ou seja, do Estado em relação ao indivíduo, quanto a dimensão horizontal, ou seja, dos particulares entre si. Portanto, não há dúvida de que a liberdade religiosa, sendo direito fundamental, deve ser respeitada também no âmbito dos contratos de trabalho.

A liberdade religiosa, assim, acaba funcionando como um limite ao poder diretivo do empregador. Ou seja, em regra, o ordenamento jurídico privilegia um local de trabalho neutro, não confessional e em que a crença de qualquer das partes não interfira na postura do empregador em relação aos empregados. Em nenhuma hipótese, o empregador poderá justificar atitudes que venham a ferir a inviolabilidade da liberdade religiosa com base em seu poder diretivo.

Mais do que isso, o poder diretivo deverá ser usado como forma de coibir a disseminação de práticas discriminatórias ou intolerantes praticadas entre os próprios empregados. Isso porque o ambiente de trabalho saudável é dever do empregador, nos termos do art. 7º, inciso XXII e art. 200, inciso VIII, ambos da Constituição Federal de 1988.

Tanto assim o é que já não é novo na jurisprudência o reconhecimento de assédio moral decorrente de violação à liberdade religiosa:

> DANOS MORAIS. ASSÉDIO RELIGIOSO. Compelida a trabalhadora a participar de culto religioso diverso do seu, no âmbito das dependências da empregadora, sob temor de perder o emprego, restam violados aos dispositivos contidos no art. 5º, incisos VI e VIII, da CF que impõe o dever de reparação por dano moral ao empregador. Recurso a que se dá provimento parcial.[3]

Assim, estando demonstradas as práticas de coação religiosa mencionadas pelo acórdão, é razoável que se tenha reconhecido o assédio moral religioso e que, mais ainda, não haja dúvida de que o papel do julgador, em um caso semelhante, é coibir quaisquer práticas discriminatórias.

Ressalte-se, a propósito, como o Protocolo para Julgamento com Perspectiva de Gênero se apresentou aos magistrados e magistradas brasileiros:

> Importante destacar a importância deste protocolo, dada a íntima relação que o direito tem na reprodução de desigualdades no Brasil, mas também do seu potencial emancipatório, quando realizado através da prática de magistradas e magistrados comprometidos com a igualdade. Assim, espera-se que ele impacte o exercício da jurisdição, permitindo uma mudança cultural que nos conduza a cumprir um dos objetivos fundamentais da República, qual seja, construir uma sociedade mais livre, justa e solidária.

Este documento disponibiliza ferramentas conceituais e um guia passo a passo para aqueles que têm comprometimento com a igualdade, por meio da metodologia do "julgamento com perspectiva de gênero" — ou seja, julgar com atenção às desigualdades e com a finalidade de neutralizá-las, buscando o alcance de uma igualdade substantiva.

---

(3) BRASIL. Tribunal Regional do Trabalho da 6ª Região. *Processo n. RO – XXXXX-40.2013.5.06.0017*. Desembargador do Trabalho Paulo Alcantara. *DEJT* 11.08.2016.

Não é difícil notar, portanto, que o objetivo do documento é, além de se prestar a esclarecer alguns conceitos primordiais da temática para magistradas e magistrados, escancarar algumas desigualdades da realidade brasileira.

Uma das primeiras premissas de que parte o Protocolo é que a desigualdade, sendo fruto da existência de hierarquias sociais estruturais, moldam não apenas a forma como enxergamos membros de grupos, os papéis a eles atribuídos e relações interpessoais, mas inclusive práticas institucionais e o direito.

É por tudo isso que o intuito principal do Protocolo é, além de elucidar os pontos mencionados, servir como verdadeiro guia prático para aplicação na prática cotidiana.

> Todas as magistradas e os magistrados que leem este protocolo estão familiarizados com diversos métodos interpretativos que guiam o processo decisório. Analogia, dedução, indução, argumentos consequencialistas e aplicação de princípios são métodos interpretativos que fazem parte do dia a dia do(a) julgador(a). Como visto acima, entretanto, eles muitas vezes são abstratos e acabam perpetuando desigualdades. Como complemento a esses métodos tradicionais, existe o julgamento com perspectiva de gênero, que nada mais é, do que um método interpretativo dogmático — tão genuíno e legítimo quanto qualquer outro.
>
> Esse método é muito simples: interpretar o direito de maneira não abstrata, atenta à realidade, buscando identificar e desmantelar desigualdades estruturais.(4)

Tudo isso mostra como é premente a tarefa de considerar as desigualdades existentes na realidade brasileira, sendo a mais marcante a de gênero, mas não só, para a elaboração de quaisquer políticas públicas e para a atuação de qualquer ramo do Estado brasileiro, inclusive o Poder Judiciário.

E é nesse caminho que o Conselho Nacional de Justiça, ao recomendar às magistradas e aos magistrados brasileiros a adoção do Protocolo para Julgamento com Perspectiva de Gênero, avança enormemente no sentido de reconhecer que a influência do patriarcado, do machismo e da misoginia, assim como o racismo e o preconceito religioso, é transversal a todas as áreas do direito. E, se assim interferem, é valendo-se de uma perspectiva interseccional de gênero e de combate às desigualdades que poderá ser superada.

---

(4) Conselho Nacional de Justiça (Brasil). *Protocolo para Julgamento com Perspectiva de Gênero* [recurso eletrônico] / Conselho Nacional de Justiça. Brasília: Conselho Nacional de Justiça — CNJ; Escola Nacional de Formação e Aperfeiçoamento de Magistrados — Enfam, 2021. Dados eletrônicos (1 arquivo: PDF 132 páginas). Disponível em: <http:// www.cnj.jus.br> e <www.enfam.jus.br>.

Referência bibliográficas

CONSELHO NACIONAL DE JUSTIÇA (Brasil). *Protocolo para Julgamento com Perspectiva de Gênero* [recurso eletrônico] / Conselho Nacional de Justiça. Brasília: Conselho Nacional de Justiça — CNJ; Escola Nacional de Formação e Aperfeiçoamento de Magistrados — Enfam, 2021. Dados eletrônicos (1 arquivo: PDF 132 páginas). Disponível em: <http:// www.cnj.jus.br> e <www.enfam.jus.br>.

LIMEIRA, Ingrid. *Da escravidão do corpo à escravidão da alma:* racismo e intolerância religiosa. São Paulo: Casa do Direito, 2018.

MAEDA, Patricia. Julgamento com perspectiva de gênero no mundo do trabalho. *Revista LTr*, ano 85, n. 8, p. 913-992, ago. 2021, ISSN 1516-9154.

ORGANIZAÇÃO DAS NAÇÕES UNIDAS (ONU). *Comentários aos Princípios de Bangalore de Conduta Judicial.* Tradução de Marlon da Silva Malha, Ariane Emílio Kloth. Brasília: Conselho da Justiça Federal, 2008.

SARLET, Ingo Wolfgang. As dimensões da dignidade da pessoa humana: construindo uma compreensão jurídico constitucional necessária e possível. *Revista Brasileira de Direito Constitucional — RBDC*, n. 09 – jan./jun. 2007, p. 366.

Intolerância Religiosa no Julgamento com Perspectiva de Gênero: Ofensa à Trabalhadora Muçulmana

Lorena de Mello Rezende Colnago

INTOLERÂNCIA RELIGIOSA. COMENTÁRIOS PRECONCEITUOSOS. VIOLÊNCIA FÍSICA E VERBAL. MEIO AMBIENTE DA TOMADORA DE SERVIÇOS. Trata-se de sentença que reconheceu a intolerância religiosa com trabalhadora muçulmana, ofendida por ser mulher e no aspecto religioso, por empregado da empresa tomadora de serviços. Sentença confirmada no segundo grau com majoração da indenização fixada para fins de danos morais em R$ 20.000,00. (Acórdão da 6ª Turma do TRT2. Relator Des. Antero Arantes Martins. Publ. *PJE* 08.12.2022)(1)

A imigração muçulmana no Brasil remonta ao descobrimento. Muçulmanos fizeram parte da tripulação das caravelas de Pedro Álvares Cabral, mas os registros históricos são escassos em razão da Inquisição. Constam nos relatórios a alteração dos nomes e costumes, bem como a conversão ao cristianismo. A maior migração ocorreu após a invasão do Líbano pela França, queda do império Otomano de 1918, em razão do tratamento preferencial empregado aos cristãos, seguida da chamada Guerra do Líbano de 1975. Muitos, especialmente os não xiitas, permaneceram no Brasil por causa da falta de perspectiva econômica de seu país de origem no pós-guerra. Os palestinos também intensificaram sua imigração para o Brasil depois da criação do Estado de Israel (1948) e da invasão dos Estados Unidos da América ao Iraque (2003) — marcos históricos fundamentais, embora haja outros eventos considerados de menor fluxo migratório.(2)

---

(1) BRASIL. Tribunal Regional do Trabalho da 2ª Região. *Acórdão da 6ª Turma do TRT2*. Relator Des. Antero Arantes Martins. Publ. *PJE* 08.12.2022.

(2) CASTRO, Cristina Maria de; VILELA, Elaine Meire. Muçulmanos no Brasil: uma análise socioeconômica e demográfica a partir do Censo 2010. *Religião & Sociedade*, v. 39, n. 1, p. 170-197, , 2019. https://doi.org/10.1590/0100-85872019v39n1cap08. Disponível em: <https://www.scielo.br/j/rs/a/SQqLMm6gR4hJkvYynMX7g4M/?lang=pt#>. Acesso: 20 jan. 2023, p. 171-175.

Em 2010, o IBGE detectou que os imigrantes mulçumanos[3] no Brasil são predominantemente do Líbano, cerca de 55,7%. Em geral os imigrantes muçulmanos estão mais concentrados na região Sudeste (49%), seguida da região Sul (37%). As regiões Norte e Nordeste concentram 3% cada uma dessa população e a região Centro--Oeste, 9%[4] *"São Paulo, Paraná, Rio Grande do Sul e Rio de Janeiro são os locais de maior concentração dos seguidores do islã com destaque para os dois primeiros estados que, sozinhos, chegam a um percentual de 66% do total de 35.166 indivíduos"*, estima-se que 40% dessa população seja composta por mulheres[5]. Essa introdução é importante para entender a imigração muçulmana no Brasil.

A liberdade religiosa insere-se entre as liberdades civis, na primeira dimensão dos direitos humanos, mas adquire um reforço a partir da terceira dimensão. Nas palavras de João Baptista Herkenhoff: *"a consciência dos novos direitos não se opõe à busca de realização plena de direitos já afirmados"*[6]. O acesso das minorias ao efetivo gozo dos direitos fundamentais até então conquistados. Essa dimensão é caracterizada pela solidariedade, pela fraternidade e pela máxima inclusão social.

Um dos primeiros diplomas internacionais a prever a liberdade religiosa, porém de forma tímida, foi a Declaração Francesa dos Direitos do Homem e do Cidadão de 1789, no art. 10: "*Ninguém pode ser inquietado pelas suas opiniões, incluindo opiniões religiosas, contando que a manifestação delas não perturbe a ordem pública estabelecida pela Lei*"[7]. O conceito aberto de perturbação à ordem pública já demonstra a fragilidade da proteção religiosa.

Nas palavras de Garmendia Arigón, o conceito de ordem pública relaciona-se com a ideia de valores, pautas e princípios que servem de harmonia social e organização de um sistema jurídico de determinada coletividade.[8] É um conteúdo jurídico indefinido[9],

---

(3) O presente artigo, que consiste em estudo de casos, usará o plural masculino, que foi escolhido como regra pela língua portuguesa. Em alguns trechos inserirá o plural feminino para destacar a posição especial das mulheres na sociedade, ou suas fragilidades.

(4) Instituto Brasileiro de Geografia e Estatistica — IBGE. *Procedência dos migrantes.* Censo 2010. Disponível em: <https://censo2010.ibge.gov.br>. Acesso em: 20 jan. 2023.

(5) CASTRO, Cristina Maria de, VILELA, Elaine Meire. Muçulmanos no Brasil: uma análise socioeconômica e demográfica a partir do Censo 2010. *Religião & Sociedade*, v. 39, n. 1, p. 170-197, 2019. <https://doi.org/10.1590/0100-85872019v39n1cap08>. Disponível em: <https://www.scielo.br/j/rs/a/SQqLMm6gR4hJkvYynMX7g-4M/?lang=pt#>. Acesso: 20 jan. 2023, p. 180-181.

(6) HERKENHOFF, João Baptista. *Direitos humanos:* a construção universal de uma utopia. São Paulo: Editora Santuário, 1997. p. 16.

(7) MINISTÉRIO PÚBLICO FEDERAL. Legislação. *Declaração dos Direitos do Homem e do Cidadão.* 1789. Disponível em: <http://pfdc.pgr.mpf.mp. br/atuacao-e-conteudos-de-apoio/legislacao/direitos-humanos/declar_dir_homem_cidadao.pdf>. Acesso em: 20 fev. 2023.

(8) GARMENDIA ARIGÓN, Mario. *Orden publico e derecho del trabajo.* 2 ed. ver. ampl.actual. Montevideo: La Ley Uruguay, 2016. p. 66.

(9) MONEREO PEREZ, José Luis. Prólogo a la segunda edición. In: GARMENDIA ARIGÓN, Mario. *Orden publico e derecho del trabajo.* 2 ed., ver., ampl. e atual. Montevideo: La Ley Uruguay, 2016. p. 27.

que dependerá da colmatação do intérprete, de suas experiências educacionais, sociais e culturais. Se a legislação traçar alguns limites, eles também servirão como barreira de contenção para a aplicação da cultura, experiência social pessoal e educação do intérprete. Mas, sem essa chamada barreira de contenção, haverá liberdade para colmatar esse conteúdo jurídico.

O art. 18 do Pacto dos Direitos Civis e Políticos, promulgado pelo Decreto n. 592, de 6 de julho de 1992, pode servir como barreira de contenção às concepções pessoais do intérprete:

> 1. Toda pessoa terá direito à liberdade de pensamento, de consciência e de religião. Esse direito implicará a liberdade de ter ou adotar uma religião ou uma crença de sua escolha e a liberdade de professar sua religião ou crença, individual ou coletivamente, tanto pública como privadamente, por meio do culto, da celebração de ritos, de práticas e do ensino.
>
> 2. Ninguém poderá ser submetido a medidas coercitivas que possam restringir sua liberdade de ter ou de adotar uma religião ou crença de sua escolha.
>
> 3. A liberdade de manifestar a própria religião ou crença estará sujeita apenas à limitações previstas em lei e que se façam necessárias para proteger a segurança, a ordem, a saúde ou a moral públicas ou os direitos e as liberdades das demais pessoas.
>
> 4. Os Estados Partes do presente Pacto comprometem-se a respeitar a liberdade dos pais — e, quando for o caso, dos tutores legais — de assegurar a educação religiosa e moral dos filhos que esteja de acordo com suas próprias convicções.(10)

O conceito de religião foi concebido para abarcar todas as formas conscientes de crença que ocupem na vida de uma pessoa, à perspectiva individual de crença. O modo como a pessoa se comporta eticamente, o modo como a ética é objetivamente sustentada na vida de uma pessoa, a partir de sua crença, independentemente da crença eleita.(11)

José Afonso da Silva bem explica que a liberdade de crença está relacionada com a "*liberdade de escolha* da religião, a *liberdade de aderir* a qualquer seita religiosa, a *liberdade* (ou o *direito*) de *mudar de religião*, mas também compreende a *liberdade de não aderir a religião alguma*"(12). O autor também destaca a chamada *liberdade de descrença*, a de ser ateu e de não acreditar em nada além da matéria. Essa liberdade, por outro lado, não compreende a liberdade de embaraçar o livre exercício de qualquer religião, "a liberdade de alguém vai até onde não prejudique a liberdade dos outros".(13)

---

(10) BRASIL. Presidência da República. *Decreto n. 592, de 6 de julho de 1992*. Disponível em: <http://www.planalto.gov.br/ccivil_03/decreto/1990-1994/d0592.htm>. Acesso em: 20 jan. 2023.

(11) MACHADO, Jónatas Eduardo Mendes. *Liberdade religiosa numa comunidade constitucional inclusiva:* dos direitos da verdade aos direitos dos cidadãos. Coimbra: Coimbra Editora, 1996. p. 214.

(12) SILVA, José Afonso. *Curso de direito constitucional positivo*. 21 ed. rev. ampl. São Paulo: Malheiros, 2002, p. 248.

(13) SILVA, *op. cit.*

A Convenção da Organização Internacional do Trabalho n. 111 é uma das primeiras normas da OIT que versa sobre a igualdade e o repúdio contra qualquer tipo de discriminação, incluindo a religiosa, já em seu art. 1º:

> Art. 1 — 1. Para os fins da presente convenção o termo "discriminação" compreende:
>
> a) toda distinção, exclusão ou preferência fundada na raça, cor, sexo, religião, opinião política, ascendência nacional ou origem social, que tenha por efeito destruir ou alterar a igualdade de oportunidade ou de tratamento em matéria de emprego ou profissão;[14]

No plano internacional, o reconhecimento dos direitos das minorias, também foi efetivado por meio da Declaração Islâmica Universal dos Direitos do Homem, Declaração Universal dos Direitos dos Povos, Declaração Americana dos Direitos e Deveres do Homem, Declaração Solene dos Povos Indígenas, dentre outras. É importante observar que o islamismo, enquanto religião e modo de viver, com toda sua tradição e cultura, é considerado minoria a partir da ótica do mundo ocidental. As declarações citadas representam um olhar para um problema que aflige cada um desses povos: a intolerância quanto aos seus costumes, tradições, modo de viver e pensar pelo mundo ocidental. Por isso elas representam uma denúncia formal dessa exclusão social.

De outro lado, a importância das declarações está no reforço positivo para a inclusão social de seres humanos alijados do processo de dignificação da pessoa humana pelos mais diversos preconceitos. Parafraseando Juliana Carlesso Lozer, os direitos de terceira dimensão consagrados nas declarações *"pressupõe o ser humano como cidadão do mundo, como sujeito de direitos exercitáveis até mesmo no plano internacional"*[15].

Já Sergio Luis Versolato de Abreu apresenta uma crítica quanto à universalidade dos direitos ao se realizar um debate sobre a Declaração Islâmica, porque essa universalidade, ou pretensa universalidade, é concebida a partir de uma visão ocidental, mas reconhece a importância desse conceito ter espalhado a cultura do direito dos povos.[16] A inclusão dos povos, de suas etnias, religião e formas de viver é pressuposto para uma visão cosmopolita de Direito. A pessoa humana é colocada na centralidade do mundo, como indivíduo pertencente ao Planeta Terra, e, portanto, destinatário de direitos em qualquer lugar do globo. Direitos mínimos de respeito e tolerância. Essa é a concepção mais democrática e inclusiva que se pode obter dos direitos humanos.[17]

---

(14) OIT – ORGANIZAÇÃO INTERNACIONAL DO TRABALHO. OIT Brasília. *Convenções:* C111 – Discriminação em Matéria de Emprego e Ocupação. Disponível em: <https://www.ilo.org/brasilia/convencoes/WCMS_235325/lang--pt/index.htm>. Acesso em: 1º abr. 2023.

(15) LOZER, Juliana Carlesso. Direitos humanos e interesses metaindividuais. In: *Direitos Metaindividuais*. Rio de Janeiro: LTr, 2005. p. 14-15.

(16) ABREU, Sergio Luis Versolato de. Direitos humanos, direito islâmico e modernidade líquida. *Revista Reflexão e Crítica do Direito*, v. 7. n. 2, p. 82-96, jul. dez. 2019, p. 83-85.

(17) COLNAGO, Lorena de Mello Rezende. O direito dos povos na terceira dimensão dos direitos humanos: tolerância e respeito para inclusão social. *Revista Eletrônica do Tribunal Regional do Trabalho do Paraná*, Curitiba,

No plano nacional, a Constituição de 1824 (do Império) previu a fé católica romana como religião oficial. Já a Constituição de 1891 acolheu o direito à religião com proibição de estabelecer, subvencionar ou embaraçar cultos, acolhendo todas as religiões e suas manifestações nos espaços públicos. A Constituição de 1934 fez referência a Deus no preâmbulo, diferente da anterior, mas repetiu as liberdade de culto e religião em seus artigos, esses direitos também foram repetidos na Constituição de 1937, sem a referência a Deus no preâmbulo. Em 1946, Deus volta ao preâmbulo da Constituição Brasileira que mantém a liberdade de culto e religião da mesma forma que as anteriores; o que é mantido na Constituição Brasileira de 1967/1969. [(18)]

A Constituição de 1988 solidifica o direito à religião no art. 5º, incisos VI, VII e VIII, enquanto direito fundamental, destinatário da proteção de cláusula pétrea (art. 60), aquele que não pode ser modificado ou reduzido, nem pelas emendas constitucionais. Manteve a proibição ao União, aos Estados, ao Distrito Federal e aos Municípios de estabelecer cultos religiosos ou igrejas, subvencioná-los, embaraçar-lhes o funcionamento ou manter com eles ou seus representantes relações de dependência ou aliança, ressalvada, na forma da lei, a colaboração de interesse público.

A Consolidação das Leis do Trabalho é omissa quanto ao direito à religião e sua não discriminação dentro do trabalho. Porém, ela foi editada sob a Constituição de 1934 que já continha a proteção ao direito à religião e aos cultos. Ao longo da história constitucional brasileira esse direito foi mantido até a atualidade. Dessa forma, a legislação trabalhista segue a norma constitucional, ainda que seja silente quanto à religião.

O fato de uma mulher ser discriminada em razão de sua religião e pelo uso do véu (importantíssimo para as muçulmanas), com agressões gratuitas no seu local de trabalho, precisa ser reprimida com veemência, como o fez o segundo grau do Tribunal do Trabalho da 2ª Região. A decisão proferida nos autos do processo n. 1000627-65.2021.5.02.0714, está de pleno acordo com o Protocolo de Julgamento com perspectiva de gênero — cartilha do Conselho Nacional de Justiça[(19)], transformada em Resolução n. 492, de 17 de março de 2023[(20)].

---

v. 2, n. 18, p. 79-102, maio 2013. Disponível em: <https://hdl.handle.net/20.500.12178/96322>. Acesso em: 09 fev. 2023.

(18) MARTINS, Humberto. Liberdade religiosa e Estado Democrático de Direito. In: MAZZUOLI, Valerio de Oliveira; SORIANO, Aldir Guedes (Coords.). *Direito à liberdade religiosa:* desafios e perspectivas para o século XXI. Belo Horizonte: Fórum, 2009. p. 103-105.

(19) CONSELHO NACIONAL DE JUSTIÇA. Protocolo para julgamento com perspectiva de gênero. 2021. Disponível em: <https://www.cnj.jus.br/wp-content/uploads/2021/10/protocolo-18-10-2021-final.pdf>. Acesso em: 1º abr. 2023.

(20) CONSELHO NACIONAL DE JUSTIÇA. *Resolução n. 492, de 17 de março de 2023*. Atos. Disponível em: <https://atos.cnj.jus.br>. Acesso em: 20 mar. 2023.

O Protocolo de Julgamento com Perspectiva de Gênero trata da religião dentro dos assédios morais e sexuais contra as mulheres. Especificamente na página 113 menciona a questão da religião para uma indagação de caso concreto: "2. O ambiente de trabalho tem prevalência de algum grupo social, por exemplo, em termos de gênero, raça, etnia ou religião, que possa ser hostil a determinado perfil de pessoa considerada dissonante?"[(21)]. Porém, não traz um capítulo específico para o direito de ser e exercer a livre manifestação cultural e religiosa.

O caso concreto, exemplifica a necessidade de destaque para o tema. Trata de uma violência praticada em ato único, violência física, por intolerância religiosa a uma mulher. A Convenção n. 190 da OIT, ainda não ratificada pelo Brasil, traz importante novidade em seu espectro proteção porque engloba toda e qualquer forma de trabalho, e todo e qualquer tomador de serviços, público ou privado, independente da relação de emprego. Também insere em seu âmbito de aplicação toda e qualquer violência, como se pode observar no art. 1º:

> (a) o termo "violência e assédio" no mundo do trabalho refere-se a um conjunto de comportamentos e práticas inaceitáveis, ou de suas ameaças, de ocorrência única ou repetida, que visem, causem, ou sejam susceptíveis de causar dano físico, psicológico, sexual ou económico, e inclui a violência e o assédio com base no género.[(22)]

Essa importante norma internacional não versa expressamente sobre religião, mas a religião enquanto motivo da violência pode ser enquadrada no seu âmbito de aplicação. Especialmente, neste caso de agressão física a uma mulher trabalhadora. O acórdão, em segundo grau, majorou o importe da indenização por danos morais fixados pela sentença de primeiro grau. O fato dos colegas de trabalho fazerem comentários pejorativos como "mulher bomba", "prostituta árabe" fere os ditames da proteção humana em seus aspectos raça, religião e modo de vida.

Independentemente dos fatos acontecerem dentro do estabelecimento da empregadora ou em local designado para o trabalho pela empregadora, ou seja, a sede de outra empresa, o meio ambiente de trabalho é considerado todo aquele em que se ativa o empregado, ou, neste caso, a empregada. Seguindo a Convenção n. 155 da OIT, ratificada pelo Brasil, a norma regulamentar n. 1 do Ministério do Trabalho e Emprego, recentemente alterada, determina sua aplicação (item 1.2) aos empregadores urbanos e rurais, e empregados; às organizações e aos órgãos públicos da administração direta e

---

(21) CONSELHO NACIONAL DE JUSTIÇA. *Protocolo para julgamento com perspectiva de gênero*. 2021. Disponível em: <https://www.cnj.jus.br/wp-content/uploads/2021/10/protocolo-18-10-2021-final.pdf>. Acesso em: 1º abr. 2023, p. 113.

(22) OIT — ORGANIZAÇÃO INTERNACIONAL DO TRABALHO. OIT Brasília. *Notícias*: Eliminar a violência e o assédio no mundo do trabalho — Convenção 190. Disponível em: <https://www.ilo.org/brasilia/noticias/WCMS_831984/lang--pt/index.htm>. Acesso em: 1º abr. 2023.

indireta. Também determina sua aplicação pelos órgãos dos Poderes Legislativo, Judiciário e Ministério Público, que possuam empregados regidos pela Consolidação das Leis do Trabalho.(23)

O meio ambiente do trabalho, na perspectiva internacional, em razão do mundo globalizado, tem um rol mínimo de regras criadas pela Organização Internacional do Trabalho, que servem para constituir um mínimo de proteção aceitável ao desenvolvimento do trabalho humano.(24) Além da Convenção n. 190 da OIT, que é uma referência em saúde mental por coibir qualquer violência, ainda que focada na questão de gênero, sendo a mais atual das convenções, há outras normas mais antigas e igualmente importantes (Convenções ns. 18, 42, 115, 121, 136, 139, 148, 155, 161, 162, 167, 170, 172, 174, 177, 183, 184, 187, 186, 189).(25)

A partir da década de 1980 a preocupação com o meio ambiente do trabalho cresceu, sendo um marco para a OIT a edição da Convenção n. 155 sobre segurança e saúde ocupacional e meio ambiente do trabalho. Essa convenção foi aprovada em 1981, entrou em vigor no plano internacional em 11.08.1983 e no Brasil em 1992, por meio do Decreto Legislativo n. 2, de 17 de março(26).

As agressões praticadas pelos empregados de uma empresa a uma mulher trabalhadora e muçulmana representam ao mesmo tempo violação a diversos direitos: saúde, liberdade religiosa, trabalho digno, meio ambiente sadio.

A Consolidação das Leis do Trabalho tem norma específica (art. 157) que responsabiliza o empregador pelo meio ambiente de trabalho enquanto proprietário deste. A Lei n. 13.429, de 31 de março de 2017, no art. 5-A, § 3º, fixa a responsabilidade do contratante da prestadora de serviços (tomador) de garantir as condições de segurança, higiene e salubridade dos trabalhadores, quando o trabalho for realizado em suas dependências ou local previamente convencionado em contrato.

A religião da trabalhadora, que ensejou, as agressões físicas e psicológicas durante o período de trabalho e contrato de emprego, deve ser tutelada pelo Estado, por meio

---

(23) BRASIL. Ministério do Trabalho e da Previdência. *Norma regulamentadora n. 1*. Publicado em: 22.10.2020, 15h25. Atualizado em: 26.01.2022, 07h44. Disponível em: <https://www.gov.br/trabalho-e-previdencia/pt-br/composicao/orgaos-especificos/secretaria-de-trabalho/inspecao/seguranca-e-saude-no-trabalho/ctpp-nrs/nr-1>. Acesso em: 4 abr. 2023.

(24) ROCHA, Julio Cesar de Sá da. *Direito ambiental do trabalho*. São Paulo: LTr, 2002. p. 104.

(25) COLNAGO, Lorena de Mello Rezende. O gerenciamento dos riscos ocupacionais (NR-1 MTE). In: DELGADO, Mauricio Godinho; BALAZEIRO, Alberto Bastos (Coords.). COSTA, Adriene Domingues; RODRIGUES, Bruno Alves; FREMPONG, Dickson Ansah Ribeiro (Orgs.). *Normas regulamentadoras (NR) relativas à segurança de medicina do trabalho:* percursos para a efetividade do trabalho decente. V.2. Coleção Estudos ENAMAT. Brasília: Trabalho Seguro, ENAMAT e TST, p. 187-200, fev. 2023, p. 190.

(26) OIT. *Convenções:* C155 — Segurança e Saúde dos Trabalhadores. Disponível em: <https://www.ilo.org/brasilia/convencoes/WCMS_236163/lang--pt/index.htm>. Acesso em: 11 jan. 2023.

do Sistema de Justiça[27]. Para a reeducação social e a construção de uma sociedade mais tolerante, livre de ameaças e danos às pessoas, especialmente às mulheres, é importante evidenciar o presente acórdão que produz impacto sociológico, simbólico e normativo na questão da não discriminação religiosa no trabalho, especialmente evidenciando a condição mais frágil da mulher empregada.

Referências

ABREU, Sergio Luis Versolato de. Direitos humanos, direito islâmico e modernidade líquida. *Revista Reflexão e Crítica do Direito*, v. 7. n. 2, p. 82-96, jul./dez. 2019.

BRASIL. Ministério do Trabalho e da Previdência. *Norma regulamentadora n. 1*. Publicado em: 22.10.2020, 15h25. Atualizado em: 26/01/2022 07h44. Disponível em: <https://www.gov.br/trabalho-e-previdencia/pt-br/composicao/orgaos-especificos/secretaria-de-trabalho/inspecao/seguranca-e-saude-no-trabalho/ctpp-nrs/nr-1>. Acesso em: 4 abr. 2023.

______. Presidência da República. *Decreto n. 592, de 6 de julho de 1992*. Disponível em: <http://www.planalto.gov.br/ccivil_03/decreto/1990-1994/d0592.htm>. Acesso em: 20 jan. 2023.

______. Tribunal Regional do Trabalho da 2ª Região. *Reclamação Trabalhista n. 1000627-65.2021.5.02.0714*. 14ª Vara do Trabalho de São Paulo. Juíza Laís Cerqueira Tavares. Pub. *PJE* 29.07.2022. Acórdão da 6ª Turma do TRT2. Relator Des. Antero Arantes Martins. Publ. *PJE* 08.12.2022.

CASTRO, Cristina Maria de; VILELA, Elaine Meire. Muçulmanos no Brasil: uma análise socioeconômica e demográfica a partir do Censo 2010. *Religião & Sociedade*, v. 39, n. 1, p. 170-197, 2019. <https://doi.org/10.1590/0100-85872019v39n1cap08>. Disponível em: <https://www.scielo.br/j/rs/a/SQqLMm6gR4hJkvYynMX7g4M/?lang=pt#> Acesso: 20 jan. 2023.

COLNAGO, Lorena de Mello Rezende. *A prescrição das pretensões coletivas:* análise dos efeitos nas demandas coletivas e individuais. São Paulo: LTr, 2022.

______. O direito dos povos na terceira dimensão dos direitos humanos: tolerância e respeito para inclusão social. *Revista Eletrônica do Tribunal Regional do Trabalho do Paraná*, Curitiba, v. 2, n. 18, p. 79-102, maio 2013. Disponível em: <https://hdl.handle.net/20.500.12178/96322>. Acesso em: 09 fev. 2023.

______. O gerenciamento dos riscos ocupacionais (NR-1 MTE). In: DELGADO, Mauricio Godinho; BALAZEIRO, Alberto Bastos (Coords.). COSTA, Adriene Domingues; RODRIGUES, Bruno Alves; FREMPONG, Dickson Ansah Ribeiro (Orgs.). *Normas regulamentadoras (NR) relativas à segurança de medicina do trabalho:* percursos para a efetividade do trabalho decente. V. 2. Coleção Estudos ENAMAT. Brasília: Trabalho Seguro, ENAMAT e TST, p. 187-200, fev. 2023.

CONSELHO NACIONAL DE JUSTIÇA. *Protocolo para julgamento com perspectiva de gênero*. 2021. Disponível em: <https://www.cnj.jus.br/wp-content/uploads/2021/10/protocolo-18-10-2021-final.pdf>. Acesso em: 1º abr. 2023.

______. *Resolução n. 492, de 17 de março de 2023*. Atos. Disponível em: <https://atos.cnj.jus.br>. Acesso em: 20 mar. 2023.

---

(27) COLNAGO, *Lorena* de Mello Rezende. *A prescrição* das *pretensões coletivas:* análise dos efeitos nas demandas coletivas e individuais. São Paulo: LTr, 2022+ p. 38.

GARMENDIA ARIGÓN, Mario. *Orden publico e derecho del trabajo.* 2. ed., ver., amp. e atual. Montevideo: La Ley Uruguay, 2016.

HERKENHOFF, João Baptista. *Direitos humanos:* a construção universal de uma utopia. São Paulo: Editora Santuário, 1997.

INSTITUTO BRASILEIRO DE GEOGRAFIA E ESTATÍSTICA — IBGE. *Procedência dos migrantes.* Censo 2010. Disponível em: <https://censo2010.ibge.gov.br>. Acesso em: 20 jan. 2023.

KARAM, Maria Lúcia. *Proibições, crenças e liberdade:* o direito à vida, a eutanásia e o aborto. Rio de Janeiro: Lumen Juris, 2009.

LOZER, Juliana Carlesso. Direitos humanos e interesses metaindividuais. In: *Direitos Metaindividuais.* Rio de Janeiro: LTr, 2005.

MACHADO, Jónatas Eduardo Mendes. *Liberdade religiosa numa comunidade constitucional inclusiva:* dos direitos da verdade aos direitos dos cidadãos. Coimbra: Coimbra Editora, 1996.

MARTINS, Humberto. Liberdade religiosa e Estado Democrático de Direito. In: MAZZUOLI, Valerio de Oliveira; SORIANO, Aldir Guedes (Coords.). *Direito à liberdade religiosa:* desafios e perspectivas para o século XXI. Belo Horizonte: Fórum, 2009.

MINISTÉRIO PÚBLICO FEDERAL. Legislação. *Declaração dos Direitos do Homem e do Cidadão.* 1789. Disponível em: <http://pfdc.pgr.mpf.mp. br/atuacao-e-conteudos-de-apoio/legislacao/direitos-humanos/declar_dir_homem_cidadao.pdf>. Acesso em: 20 fev. 2023.

OIT – ORGANIZAÇÃO INTERNACIONAL DO TRABALHO. OIT Brasília. *Convenções:* C111 – Discriminação em Matéria de Emprego e Ocupação. Disponível em: <https://www.ilo.org/brasilia/convencoes/WCMS_235325/lang--pt/index.htm>. Acesso em: 1º abr. 2023.

______. OIT Brasília. Notícias: *Eliminar a violência e o assédio no mundo do trabalho* — Convenção 190. Disponível em: <https://www.ilo.org/brasilia/noticias/WCMS_831984/lang--pt/index.htm>. Acesso em: 1º abr. 2023.

SILVA, José Afonso. *Curso de direito constitucional positivo.* 21 ed., rev. e ampl. São Paulo: Malheiros, 2002.

Discriminação Estética

A Pressão Estética no Ambiente de Trabalho como Forma de Discriminação. Análise da Discriminação Múltipla ou Agravada e a Interseccionalidade

Camila Franco Lisboa

PRESSÃO ESTÉTICA NO MEIO AMBIENTE DE TRABALHO. ADVERTÊNCIA SOFRIDA POR EMPREGADA SOB A JUSTIFICATIVA DE QUE A TRABALHADORA ESTAVA ACIMA DO PESO. MANUAL ELABORADO PELA EMPRESA COM CONTEÚDO DISCRIMINATÓRIO. INDENIZAÇÃO POR DANOS MORAIS. Trata-se de sentença que concluiu pela existência de discriminação no ambiente laboral, agravada pela desigualdade de gênero, condenando a empresa ao pagamento de indenização por danos morais.(1)

A constitucionalização do direito privado implicou na releitura das relações contratuais, que passaram a ser orientadas não só pelos princípios da dignidade humana (art. 1º, III, da Constituição Federal), da probidade e da boa-fé, mas também pelo princípio da função social do contrato (arts. 421 e 422, ambos do Código Civil), o que se aplica ao contrato de trabalho.

De fato, antes de ser trabalhador, o empregado é um ser humano e o trabalho é um dos seus direitos sociais (art. 6º da CF). De outro lado, o empregador deve observar a função social da atividade por ele explorada, pautando-se sempre pela valorização do trabalho humano (art. 1º, IV, da CF).

A valorização do trabalho compreende o direito fundamental do empregado ao meio ambiente laboral sadio e digno e, por conseguinte, acarreta o dever do empregador

(1) BRASIL. Tribunal Regional do Trabalho da 2ª Região. *ATOrd 1001579-39.2019.5.02.0318*. 8ª Vara do Trabalho de Guarulhos. Juíza do Trabalho Yara Campos Souto. *DEJT* 09.07.2020.

de garantir condições para que o trabalho seja prestado de maneira saudável, inclusive do ponto de vista psicológico, respondendo pelos atos e omissões que ensejem a violação de tal direito (arts. 200, VIII e 225 da CF, e art. 932, III, do CC).

A prática de atos discriminatórios pelo empregador viola o direito fundamental do empregado ao meio ambiente de trabalho sadio e digno. Conforme destacou a Magistrada sentenciante quando da apreciação do caso concreto em comento, "*discriminação é a conduta, fundada em critério injustamente desqualificante, que tenha por efeito a desigualdade de oportunidades e tratamento*".

Importante reforçar, a esse respeito, que o foco da análise deve se dirigir aos efeitos da prática discriminatória, independentemente da constatação de intenção efetiva de discriminar por parte do empregador.

Nesse sentido, a Convenção n. 111 da Organização Internacional do Trabalho (OIT), que versa sobre a discriminação em matéria de emprego, tratando de questão considerada como princípio e direito fundamental no trabalho, estabelece, em seu art. 1º, que o foco da proteção é o "efeito" discriminatório capaz de destruir ou alterar a igualdade de oportunidade ou de tratamento em matéria de emprego ou profissão, e não a intenção de quem praticou o ato.

No caso objeto de análise, a Magistrada sentenciante destacou a importância da eliminação da discriminação em matéria de emprego, que consiste em objetivo prioritário da OIT e está assegurada em diversos diplomas internacionais, tais como o art. 1º da Declaração Universal dos Direitos Humanos, arts. 2º e 3º do Pacto Internacional sobre Direitos Econômicos, Sociais e Culturais da Organização das Nações Unidas (ONU), art. 1º da Convenção Americana sobre Direitos Humanos e art. 3º do Protocolo de São Salvador.

Como é cediço, o direito da antidiscriminação encontra fundamentos na democracia e na tutela dos direitos fundamentais, tendo em vista que uma sociedade somente se torna democrática na medida em que o seu sistema jurídico esteja comprometido com as liberdades individuais, com os direitos sociais e com as práticas inclusivas, sobretudo em matéria de trabalho e emprego.

Nesse sentido, o ordenamento jurídico brasileiro veda de maneira expressa a adoção de práticas discriminatórias e limitativas para efeito de acesso, manutenção e promoção no trabalho, a teor do disposto nos arts. 3º, parágrafo único; 5º; 373-A; e 461, todos da CLT, bem como na Lei n. 9.029/1995, como destacado na sentença ora objeto de análise.

Ainda assim, inúmeras situações que ocorrem na prática laboral desafiam o arcabouço normativo vigente, acarretando a necessidade de intervenção do Poder Judiciário, a exemplo do caso ora em estudo.

Como pontuado pela Magistrada sentenciante, há fatores culturais enraizados coletivamente, tal como a construção histórica do estereótipo da pessoa gorda como desprovida de saúde, desleixada ou preguiçosa, que não devem prevalecer em uma sociedade que se pretende livre, justa e solidária (art. 3º, I, da CF).

O manual elaborado pela empresa no caso objeto de análise, possui um item específico direcionado aos *"cuidados com a saúde e o peso corporal"* dos comissários de voo, com a menção expressa de que *"o excesso de peso afeta a estética e pode ser considerado como falta de cuidado pessoal"*.

O Protocolo para Julgamento com Perspectiva de Gênero, editado pelo Conselho Nacional de Justiça (CNJ) em 2021, e que orienta as magistradas e os magistrados no julgamento de casos como o que ora se estuda, traz importante reflexão para as hipóteses relacionadas com a utilização de estereótipos nas relações de trabalho.

Nos termos do referido protocolo, *"os estereótipos traduzem visões ou pré compreensões generalizadas sobre atributos ou características que membros de um determinado grupo têm, ou sobre os papéis que desempenham ou devem desempenhar, pela simples razão de fazerem parte desse grupo em particular, independentemente de suas características individuais"*[(2)].

Apesar de a obesidade ser classificada pela Organização Mundial da Saúde (OMS) como uma doença cujo único sintoma é o excesso de peso ou gordura acumulada no corpo, tendo como indicativo o índice de massa corporal (IMC) acima de 30, estudiosos e organizações que empreendem pesquisas sobre o assunto questionam a patologização da gordura e criticam o estereótipo ou estigma social que envolve o corpo gordo, notadamente aquele segundo o qual as pessoas gordas não são saudáveis pelo simples fato de serem gordas.

A psicóloga e nutricionista da Universidade da Califórnia, Linda Bacon, citada por Camila de Lira no artigo "Gordura é doença?"[(3)], adverte que o problema do IMC é que ele não contempla todos os fatores relacionados à saúde de um corpo, tais como hormônios, hábitos saudáveis de alimentação, atividade física, e a condição mental. Tal situação conduz ao aumento da gordofobia em nossa sociedade, prática discriminatória por meio da qual se julga alguém inferior, desprezível ou, simplesmente, "fora do padrão", pelo fato de ser gordo.

Assim, na medida em que os estereótipos traduzem compreensões generalizadas, partindo, não raras vezes, de premissas equivocadas, podem conduzir a situações claras de discriminação, inclusive com a ocorrência de lesões materiais e imateriais às vítimas.

---

(2) *Protocolo para Julgamento com Perspectiva de Gênero*, p. 27. Disponível em: <https://atos.cnj.jus.br/atos/detalhar/4377>. Acesso em: 9 fev. 2023.

(3) LIRA, Camila de. Gordura é doença? In: QUEIROZ, Nana; BERTHO, Helena (Orgss). *Você já é feminista!* Abra esse livro e descubra o porquê. 2. ed. São Paulo: Pólen, 2020. p. 153.

Conforme explicitado pela Magistrada sentenciante, cada indivíduo possui o direito fundamental à autodeterminação, sendo-lhe assegurada a garantia de poder construir a sua imagem com autonomia, nos termos do que dispõem os arts. 4º, III, e 5º, IV, VI, IX e X, da CF, razão pela qual não se pode admitir, como regra, que o empregador imponha exigências estéticas aos seus empregados[(4)].

A imposição de exigências estéticas, nos moldes efetuados pela Reclamada no caso em comento, possui, ainda, o potencial de gerar riscos à saúde e à própria vida dos trabalhadores, como destacado na sentença, em decorrência da realização de dietas rigorosas e do desenvolvimento de distúrbios alimentares sob a pressão de perda do emprego.

A propósito da questão relativa à pressão estética decorrente do excesso de peso e a sua relação com a saúde e a vida das pessoas, estudos da Sociedade Brasileira de Cirurgia Bariátrica e Metabólica apontam que, no ano de 2021, foram realizadas mais de 62 mil cirurgias bariátricas no Brasil[(5)].

As referidas pesquisas indicam, ainda, que apesar de a frequência de adultos obesos ser a mesma entre homens e mulheres, são elas as que mais realizam o procedimento cirúrgico no país, correspondendo a 70% das pacientes bariátricas em 2018[(6)], o que revela um importante traço de gênero que será abordado na sequência do presente artigo.

É relevante destacar, ainda, que a cirurgia bariátrica acarreta consequências que vão além da perda de peso corporal. Estudos empreendidos na Universidade de Leipzig, na Alemanha, evidenciam que as taxas de suicídio são mais elevadas em pacientes submetidos à cirurgia bariátrica se comparadas com aquelas relativas à população em geral, havendo, ainda, um maior risco de alcoolismo entre os pacientes que passaram pela cirurgia, por se tornarem mais sensíveis ao álcool em razão da diminuição da capacidade de absorção do estômago[(7)].

Ainda no que diz respeito ao caráter discriminatório da medida adotada pela Reclamada no caso em estudo, ao atribuir à empregada a responsabilidade pelo excesso

---

(4) A propósito da possibilidade de imposição de exigências estéticas pelo empregador em casos excepcionais, a sentença se pronunciou nos seguintes termos: "As exceções eventualmente admitidas devem ser rigorosamente justificadas por seu impacto no desenvolvimento do trabalho, tais como questões de higiene, por exemplo, o que não é o caso dos autos."

(5) SOCIEDADE BRASILEIRA DE CIRURGIA BARIÁTRICA E METABÓLICA. *Brasil discute novas regras para cirurgia bariátrica*. Disponível em: <https://www.sbcbm.org.br/brasil-discute-novas-regras-para-cirurgia-bariatrica/>. Acesso em: 24 jan. 2023.

(6) SOCIEDADE BRASILEIRA DE CIRURGIA BARIÁTRICA E METABÓLICA. *70% dos pacientes de cirurgias bariátrica são mulheres*. Disponível em: <https://www.sbcbm.org.br/70-dos-pacientes-de-cirurgias-bariatricas-sao-mulheres/>. Acesso em: 24 jan. 2023.

(7) LIRA, Camila de. Gordura é doença? In: QUEIROZ, Nana; BERTHO, Helena (Orgss). *Você já é feminista!* Abra esse livro e descubra o porquê. 2. ed. São Paulo: Pólen, 2020. p. 156-157.

de peso, caracterizando-o como resultado da ausência de cuidados pessoais, veicula a ideia equivocada de que "só é gordo quem quer".

Como é cediço, são inúmeras as variantes que interferem no peso corporal. Os hábitos de vida, a condição genética, o cotidiano, o gênero e até mesmo a classe social das pessoas refletem em seus corpos.

A decisão judicial em comento cuidou, ainda, de pontuar a especial situação das mulheres no contexto da discriminação relacionada à imposição de exigências estéticas por parte do empregador, à luz da interseccionalidade que permeia o tema do direito da antidiscriminação.

Um traço de gênero foi observado pela Magistrada sentenciante na apreciação do caso, ao destacar que *"não se pode olvidar ainda o especial impacto de tais exigências nas trabalhadoras mulheres, em relação às quais a exigência de um padrão estético é ainda mais intensa, aprofundando a desigualdade de gênero já tão presente no mercado de trabalho e criando ainda maiores óbices para que mulheres mantenham seus empregos e tenham acesso a promoções e melhores salários"*.

Evidências históricas indicam que o corpo feminino gordo era considerado forte e saudável. Nesse sentido, Camila de Lira relembra que a estátua de Vênus de Willendorf, considerada uma das primeiras representações da forma humana, é uma idealização da figura feminina e apresenta uma forma corpulenta — com seios, barriga e vulva fartos.

A autora prossegue afirmando que a pressão para que as mulheres ficassem menores começou, de fato, no século 20. No Brasil, até os anos 1950, o corpo gordo não era associado à existência de patologias, o que mudou na década seguinte, quando aumentaram as pesquisas que relacionavam o corpo gordo às doenças.

Os estudos apontam, ainda, que o crescimento dessa narrativa de pressão pela diminuição dos corpos femininos veio acompanhado da maior atuação dos movimentos feministas na sociedade. A propósito, a professora Esther Rothblum, da Universidade Estadual de San Diego, na Califórnia, citada por Camila de Lira, indaga com precisão: *"não é interessante que quando as mulheres começaram a se posicionar mais é que começa a existir a pressão para que elas emagreçam e fiquem menores?"*[8].

No mesmo sentido, Naomi Wolf assevera que a fixação na "beleza" das mulheres foi consequência direta da ascensão delas a posições de poder na década de 1980, além de representar um evidente controle sobre essa ascensão.

De fato, a análise de alguns dos mais importantes precedentes judiciais norte-americanos a respeito do tema conduz à mesma conclusão. A autora[9] aponta que, no

(8) *Op. cit.*, p. 159.

(9) WOLF, Naomi. *O mito da beleza:* como as imagens de beleza são usadas contra as mulheres. Tradução: Waldéa Barcellos. 18. ed. Rio de Janeiro: Rosa dos Tempos, 2022. p. 57.

ano de 1971, um juiz condenou uma mulher a perder um quilo e meio por semana, sob pena de prisão. Em 1972, foi estabelecido em uma sentença judicial que a "beleza" era um atributo que, sob o ponto de vista legal, teria o condão de fazer com que as mulheres fossem admitidas ou dispensadas de um emprego. No caso *St. Cross vs. Playboy Club of New York*, o Tribunal de Recursos dos Direitos Humanos do Estado de Nova Iorque determinou que, numa profissão de alta visibilidade, a "beleza" de uma mulher era qualificação legítima para o emprego.

Wolf prossegue a sua análise expondo que, no ano de 1975, a empregada Catherine McDermott teve que processar a Xerox Corporation porque a empresa retirou uma proposta de emprego utilizando, como justificativa, o seu peso. Anos depois, a National Airlines demitiu a comissária de bordo Ingrid Fee por ser "gorda demais" — dois quilos acima do limite estabelecido pela empresa.

A situação envolvendo as empregadas de empresas aéreas que atuam como comissárias de voo, precisamente o caso dos autos ora em comento, chama, de fato, ainda mais atenção.

No ano de 1987, a empresa norte-americana Dan Air foi acusada de contratar somente mulheres jovens e bonitas para atuarem no serviço de bordo. A empresa defendeu a sua posição discriminatória com base na preferência dos clientes viajantes por moças bonitas no serviço de atendimento. A propósito, Naomi Wolf relata que *"dois anos depois o jornal USA Today publicava um editorial com a mesma lógica, no qual clamava pela volta dos bons tempos em que as comissárias de bordo eram contratadas jovens e bonitas e dispensadas assim que amadurecessem"*[(10)].

De acordo com o Protocolo para Julgamento com Perspectiva de Gênero do CNJ, *"a ideia de que experiências de opressão de gênero variam de acordo com outras formas de opressão há muito tem sido tratada no Brasil e, nos anos 1990, foi conceitualizada pela academia como interseccionalidade, termo que dialoga com o conceito de discriminação múltipla ou agravada de que trata a Convenção Interamericana Contra o Racismo, a Discriminação Racial e Formas Correlatas de Intolerância"*[(11)].

O art. 1, item 3, do referido diploma internacional conceitua a discriminação múltipla ou agravada como sendo *"qualquer preferência, distinção, exclusão ou restrição baseada, de modo concomitante, em dois ou mais critérios dispostos no Art. 1.1, ou outros reconhecidos em instrumentos internacionais, cujo objetivo ou resultado seja anular ou restringir o reconhecimento, gozo ou exercício, em condições de igualdade, de um ou mais direitos humanos e liberdades fundamentais consagrados nos instrumentos internacionais aplicáveis aos Estados Partes, em qualquer área da vida pública ou privada"*.

(10) *Op. cit.*, p. 66.

(11) *Protocolo para Julgamento com Perspectiva de Gênero*, p. 22. Disponível em: <https://atos.cnj.jus.br/atos/detalhar/4377>. Acesso em: 9 fev. 2023.

O conceito busca assimilar um processo cultural que possui cada vez mais espaço nos debates sobre os direitos das minorias, qual seja, a necessidade de considerarmos as diferentes formas de pertencimento dos sujeitos humanos quando debatemos temas relacionados com a discriminação, conforme preceitua Adilson José Moreira(12).

A propósito, cabe ressaltar que embora o conceito tenha sido concebido no bojo da norma que regulamenta a discriminação racial, ele pode ser utilizado como parâmetro para a análise de diferentes formas de exclusão, baseadas nos mais diversos critérios de discriminação. Nesse sentido, o texto do art. 1, item 3, acima citado, ressalva de maneira expressa a possibilidade de sua aplicação com base em *"outros* [critérios] *reconhecidos em instrumentos internacionais"*.

É dizer, os sistemas de opressão não operam de maneira isolada, mas de forma conjunta, para atingir, no caso em comento, a mulher que sofre pressão estética por estar acima do peso. A discussão acerca da discriminação em razão do excesso de peso corporal, portanto, deve ser feita à luz da especificidade da experiência da trabalhadora do gênero feminino, pois somente assim será atingido o ideal de igualdade material perseguido.

Ainda de acordo com os ensinamentos de Adilson José Moreira, *"a teoria da discriminação interseccional está baseada na premissa de que a luta requer a consideração das diferentes formas de discriminação a que muitos sujeitos sociais estão submetidos". O autor complementa asseverando que "a consideração de possíveis violações da igualdade a partir de um único parâmetro de comparação encobre a experiência de grupos sociais que sofrem as consequências da convergência de mecanismos discriminatórios"*(13).

Trata-se, assim, da necessidade de se considerar a existência dos efeitos cumulativos de diversos vetores de discriminação que atuam sobre a vítima em determinado caso concreto, como os fatores de raça, gênero, orientação sexual, religião e pressão estética, por exemplo, sob pena de, não o fazendo, promover a perpetuação das hierarquias sociais existentes.

Desse modo, é imperiosa não só a constatação de que a pressão estética atinge de maneira mais frequente as mulheres, mas também que, nesse caso, estamos diante de dois vetores distintos de discriminação operando conjuntamente, caracterizando a discriminação múltipla ou agravada contra a mulher que está acima do peso ou fora do padrão estético exigido pela empresa.

Nesse sentido, o Protocolo para Julgamento com Perspectiva de Gênero do CNJ, ao tratar do tema da discriminação em matéria de trabalho e emprego na fase contratual

---

(12) MOREIRA, Adilson José. *Tratado de direito antidiscriminatório*. São Paulo: Editora Contracorrente, 2020. p. 409.

(13) *Ibidem*, p. 413.

e quando da extinção do contrato de trabalho, é expresso no sentido de que a busca das mulheres para se manter em um mercado de trabalho que não as acolhe, como no caso ora em estudo, propicia práticas discriminatórias perversas que refletem, no bojo da relação empregatícia, os mesmos mitos e crenças arraigados na sociedade.

Constatada a existência de um arranjo sexista em determinada relação empregatícia, torna-se imperiosa a análise da situação concreta sob a perspectiva de gênero. Nesses termos, a orientação contida no Protocolo se destina às magistradas e aos magistrados do trabalho, para que examinem os fatos sob as lentes da perspectiva de gênero, buscando compreender se a trabalhadora reclamante se insere em algum grupo vulnerável ou historicamente discriminado, ou se a conduta questionada, se praticada em relação a grupos majoritários, produziria os mesmos resultados, por exemplo.

Assim, a interseccionalidade, relacionando-se com os conceitos de discriminação múltipla ou agravada, leva em consideração a existência simultânea de dois ou mais critérios discriminatórios, trazendo ao debate o fato de que os indivíduos possuem uma pluralidade de pertencimentos sociais, ou seja, podem fazer parte de mais de um grupo que merece proteção, constituindo minorias dentro de outras minorias.

Representa, portanto, um avanço no estudo do tema, permitindo uma compreensão mais ampla acerca da natureza complexa da desigualdade e conduzindo à conclusão de que as medidas de promoção da igualdade também devem partir de uma perspectiva conjunta, pois somente assim será concretizada a plena justiça social[(14)].

É precisamente nesses termos que a decisão judicial ora em estudo promoveu a justiça social plena, na medida em que reconheceu o contexto discriminatório decorrente das medidas de pressão estética impostas no manual de conduta elaborado pela empresa, agravado pelo fato de tais medidas recaírem sobre uma trabalhadora do gênero feminino, vítima do ambiente laboral psicologicamente nocivo criado pela Reclamada.

Reconhecidos os elementos caracterizadores da responsabilidade civil, quais sejam, o dano de natureza extrapatrimonial, a relação de causalidade com o trabalho desempenhado na empresa e a culpa do empregador, a teor do disposto nos arts. 186 e 927 do CC, a Magistrada sentenciante acolheu o pedido formulado e condenou a Reclamada ao pagamento de indenização por danos morais.

O valor fixado a título de indenização levou em consideração a extensão do dano sofrido e os aspectos compensatório e pedagógico da parcela, além da capacidade econômica das partes e a vedação ao enriquecimento sem causa, nos exatos termos do que

---

(14) MOREIRA, Adilson José. *Tratado de direito antidiscriminatório*. São Paulo: Editora Contracorrente, 2020. p. 414.

dispõem os arts. 884 e 944 do CC, tendo sido mantido pelo E. Tribunal Regional do Trabalho da 2ª Região em sede recursal, após a interposição de recurso ordinário pela Reclamada.

A propósito da fixação do valor da indenização por danos morais em reclamações trabalhistas ajuizadas por pessoas do gênero feminino, cabe destacar que o Protocolo para Julgamento com Perspectiva de Gênero do CNJ traz importante reflexão sobre o tema, ao asseverar que se trata de situação que, aparentemente, não apresenta questão de gênero de maneira evidente.

Entretanto, apesar de parecer neutra, a definição de indenizações no âmbito do trabalho pode fazer emergir uma questão de gênero se pensarmos que mulheres, em geral, ganham 30% a menos do que os homens, e o art. 223-G, § 1º, da CLT, inserido pela Lei n. 13.467/2017, que instituiu a Reforma Trabalhista, elenca como parâmetro para a fixação da indenização o último salário contratual do ofendido(15).

Imprescindível, portanto, a análise processual à luz da perspectiva de gênero, tal como efetuado no caso objeto de estudo, pois somente assim se realiza de forma plena o direito à igualdade e à não discriminação de todas as pessoas, de modo que a atividade jurisdicional cumpra o seu importante papel de promoção da diversidade e de não perpetuação de preconceitos.

Referências

MAZZUOLI, Valério de Oliveira. *Curso de direitos humanos.* 3. ed., rev., atual. e ampl. Rio de Janeiro: Forense; São Paulo: Método, 2016.

MOREIRA, Adilson José. *Tratado de direito antidiscriminatório.* São Paulo: Editora Contracorrente, 2020.

OLIVEIRA, Sebastião Geraldo. *Indenizações por acidente do trabalho ou doença ocupacional.* 12. ed. rev., atual. e ampl. Salvador: JusPodivm, 2021

Protocolo para Julgamento com Perspectiva de Gênero. Disponível em: <https://atos.cnj.jus.br/atos/detalhar/4377>. Acesso em: 9 fev. 2023.

SOCIEDADE BRASILEIRA DE CIRURGIA BARIÁTRICA E METABÓLICA. *Brasil discute novas regras para cirurgia bariátrica.* Disponível em: <https://www.sbcbm.org.br/brasil-discute-novas-regras-para-cirurgia-bariatrica/>. Acesso em: 24 jan. 2023.

______. *70% dos pacientes de cirurgias bariátricas são mulheres.* Disponível em: <https://www.sbcbm.org.br/70-dos-pacientes-de-cirurgias-bariatricas-sao-mulheres/>. Acesso em: 24 jan. 2023.

---

(15) Destaco, por oportuno, que a sentença ora objeto de análise deixou de aplicar *"os parâmetros contidos nos art. 223-G, § 1º, da CLT ante a flagrante inconstitucionalidade da sistemática de tarifação do dano moral, por ofensa aos princípios da proporcionalidade, da plena indenizabilidade e da isonomia (art. 5º, II, V e X, CF), na esteira da decisão proferida pelo STF na ADPF n. 130/09".*

SILVA, Homero Batista Mateus da. *Direito do Trabalho Aplicado:* Direito individual do trabalho. São Paulo: Thomson Reuters Brasil, 2021.

QUEIROZ, Nana; BERTHO, Helena (Orgs.). *Você já é feminista!* Abra esse livro e descubra o porquê. 2. ed. São Paulo: Pólen, 2020.

WOLF, Naomi. *O mito da beleza:* como as imagens de beleza são usadas contra as mulheres. Tradução: Waldéa Barcellos. 18. ed. Rio de Janeiro: Rosa dos Tempos, 2022.

Acessibilidade

A Proteção às Mulheres Mães de Crianças com Deficiência no Ambiente de Trabalho

Julia Pestana Manso de Castro

VIOLAÇÃO AOS DIREITOS DA PERSONALIDADE DA EMPREGADA MULHER. DISPENSA SEM JUSTA CAUSA. RECUSA AO RETORNO PRESENCIAL AO TRABALHO EM RAZÃO DA CONDIÇÃO ESPECIAL DE MÃE. Trata-se de sentença judicial proferida em processo trabalhista em que foi julgado procedente o pedido de pagamento de indenização por danos morais, tendo sido aplicado o Protocolo para Julgamento sob Perspectiva de Gênero do Conselho Nacional de Justiça, em razão da dispensa sem justa causa de trabalhadora decorrente do seu não retorno ao trabalho presencial no contexto da Covid-19 em razão das restrições de saúde de seu filho menor. Considerou-se que a ré, ao dispensar a reclamante, procedeu de forma discriminatória à sua condição de mulher, responsável por filho menor de idade e com síndrome de Down. (Processo n. 1001069-22.2022.5.02.0059. 16ª Vara do Trabalho de São Paulo – Zona Sul. Juiz do Trabalho Substituto Alberto Rozman de Moraes, *DEJT* 15.09.2022)[(1)]

O art. 7º, I, da CF/88, garantiu a todos os trabalhadores urbanos e rurais, além de outros que visem à melhoria de sua condição social, a proteção à despedida arbitrária ou sem justa causa no âmbito das relações de emprego, nos termos de lei complementar, que preverá indenização compensatória, dentre outros direitos. Ocorre que até os dias atuais tal legislação não foi editada, sendo certo, contudo, que, conforme entendimento doutrinário e jurisprudencial, uma das formas de regulamentação de tal dispositivo foi a previsão contida no art. 10, I, do ADCT, o qual fixou a indenização compensatória de 40% do FGTS.

Portanto, extrai-se que a CF/88 deixa claro que o empregador pode dispensar o empregado, de acordo com sua vontade unilateral. Porém, para tanto, terá de pagar indenização compensatória, não existindo mais a figura da estabilidade de forma

(1) BRASIL. Tribunal Regional do Trabalho da 2ª Região. *Processo n. 1001069-22.2022.5.02.0059.* 16ª Vara do Trabalho de São Paulo — Zona Sul. Juiz do Trabalho Substituto Alberto Rozman de Moraes, *DEJT* 15.09.2022).

genérica, existindo, apenas, algumas situações de garantia de emprego, mas, não mais, a estabilidade decenal.

Assim, o empregador possui o direito potestativo de dispensar um empregado sem justa causa, devendo para tanto apenas arcar com a indenização legal. Contudo, é certo que ao exercer tal direito, não se admite que sejam violados direitos fundamentais da personalidade do trabalhador, dentre os quais resta vedada a discriminação de gênero. Isto porque, conforme igualmente se extrai da CF/88, a empresa desempenha uma função social (art. 170, III c/c art. 5º, XXIII).

A fim de vedar a discriminação no âmbito das relações de trabalho foram editados inúmeros atos normativos, dentre os quais a Lei n. 9.029/1995. Além disso, o Brasil aderiu às Convenções ns. 100 (Igualdade de Remuneração de Homens e Mulheres Trabalhadores por Trabalho de Igual Valor) e 111 (Discriminação em Matéria de Emprego e Ocupação) da OIT, bem como à Convenção sobre a Eliminação de Todas as Formas de Discriminação contra a Mulher da ONU de 1979, incorporada no direito pátrio pelo Decreto n. 4377/2002.

Nesta, restou expressamente consignado no art. 11, item 2, que cabe aos Estados signatários a adoção de medidas adequadas para "a) proibir, sob sanções, a demissão por motivo de gravidez ou licença de maternidade e a discriminação nas demissões motivadas pelo estado civil; b) implantar a licença de maternidade, com salário pago ou benefícios sociais comparáveis, sem perda do emprego anterior, antiguidade ou benefícios sociais; c) estimular o fornecimento de serviços sociais de apoio necessários para permitir que os pais combinem as obrigações para com a família com as responsabilidades do trabalho e a participação na vida pública, especialmente mediante fomento da criação e desenvolvimento de uma rede de serviços destinados ao cuidado das crianças; d) Dar proteção especial às mulheres durante a gravidez nos tipos de trabalho comprovadamente prejudiciais para elas"[(2)].

Ainda em se tratando de dispositivos de proteção à mulher no mercado de trabalho, a CLT, ao longo dos anos, foi atualizada para a inclusão de medidas que buscam atender tanto os valores e princípios estabelecidos na CF/88, quanto os protocolos internacionais que o Brasil aderiu nos anos posteriores. Neste sentido, foi inserido o capítulo III da Seção I, o qual dispõe sobre diversas formas de proteção do mercado de trabalho da mulher, dentre as quais a vedação à exigência de exames médicos de esterilidade ou gestação na admissão ou para fins de permanência no emprego e a proibição de revistas íntimas nas empregadas. Importante destacar que as medidas de proteção ao mercado de trabalho da mulher são consideradas de ordem pública e em hipótese alguma podem importar em redução de salário.

A legislação pátria permitiu ainda que sejam adotadas medidas de ação afirmativa a fim de garantir que as distorções ainda existentes no mercado de trabalho quanto às diferenças de gênero sejam corrigidas e que seja facilitado o acesso ao emprego, bem como

---

(2) BRASIL. Presidência da República. *Decreto n. 4.377/2002*. Legislação. Disponível em: <http://www.planalto.gov.br/ccivil_03/decreto/2002/d4377.htm>. Acesso em: 06 fev. 2023.

à manutenção da mulher no mercado de trabalho. As ações afirmativas são adotadas em diversos cenários e, ainda que num primeiro plano possam ser questionadas pelos não destinatários destas, possuem relevante papel para a obtenção da igualdade material dentro do contexto brasileiro.

Um exemplo de ação afirmativa de gênero existente no Brasil encontra-se no art. 10, § 3º,da Lei n. 9.504/1997, o qual prevê a obrigação de o partido político (ou da coligação) de reservar, no mínimo, 30% das vagas para candidato de cada sexo.

O regramento sobre a proteção do mercado de trabalho da mulher também foi expandido quando, com o advento da Lei n. 13.467/2017, houve a revogação do parágrafo único do art. 372 da CLT, o qual excluía das regras protetivas do capítulo III as mulheres que fossem empregadas e dirigidas pelos seus maridos, pais, mães, tutores ou filhos. Trata-se de norma discriminatória e que colocava a mulher em posição de submissão em comparação aos demais membros da família.

Feitas tais considerações sobre o arcabouço normativo de proteção especial da mulher no âmbito do mercado de trabalho, é certo que o contexto da pandemia do Covid-19 mostrou-se como um potencial fenômeno de discriminação de mulheres. Isto porque, com as medidas sociais de isolamento impostas, houve o elastecimento da fronteira entre ambiente de trabalho e ambiente de casa.

Além disso, com o fechamento de escolas, creches e adoção do modelo de aula online para crianças e adolescentes, os pais de forma geral, mas em especial as mulheres, foram submetidos à obrigação de participar mais ativamente do ambiente escolar, tendo que fazer a conexão da criança na aula online, vistoriar se o menor de fato estava assistindo e participando da aula. Todas estas obrigações ocorreram no mesmo momento em que os próprios pais tiveram, em sua grande maioria, de readaptar sua forma de trabalho presencial para o trabalho remoto.

Neste contexto, conforme pesquisa divulgada pelo IBGE em 2020, dos dados extraídos da Estatística do Cadastro Central de Empresas, dos quase 825 mil postos de trabalho perdidos apenas durante o período de 2020, aproximadamente, 72% eram ocupados por mulheres, tendo sido a primeira vez desde 2009 que houve diminuição da participação feminina no mercado de trabalho. Esta diminuição não ocorreu apenas em números absolutos, mas também se considerando a proporção entre o preenchimento das vagas pelos trabalhadores homens e mulheres.

Informação no mesmo sentido também pode ser extraída da Nota Técnica da OIT(3), publicada em 03 de março de 2022, sobre o cenário do mercado de trabalho das mulheres no contexto da América Latina e Caribe. Em tal documento foi constatado

(3) BRASIL. Organização Internacional do Trabalho. *Nota técnica da OIT, de 02.03.2022*. Disponível em: <https://www.ilo.org/americas/publicaciones/WCMS_838520/lang--es/index.htm>. Acesso em: 06 fev. 2023.

que as medidas adotadas para enfrentar a emergência de saúde, como o fechamento de centros educacionais e de cuidados em geral, tiveram um impacto negativo maior na participação feminina no trabalho, isto porque com o aumento das atividades dentro do espaço residencial foi conferida à mulher uma maior responsabilidade de gerir a ausência de aulas presenciais nas escolas e creches dos filhos menores garantindo que estes mantivessem seu acesso à educação de forma remota.

Somou-se, ainda, o fato de que setores de atividade nos quais as medidas de isolamento social tiveram maior impacto (comércio, restaurantes e hotelaria, atividades de lazer, entre outros) são os que tradicionalmente oferecem mais postos de trabalho para as mulheres em comparação aos homens. Portanto, com o fechamento destes postos de trabalho, ainda que de forma temporária, houve um aumento do desemprego maior em relação às mulheres.

Uma das soluções adotadas para tentar diminuir os impactos da pandemia nos contratos de trabalho foi a adoção do modelo de trabalho remoto, em que o trabalhador deixou de exercer suas atividades dentro do espaço fornecido pelo empregador para desenvolver suas atividades profissionais dentro de sua residência. No contexto brasileiro, a questão da migração do trabalho presencial para o trabalho remoto foi disciplinada pela MP n. 927/2020, em seu art. 4º e seguintes. Tratou-se de medida editada a fim de tentar, ao máximo, equilibrar a preservação dos postos de trabalho com a saúde dos trabalhadores, evitando sua exposição ao vírus da Covid-19, seja no ambiente de trabalho, seja nos meios de transporte público até o local.

Ocorre que, com o decorrer do tempo e a diminuição dos níveis de morte e contágio no contexto da pandemia, foram adotadas medidas de flexibilização e foi permitido o retorno gradual ao trabalho presencial.

No caso ora analisado, inicialmente o empregador determinou que a empresa passasse a exercer suas atividades de sua residência. Com o implemento das medidas de flexibilização, o empregador do processo determinou o retorno ao trabalho presencial da trabalhadora-reclamante, contra o que a empregada se insurgir em razão de seu filho se tratar de pessoa com síndrome de Down e quadro de cardiopatia.

Além disso, restou inequivocamente comprovado que o empregador tinha plena ciência da condição do filho da empregada, uma vez que esta expressamente comunicou o fato ao empregador na tentativa de ser concedida a permanência do regime de home office. A ciência do fato sequer foi impugnada em contestação. Importante destacar que, nestes casos, é do empregado o ônus de comprovar a plena ciência do empregador quanto à sua condição especial, conforme se extrai do art. 373, I, do CPC.

Conforme inúmeras recomendações e diretrizes editadas pela OMS, bem como pelo Ministério da Saúde ao longo do período[4], algumas características pessoais e comorbidades foram enquadradas como pertencentes ao grupo de risco no contexto da pandemia do Covid-19. Dentre tais condições, encontram-se justamente os problemas cardíacos e a síndrome de Down, uma vez que, quanto a estes últimos, são indivíduos que possuem defasagem em seu sistema imunológico, estando mais sujeitos ao desenvolvimento de quadros graves da Covid-19.

Um dos argumentos invocados pelo julgador foi a aplicação da Convenção Sobre os Direitos das Pessoas Com Deficiência, a qual estabelece, em seu art. 2º, o conceito de "Discriminação por motivo de deficiência" correspondendo a qualquer diferenciação, exclusão ou restrição baseada em deficiência, com o propósito ou efeito de impedir ou impossibilitar o reconhecimento, o desfrute ou o exercício, em igualdade de oportunidades com as demais pessoas, de todos os direitos humanos e liberdades fundamentais nos âmbitos político, econômico, social, cultural, civil ou qualquer outro. Tal convenção estabelece como princípio o respeito pela diferença e igualdade de oportunidades, que devem ser promovidos pelo Estado.

Igualmente, o julgador aplicou o Protocolo para Julgamento com Perspectiva de Gênero do CNJ, de 2021. Trata-se de documento editado pelo CNJ como resultado do grupo de trabalho instituído pela Portaria CNJ n. 27, de 2 de fevereiro de 2021. Participaram do referido grupo não apenas conselheiros do CNJ, mas também juízes federais, estaduais (inclusive representando a esfera eleitoral), militares e trabalhistas, além de advogados, buscando debater sobre a promoção da igualdade material entre homens e mulheres, servindo de um documento com a finalidade de direcionar a atuação do Poder Judiciário na promoção desta.

O documento aborda a atuação do Poder Judiciário nos seus mais diversos campos, pretendendo ser um verdadeiro guia para análise de processos que tenham como pano de fundo a temática da discriminação de gênero, conscientizando, não apenas os operadores de direito, mas também a sociedade, que muitas das relações que são levadas a discussão perante o Poder Judiciário perpassam pela questão de gênero. Tal protocolo faz parte do contexto de instrumentos para efetivação da Agenda 2030 da ONU, a qual fixou 17 objetivos descritos por meio de 169 metas a serem perseguidas e alcançadas pelos países membros. Dentre os objetivos ali fixados encontra-se a promoção da igualdade de gênero, servindo o protocolo como um dos inúmeros mecanismos para que esta seja alcançada.

Especificamente quanto ao âmbito trabalhista, o protocolo analisa as relações de trabalho e a perspectiva de gênero em algumas hipóteses, dentre as quais se insere a

(4) BRASIL. Ministério da Saúde. Disponível em: <https://www.gov.br/saude/pt-br/coronavirus/atendimento-tratamento-e-fatores-de-risco>. Acesso em: 06 de fev. 2023.

postura do empregador na extinção da relação de emprego. No caso ora analisado, por exemplo, o empregador não demonstrou que outros empregados que também detivessem condições de integrantes de grupo de risco ou parentes que vivam na mesma residência com tal perfil, igualmente tivessem sido dispensados sem justa causa pela recusa de retorno ao trabalho presencial, o que poderia ser utilizado para afastar o viés discriminatório da conduta.

Aplicável ao caso, ainda, o direito de "adaptação razoável" à genitora da criança com deficiência. Trata-se da ideia de que a genitora possuiria o direito a modificações e aos ajustes necessários que não trouxessem ônus desproporcional e indevido ao empregador, realizados com a finalidade de garantir que a pessoa com deficiência possa exercer ou gozar todos os direitos e liberdades fundamentais em igualdade de condições e oportunidade com as demais pessoas.

Com isso, tendo a genitora comunicado ao empregador sua especial condição, mormente no contexto de ser seu filho menor integrante do grupo de risco do Covid-19, incumbiria a este o encargo de garantir o trabalho remoto a ela, a fim de possibilitar que esta permanecesse desempenhando seu papel de cuidado do filho menor sem exposição ao risco do Covid-19 juntamente com o exercício do seu emprego. Importante salientar que, no caso em análise, havia plena compatibilidade do desempenho do trabalho de forma remota, tendo esta modalidade sido inicialmente adotada por iniciativa do próprio empregador, com esteio no permissivo contido na MP n. 927/2020.

Verifica-se, então, que o campo de atuação da Teoria da Adaptação Razoável não deve se restringir à pessoa com deficiência, mas também alcançar a igualdade material incluindo os cuidadores de tais pessoas, em especial as mulheres genitoras. Tal ideia vem sendo defendida pela própria OIT, a qual alargou a abrangência da teoria da adaptação razoável não apenas para os trabalhadores com deficiência (para quem foi originalmente idealizada), mas também para os trabalhadores que possuem o vírus HIV, trabalhadores grávidas e trabalhadores com responsabilidades familiares, além de trabalhadores que professam determinada religião ou crença.

Especificamente quanto às crianças, a Convenção Internacional sobre os direitos das pessoas com deficiência, em seu art. 7, item 02, plenamente aplicável ao caso, garante que em todas as ações relativas a crianças com deficiência, o superior interesse desta receberá consideração primordial. Assim, o empregador ao se recusar a implementar as medidas de adaptação razoável para a sua empregada mãe de criança com deficiência atuou de modo discriminatório, seja pelo viés de gênero, seja pelo viés da pessoa com deficiência.

Por fim, importante destacar quanto às mulheres mães de crianças com deficiência que, conforme se extrai do relatório do estudo *The Cost of Caring*[5], elaborado pela Comissão de Direitos Humanos de Ontário, os impactos sobre os familiares das pessoas com deficiência são amplos, estando estes trabalhadores mais propensos a recusar horas extras, reduzir suas horas de trabalho e recusar promoções. Além disso, as mães sozinhas enfrentam dificuldades particulares, sendo certo que uma simples mudança na forma de trabalho (retomo para presencial) pode excluí-la do mercado de trabalho.

Neste mesmo sentido, o C. TST já se manifestou em algumas situações[6]. Contudo, em se tratando de decisões anteriores à elaboração do Protocolo de Julgamento sob Perspectiva de Gênero do CNJ, este não foi abordado, embora plenamente aplicáveis por se tratar de hipóteses de tutela do mercado de trabalho da mulher, evitando sua discriminação.

Verifica-se, portanto, que o Poder Judiciário Trabalhista cotidianamente se depara com casos em que se verifica algum tipo de discriminação de gênero, devendo este se valer, em seus julgados, não apenas do direito pátrio, mas também das normas internacionais para orientar suas decisões (art. 8º da CLT). Neste sentido, o Protocolo de Julgamento sob Perspectiva de Gênero do CNJ serve como mais um norte para que todos os magistrados do país possam, ao exercer o seu poder de decidir, direcionar não apenas a colheita da prova (de forma a minorar a discriminação havida), mas também colher orientações de temáticas sensíveis dentro do contexto da proteção ao mercado de trabalho da mulher.

Referências

BRASIL. Tribunal Regional do Trabalho da 2ª Região. *Processo n. 1001069-22.2022.5.02.0059*. 16ª Vara do Trabalho de São Paulo — Zona Sul. Juiz do Trabalho Substituto Alberto Rozman de Moraes, *DEJT* 15.09.2022).

______. Presidência da República. *Decreto n. 4.377/2002*. Legislação. Disponível em: <http://www.planalto.gov.br/ccivil_03/decreto/2002/d4377.htm>. Acesso em: 06 fev. 2023.

(5) ONTARIO HUMANS RIGHTS COMMISSION. *The Cost of Caring*. Disponível em: <http://www.ohrc.on. ca/en/book/export/html/2480>. Acesso em: 06 fev. 2023.

(6) BRASIL. Tribunal Superior do Trabalho. *Acórdão em AIRR*. AGRAVO DE INSTRUMENTO EM RECURSO DE REVISTA. ALTERAÇÃO DE JORNADA. SUSPENSÃO DA TUTELA ANTECIPADA. O Regional, pautado nos princípios constitucionais da cidadania, dignidade da pessoa humana, valores sociais do trabalho e na proteção à família, manteve a sentença que deferiu a tutela antecipada para, independentemente do trânsito em julgado, o obreiro retornar à jornada noturna, por ele antes praticada, inclusive nos fins de semana, feriados e férias escolares, porquanto comprovado que seu filho de três anos de idade, portador de Síndrome de Down, requer cuidados especiais, sendo o pai o responsável por prestar maior auxílio ao núcleo familiar. Ressaltou aquela Corte que "o labor noturno permite que esteja todos os dias presente e de prontidão para socorrer o filho, em caso de necessidade, ou mesmo na rotina normal da família". Em face do exposto, não se vislumbra ofensa aos princípios da Administração Pública inscritos no art. 37, *caput*, da CF. (AIRR-10182-42.2018.5.15.0076, 8ª Turma, relatora Ministra Dora Maria da Costa, *DEJT* 30.8.2019 – 1000475-43.2020.5.02.0070. 16ª Turma. Desembargador relator, Juiz convocado, Márcio Granconato, *DEJT* 1º.9.2020.

______. Organização Internacional do Trabalho. *Nota técnica da OIT, de 02.03.2022*. Disponível em: <https://www.ilo.org/americas/publicaciones/WCMS_838520/lang--es/index.htm>. Acesso em: 06 fev. 2023.

______. Ministério da Saúde. Disponível em: <https://www.gov.br/saude/pt-br/coronavirus/atendimento-tratamento-e-fatores-de-risco>. Acesso em: 06 de fev. 2023.

CANADA. ONTARIO HUMANS RIGHTS COMMISSION. *The Cost of Caring*. Disponível em: <http://www.ohrc.on. ca/en/book/export/html/2480>. Acesso em: 06 fev. 2023.

Proteção à Maternidade

Proteção à Maternidade e ao Nascituro: Capitalismo e o Paradigma Constitucional de Igualdade. Atuação do Judiciário na realização do Dever ser Constitucional

Fernanda Itri Pelligrini

ESTABILIDADE PROVISÓRIA. CONTRATO INTERMITENTE. GARANTIA PROVISÓRIA DE EMPREGO PREVISTA NO ART. 10, II, *"B"*, ADCT. Trata-se de sentença que estabeleceu ser o objetivo da garantia constitucional não apenas formal, ou de não-exclusão dos quadros do empregador, mas efetiva garantia de emprego e salário para sustento e sobrevivência da trabalhadora gestante, reconheceu a precarização do trabalho, fraude na modalidade de contratação e rompimento do contrato de trabalho, além de condenar à indenização equivalente aos salários de todo o período de estabilidade gestante. (Sentença da 57ª VT de SP. Juíza do Trabalho Luciana Bezerra de Oliveira. Publ. *PJE* 13.05.2022)[1]

A questão que se apresenta quando há julgamento envolvendo a estabilidade provisória no emprego, prevista no art. 10, II, *"b"*, ADCT da Constituição Federal de 1988, perpassa pelo entendimento do conceito de Direitos Humanos e de sua aplicação no Ordenamento Jurídico Brasileiro, do desenvolvimento e aplicação de uma Filosofia

(1) BRASIL. Tribunal Regional do Trabalho da 2ª Região. *ATOrd 1000121-86.2022.5.02.0057*. 57ª Vara do Trabalho de São Paulo. Juíza do Trabalho Luciana Bezerra de Oliveira. *DEJT* 13.05.2022

Jurídica acerca da distribuição do ônus e vantagens da organização jurídico social entre os integrantes da sociedade, e de uma leitura de toda legislação aplicável ao caso concreto a partir do constitucionalismo e utilização de hermenêutica que proporcione o atingimento do escopo democrático e social da Constituição Federal de 1988, cumprindo o Poder Judiciário o seu papel de concretizador de normas, transformando o dever ser constitucional em existência fenomênica.

Justifica-se a investigação acerca da proteção à maternidade e ao nascituro, dentro do contexto da relação de trabalho, uma vez que existente, na atualidade, forte movimento no sentido de que a legislação trabalhista do Brasil abandone o garantismo dispensado pelo Estado, fomentando-se a ideia de que a flexibilização e desregulamentação do mercado de trabalho brasileiro levaria a criação de novos postos de trabalho e em melhores condições. Razões políticas, econômicas e ideológicas levaram a uma crescente oposição ao Estado intervencionista e de bem-estar social.

Por outro lado é intenso o movimento social, com reflexos nas atuações institucionais e dos Poderes de Estado, de discussão acerca da Igualdade de gênero, com o desenvolvimento de ações de enfrentamento da violência contra as mulheres, comprometendo-se vários setores da sociedade com a efetivação da Igualdade Real e realização daquilo previsto como parte dos objetivos fundamentais da República Federativa do Brasil, e exposto nos incisos, I e IV, do art. 3º da CF: "construir uma sociedade livre, justa e solidária" e "promover o bem de todos, sem preconceito de origem, raça, sexo, cor, idade e quaisquer outras formas de discriminação". Neste escopo o Conselho Nacional de Justiça — CNJ, no ano de 2021, lançou o Protocolo para Julgamento com Perspectiva de Gênero, Protocolo este que balizou a sentença judicial alhures mencionada, a qual é objeto de análise e ponto de partida para estas reflexões.

A decisão judicial *in* comento enfrentou, sob uma perspectiva jurídico-constitucional, o embate das duas forças sociais mencionadas. A flexibilização do mercado de trabalho, que se apresentou no caso concreto por meio da realização de um contrato de trabalho na modalidade intermitente (sobre o qual pendia a alegação de fraude, que acabou reconhecida em sentença), introduzido no ordenamento jurídico brasileiro por meio da Lei n. 13.467/2017 (que impulsionou a propalada Reforma Trabalhista) colocou-se frente a proteção da maternidade e infância, que integram os propósitos constitucionais, bem como a busca pela Igualdade real, tudo sob a luz do Julgamento com Perspectiva de Gênero, conforme o mencionado Protocolo do CNJ, do ano de 2021.

A Magistrada, ao analisar os argumentos de Defesa, no sentido de que não teria havido demissão da trabalhadora, mas tão somente não convocação para o trabalho, o fez sob a luz da das regras constitucionais, o que se demonstra pela interpretação apresentada no sentido de que: "No caso da trabalhadora gestante, o objetivo da norma legal é, justamente, garantir emprego e salário para o sustento e a sobrevivência da trabalhadora grávida e, consequentemente do feto", decidindo por fim, que: "A atitude da empregadora de sonegar salário de uma trabalhadora gestante não tem respaldo no ordenamento jurídico e justifica, sim, o rompimento do contrato de trabalho por falta grave cometida pelo empregador, nos moldes do art. 483, *"d"*, da CLT".

De se notar que, independentemente do reconhecimento ou não da validade do contrato de trabalho intermitente, a relação trabalhista que se estabelece com base na norma que o criou (Lei n. 13.467/2017) está sujeita a Eficácia Irradiante dos Direitos Fundamentais, de maneira que na interpretação da norma não pode se concluir pela sua aplicação em desconformidade com a Constituição, e no caso específico, o contrato intermitente não poderia servir de sucedâneo a ab-rogação da garantia constitucional de emprego e salário para a empregada gestante.

Assim, não é permitido ao empregador valer-se da mera aplicação da norma do contrato intermitente, omitindo-se de sua responsabilidade de cumprimento das normas e Princípios Constitucionais, não sendo demais relembrar que a CF/88 determina em seu art. 5º, XXIII, que a propriedade deve atender a sua função social, princípio este que se desdobra no *caput de* seu art. 170 ao estabelecer que a ordem econômica deve estar fundada na valorização do trabalho humano, assegurando, a todos, existência digna conforme os ditames da justiça social, estabelecendo assim a necessidade de que a Empresa também cumpra a sua função social.

Nesse contexto deve ser esclarecido que a garantia provisória de emprego prevista no art. 10, II, *"b"*, ADCT insere-se no contexto de Direitos Humanos que na Constituição Brasileira positivaram-se sob a nomenclatura de Direitos Fundamentais. É imprescindível, ainda, estabelecer a relação existente entre a garantia provisória de emprego à gestante e a tutela constitucional dos direitos da infância, que no dizer de Alexandre de Moraes:

> "É dever constitucional da família, da sociedade e do Estado assegurar à criança e ao adolescente, com absoluta prioridade, o direito à vida, à saúde, à alimentação, à educação, ao lazer, à profissionalização, à cultura, à dignidade, ao respeito, à liberdade e a convivência familiar e comunitária, além de colocá-los a salvo de toda forma de negligência, discriminação, exploração, crueldade e opressão."(2)

Direitos estes que se estendem ao nascituro, por força do previsto no art. 2º do Código Civil de 2002: "A personalidade civil da pessoa começa do nascimento com vida; mas a lei põe a salvo, desde a concepção, os direitos do nascituro". Assim é que a garantia

---

(2) MORAES, Alexandre de. *Direito Constitucional*. 19. ed. São Paulo: Atlas, 2006. p. 757-758.

provisória do emprego, desde a concepção até cinco meses após o parto, é a efetivação do direito à dignidade, alimentação e saúde, bem como da proteção contra toda forma de negligência, do nascituro e do neonato.

A CF/88 trouxe uma mudança de paradigma quanto à responsabilidade familiar e social pela segurança e bem-estar do nascituro e da criança, uma vez que contrariamente aos ditames de uma sociedade tradicionalmente machista e patriarcal, estabeleceu que a responsabilidade não é apenas da mulher, mas sim da família, da sociedade e do Estado, afastando a mulher da situação de única responsável pelos cuidados com o lar, e filhos, e assim aproximando-a do mercado de trabalho. No entanto, não bastava dividir a responsabilidade culturalmente atribuída tão somente a mulher, era necessário proteger seu acesso, e permanência, ao trabalho, foi assim, com este direcionamento, que o legislador constituinte sintetizou os valores de proteção à infância, igualdade de gênero, e função social da propriedade, na norma proporcionadora de garantia provisória de emprego trazida no art. 10, II, "*b*", ADCT.

Evidentemente não se ignora que o compartilhamento da responsabilidade pela segurança e bem-estar do nascituro e da criança possui efeitos econômicos, que dentro de um contexto capitalista sofrerá pressão de forças opostas uma vez que o capital apenas cede ao acesso da mulher ao mercado de trabalho naquilo que o favorece, ou seja, como mão de obra disponível, inclusive como meio de precarização, uma vez que "o único intuito do capital é diminuir seus custos e visa ampliar cada vez mais seu lucro, aproveitando-se das construções sociais sexistas, e se apropria também da força de trabalho da mulher"[3].

Assim é que a CF/88 busca, ao mesmo tempo que permitir o acesso da mulher ao mercado de trabalho, dirimir as questões que este acesso suscita devido ao comportamento do Capital e do Patriarcado, atendendo aos seus ditames de igualdade, uma vez que no dizer de Beccaria: "As vantagens da sociedade devem ser distribuídas equitativamente entre todos os seus membros. Entretanto, numa reunião de homens[4], percebe-se a tendência continua para concentrar no menor número os privilégios, o poder e a ventura, e restando à maioria miséria e debilidade"[5].

A CF/88, que recebeu o epíteto de Constituição Cidadã, estabeleceu valores e Princípios que levam a um dever ser social, ela direciona a sociedade no sentido de alcançar o desejo humano expressado por Aristóteles, de não apenas viver, mas sim viver bem, de alcançar a felicidade. A felicidade, no entanto, sendo um fim em si mesmo e

---

(3) IORI, Kállita de Freitas; SOUZA SILVA, Ruteleia Cândida de. A feminização do Mercado de Trabalho e a "questão social" expressa no gênero. *Connection Line Revista Eletrônica do Univag*, Várzea Grande, v. 23. 2020. Disponível em: <https://periodicos.univag.com.br/index.php/CONNECTIONLINE/article/viewFile/1590/1725>. Acesso em: 10 jan. 2022.

(4) O termo, aqui, é utilizado pelo auto na acepção de gênero humano.

(5) BECCARIA, Cesare. *Dos Delitos e Das Penas*. Tradução de Torrieri Guimarães. São Paulo: Hemus, [1764]. p. 11.

não um meio para alguma coisa, é um bem absoluto, ou seja, autossuficiente e, no dizer aristotélico, deve ser algo que sirva a não apenas um indivíduo, mas a todos(6). A CF/88, portanto, projeta um modelo de sociedade para um viver bem sem distinção, e deixa seu projeto de sociedade de forma clara já em seu Preâmbulo ao estabelecer como valores supremos uma sociedade fraterna, pluralista, sem preconceitos e fundada na harmonia social. Assim é que o bem social ideal deve, respeitando a personalidade de cada um, servir ao coletivo(7).

A despeito, no entanto, da Constituição brasileira ter ultrapassado trinta anos desde sua promulgação, o trabalho no sentido da modelação de sociedade em que haja igualdade real ainda está distante de ser alcançado. A desigualdade existente entre os gêneros, (restringindo aqui ao recorte de nossa reflexão presente, posto que há muitas outras desigualdades relevantes em nossa sociedade), quanto aos patamares de cidadania ainda é de tamanha monta que, mesmo com a proteção constitucional conferida ao trabalho da mulher gestante, houve necessidade de que o Supremo Tribunal Federal — STF declarasse expressamente que a proteção não pode ser afastada por norma coletiva(8). Ressalte-se que a Tese fixada pelo STF em 2022: "São constitucionais os acordos e as convenções coletivas que, ao considerarem a adequação setorial negociada, pactuam limitações ou afastamentos de direitos trabalhistas, independentemente da explicitação especificada de vantagens compensatórias, desde que respeitados os direitos absolutamente indisponíveis" (Tema n. 1.046), mantém ainda vigente o entendimento mencionado alhures, posto a posição da garantia provisória a emprego da trabalhadora gestante (até cinco meses após o parto) estar posicionada entre os direitos absolutamente indisponíveis.

O Poder Judiciário deve estar sempre atento às tentativas de esvaziamento do edifício constitucional da Igualdade, e protetor da mulher enquanto cidadã trabalhadora, posto que nem mesmo a Força Sindical e de Organização Coletiva dos Trabalhadores proporciona ambiente de igualdade de gênero, sendo muito pequena a participação feminina nas entidades sindicais, sobretudo nos cargos de direção e, assim sendo, a

---

(6) "Ora, por auto-suficiente não entendemos aquilo que é suficiente para um homem só, para aquele que leva uma vida solitária, mas também para os pais, os filhos, a esposa, e em geral para os amigos e concidadãos, visto que o homem nasceu para a cidadania". ARISTÓTELES. Ética a Nicômaco. Tradução de Leonel Vallandro e Gerd Bornheim. In: *Coleção Pensadores*. São Paulo: Nova Cultural, 1991. p. 12.

(7) REALE, Miguel. *Filosofia do Direito*. 19. ed. São Paulo: Saraiva, 2002. p. 271.

(8) "Considerando que os acordos e convenções coletivas de trabalho não podem restringir direitos irrenunciáveis dos trabalhadores, a Turma deu provimento a recurso extraordinário para reformar acórdão do TST que afastara o direito de empregada gestante à estabilidade provisória prevista no art. 10, II, *'b'*, do ADCT ('II – fica vedada a dispensa arbitrária ou sem justa causa: [...] b) da empregada gestante, desde a confirmação da gravidez até cinco meses após o parto.'), em razão da existência, na espécie, de cláusula de acordo coletivo que condicionara o mencionado direito à necessidade de prévia comunicação da gravidez ao empregador". STF 1ª T. – RE n. 234.186-SP, rel. Min. Sepúlveda Pertence, 05.06.2001. (Julgamento referenciado por Alice Monteiro de Barros no artigo: Cidadania, Relações de Gênero e Relações de Trabalho — *opus citatum* a seguir).

mulher trabalhadora, em suas peculiaridades, fica mais sujeita às forças do capital do que os demais trabalhadores[(9)].

Esta realidade foi observada pela Magistrada sentenciante ao destacar os recortes retirados do Protocolo para Julgamento sob Perspectiva de Gênero e ainda ao esclarecer que a situação de a trabalhadora ser de baixa renda, submetida a contrato de trabalho precarizado, e sem recebimento de salários durante a gestação, suscitava a aplicação do referido Protocolo para o julgamento [(10)].

A atuação do Poder Judiciário no caso concreto se deu para descerrar as portas e permitir o acesso da Reclamante ao edifício de proteção social a mulher trabalhadora, enquanto gestante e/ou mãe, isto porque ainda que formalmente empregada a trabalhadora estava sem recebimento algum de salário, e teria prejudicada a obtenção do salário--maternidade[(11)], de maneira que toda construção jurídico-constitucional tornar-se-ia inócua diante de uma condição potestativa do empregador.

A atuação do Poder Judiciário no caso em análise se deu no molde aristotélico em que a Magistrada restabeleceu a igualdade, atuando como incorporação da própria justiça em si[(12)] dando a cada um o que lhe pertence de modo a que o Princípio da Dignidade da Pessoa Humana, Princípio Matriz de todos os direitos fundamentais, fosse restabelecido

---

(9) BARROS, Alice Monteiro de. Cidadania, Relações de Gênero e Relações de Trabalho. Rev. Trib. Reg. Trab. 3ª Reg., Belo Horizonte, v. 47. n. 77. p. 67-83, jan/jun. 2008 2020. Disponível em: <https://www.trt3.jus.br/escola/download/revista/rev_77/Alice_Barros.pdf. Acesso em: 10.01.2022.

(10) "No âmbito da Justiça do Trabalho destacou (fl. 103): "Na Justiça do Trabalho, inúmeras são as demandas que exigem o olhar sob a perspectiva de gênero, tanto pela relação assimétrica de poder que é intrínseca a todo contrato de trabalho, independentemente dos partícipes que estão na relação, e que na maioria das vezes se somam a outras vulnerabilidades, como pelos direitos envolvidos nos casos concretos."

Não obstante, ainda pontua: "A precarização de diversos postos de trabalho tidos como femininos (atividade de limpeza e conservação, telemarketing, doméstico, etc.), somada à escassez de tempo decorrente das múltiplas atividades, têm impacto direto na desigualdade salarial, bem como nos modelos de contratação aos quais mulheres (de baixa renda, em regra) acabam se sujeitando com mais frequência, a exemplo dos contratos de trabalho intermitentes ou a tempo parcial. Dados do IBGE colhidos em 2016 indicam que o trabalho parcial é majoritariamente feminino. Entre a população branca, 25% destes contratos são firmados por mulheres e apenas 11,9% por homens. Quando analisado o recorte racial esta proporção se mantém, 31,3% entre as mulheres negras, frente 16% para os homens negros. As repercussões desta realidade transcendem a esfera do direito do trabalho, pois, além destas trabalhadoras terem menos chances (para não dizer nenhuma) de ocupar postos de trabalho mais qualificados e de melhores salários, inclusive porque a escassez de tempo (e de recursos) as impede de se qualificar, deixam de ter acesso a diversos benefícios previdenciários por receberem salário inferior ao mínimo legal, como, por exemplo, o salário maternidade, e não tem este tempo contado para fins de aposentadoria""

(11) *Instrução Normativa PRES/INSS n. 128, de 28 de março de 2022*. Art. 240. A renda mensal do salário--maternidade será calculada, observado o disposto no art. 19-E do RPS, da seguinte forma: I – para a segurada empregada, consiste numa renda mensal igual à sua remuneração integral, ou em caso de salário total ou parcialmente variável, na média aritmética simples dos seus 6 (seis) últimos salários.

(12) "Eis aí por que as pessoas em disputa recorrem ao juiz; e recorrer ao juiz é recorrer à justiça, pois a natureza do juiz é ser uma espécie de justiça animada" *Opus citatum*. p. 103.

fática e contratualmente, fazendo cessar, desta forma, a inconstitucionalidade viciadora da relação.

Cabe ressaltar, por fim, que o Protocolo para Julgamento sob Perspectiva de Gênero do Conselho Nacional de Justiça atende ao compromisso firmado pelo Supremo Tribunal Federal — STF e Conselho Nacional de Justiça — CNJ, com os Objetivos de Desenvolvimento Sustentável da Organização das Nações Unidas, em específico o ODS5 – Igualdade de Gênero, e em razão deste compromisso foi criada a Agenda 2030, a qual se relaciona com a efetivação dos Direitos Humanos e promoção do desenvolvimento nacional. A formalização de tais compromissos e instrumentalização para sua efetividade são, também, instrumentos de realização do molde social estabelecido na CF/88, a qual prevê expressamente em ser art. 4º que a República Federativa do Brasil reger-se-á em suas relações internacionais, entre outros, pelos princípios dos direitos humanos e cooperação entre os povos para o progresso da humanidade.

De se observar que todos os dezessete Objetivos de Desenvolvimento Sustentável da Organização das Nações Unidas se encontram em consonância e convergência com a CF/88 de maneira que a parceria entre o Brasil e a ONU para a realização de ações voltadas ao atingimento de tais metas é mecanismo de fortalecimento da realização da vontade constitucional na sociedade brasileira. A aplicação do Protocolo Para Julgamento com Perspectiva de Gênero, do CNJ, revelou-se assim como instrumento de realização do dever ser constitucionalmente estabelecido e, portanto, valioso recurso para o Poder Judiciário exercer seu Poder-Dever de tornar efetiva a ordem constitucional.

Referências

Agenda 2030 no Poder Judiciário Comitê Interinstitucional — RELATÓRIO PRELIMINAR. *Portaria n. 133, de 28 de setembro de 2018*. Disponível em: <https://www.cnj.jus.br/wp-content/uploads/2021/06/1Relatorio_Seminario_de_Apresentacoes_dos_Trabalhos_do_Comite_dos_ODS.pdf>. Acesso em: 11 out. 2022.

ARISTÓTELES. Ética a Nicômaco. Tradução de Leonel Vallandro e Gerd Bornheim. In: *Coleção Pensadores*. São Paulo: Nova Cultural, 1991. p. 12.

BARROS, Alice Monteiro de. Cidadania, Relações de Gênero e Relações de Trabalho. *Rev. Trib. Reg. Trab. 3ª Reg.*, Belo Horizonte, v. 47. n. 77. p. 67-83, jan/jun. 2008 2020. Disponível em: <https://www.trt3.jus.br/escola/download/revista/rev_77/Alice_Barros.pdf>. Acesso em: 10 jan. 2022.

BECCARIA, Cesare. *Dos Delitos e Das Penas*. Tradução de Torrieri Guimarães. São Paulo: Hemus, [1764]. p. 11.

IORI, Kállita de Freitas; SOUZA SILVA, Ruteleia Cândida de. A feminização do Mercado de Trabalho e a “questão social” expressa no gênero. *Connection Line Revista Eletrônica do Univag*, Várzea Grande, v. 23. 2020. Disponível em: <https://periodicos.univag.com.br/index.php/CONNECTIONLINE/article/viewFile/1590/1725>. Acesso em: 10 jan. 2022.

MORAES, Alexandre de. *Direito Constitucional.* 19. ed. São Paulo: Atlas, 2006. p. 757-758.

Protocolo para Julgamento com Perspectiva de Gênero. Disponível em: <https://atos.cnj.jus.br/atos/detalhar/4377>. Acesso em: 11 out. 2022.

REALE, Miguel. Filosofia do Direito. 19. ed. São Paulo: Saraiva,. 2002. p. 271.

Pedido de Demissão na Garantia Provisória de Emprego

Juliana Wilhelm Ferrarini Pimentel

GARANTIA PROVISÓRIA NO EMPREGO. GESTANTE. PEDIDO DE DEMISSÃO VERBAL. NÃO COMPROVAÇÃO. NULIDADE DA DISPENSA. Incontroverso que ao tempo da dispensa a Reclamante estava grávida e gozava da garantia provisória no emprego. Era ônus da ré a prova inequívoca do pedido de demissão, ônus do qual não se desincumbiu. Desta feita, prevalece a presunção de que houve dispensa sem justa causa. Decorrido o período da garantia provisória, há que se converter a obrigação de reintegrar em indenização relativa a todo o período de garantia provisória, ou seja, da data da ruptura contratual até cinco meses após o parto.[1]

Estamos em pleno século XXI e ainda podemos observar de forma cristalina a desigualdade existente entre homens e mulheres no mercado de trabalho. Apesar de todos os avanços culturais, sociais, políticos e legislativos, a desigualdade ainda é visível a olhos nus.

Pesquisas recentes ainda demonstram que as mulheres continuam na vagarosa luta para serem promovidas a altos cargos nas empresas, terem igualdade de condições de trabalho e receberem salários iguais aos dos homens.

Além de todas as dificuldades acima expostas, muitas mulheres ainda são discriminadas quando decidem aumentar sua família e ter filhos. Não são raras as vezes que as mulheres em idade fértil ou recém-casadas deixam de ser contratadas pelas empresas. E, ainda vemos com muita frequência mulheres sendo demitidas grávidas ou logo após o retorno da licença maternidade.

Por esta razão, o legislador ainda precisa proteger as mulheres e seus filhos. Da mesma forma, o julgador deve ter um olhar diferenciado quando aprecia um processo de uma mulher gestante ou que tenha acabado de virar mãe.

(1) BRASIL. Tribunal Regional do Trabalho da 17ª Região. *Processo n. 0000585-86.2019.5.17.0002.* Desembargadora do Trabalho ANA PAULA TAUCEDA BRANCO. Pub. *PJE* 22.06.2022.

Sob esta perspectiva de gênero, que iremos analisar neste artigo uma sentença na qual o juiz de piso julgou improcedente o pedido de nulidade de demissão de uma empregada gestante, por entender ser válido o pedido de demissão feito de forma verbal em uma videoconferência.

Em resumo, no caso em comento, a trabalhadora ingressou com Reclamação Trabalhista alegando que teria sido demitida por suposto pedido de demissão. Aduz que diferentemente do que consta no TRCT não pediu demissão para a empresa e que não teria renunciado à garantia provisória no emprego que possuía em razão de estar grávida. Sustenta ainda que em uma reunião realizada por videoconferência, foi coagida e persuadida a pedir demissão pela ré. Alega, ainda, que "ao questionar a reclamada se a mesma perderia todos os seus direitos, a preposta da reclamada informou que sim, porém ainda as deixariam com o plano de saúde até o parto". Relata que neste exato momento a reclamante e a outra grávida, se negaram a pedir demissão, pois não poderiam abrir mão de sua estabilidade. Aduz também que a decisão de não pedir demissão foi ignorada pela ré, que "em tons de ameaça e coação" informou que iria utilizar a reunião como pedido de demissão, e assim o fez, quando lhe fora entregue o TRCT constando demissão a pedido do empregado.

Nessa senda, a reclamante pleiteou a nulidade do pedido de demissão, bem como sua reintegração ao emprego ou indenização equivalente ao período de garantia de emprego, com fundamento na alínea *"b"* do inciso II do art. 10 do ADCT. Fundamenta seu pedido na ausência de assistência sindical, conforme previsto no art. 500 da CLT.

Em sede de defesa, a ré alegou que a autora pediu demissão, de forma verbal, conforme registro em reunião realizada por videoconferência. Colacionou aos autos mídia da reunião, na qual a autora supostamente teria pedido demissão verbal, juntamente com outra colega. Aduz ainda que o pedido de demissão já teria sido feito em contato telefônico com o setor de RH. Sustenta que a reclamante foi devidamente orientada sobre a garantia provisória de emprego, sendo que pediu demissão por livre e espontânea vontade, não havendo qualquer motivo que justifique a nulidade desse pedido de demissão verbal.

Após a realização da instrução processual, o juízo de primeiro grau julgou improcedente a reclamação trabalhista por considerar válido o pedido de demissão, sob os seguintes argumentos: a) a ré juntou aos autos o pedido de demissão da empregada (mídia acautelada em secretaria), no qual consta o pedido de demissão, sem qualquer ressalva por parte da trabalhadora; b) o depoimento da única testemunha indicada pela trabalhadora que, inclusive, foi a empregada grávida que também participou da videoconferência, é contrário aos fatos que ocorreram na reunião por videoconferência; c) as testemunhas da ré confirmaram o pedido de demissão; d) a alínea *"b"*, do inciso II, do art. 10, do ADCT, não se aplica a autora diante do pedido de demissão verbal, vez que a autora tinha ciência da renúncia de seu direito.

Inconformada, a reclamante reiterou os argumentos lançados na inicial, acrescentando que a mídia da videoconferência que embasou a decisão judicial foi juntada de forma incompleta. Ressaltou que na mídia juntada aos autos não consta a parte final da resposta da Reclamante sobre o pedido de demissão. Reafirma que "em hipótese alguma pediu sua demissão junto à recorrida, e também jamais poderia ser dispensada de seu trabalho".

O v. acórdão reformou a decisão de origem analisando o caso sob a perspectiva de gênero e julgou procedente o pedido da autora, sob o fundamento de que não houve pedido de demissão, seja implícito ou explícito.

Pois bem. Em primeiro lugar vale lembrar ser incontroverso que o legislador, para proteger a mãe, o feto e o nascituro, elegeu ao patamar de direito constitucional a garantia de emprego da mulher gestante. O art. 10, II, "*b*", do ADCT, regulamentando provisoriamente o inciso I do art. 7º da CF, estabeleceu uma espécie de garantia provisória de emprego à empregada gestante, na medida em que vedou sua dispensa arbitrária ou sem justa causa desde a confirmação da gravidez até 05 (cinco) meses após o parto.

A chamada garantia gestante tem a finalidade essencial de garantir a qualidade de vida da mãe preservando sua capacidade de subsistência através da obrigatória manutenção no emprego, para que o feto e, posteriormente, a criança possam desenvolver-se com saúde e dignidade.

A trabalhadora tem garantia de emprego desde a confirmação de seu estado gravídico, o qual coincide com a concepção. Saliento que o fato do empregador não ter conhecimento sobre o estado gravídico da trabalhadora no momento da rescisão contratual é irrelevante, pois a garantia de emprego da gestante é objetiva.

Ademais, no caso objeto do nosso estudo, devemos analisar dois tópicos de suma importância: a validade do pedido de demissão da empregada gestante e o ônus da prova em caso de pedido de demissão de empregada gestante.

Muito se discute na doutrina e na jurisprudência sobre a possibilidade de a trabalhadora gestante pedir demissão e renunciar a garantia provisória de emprego a que teria direito.

De um lado, parte da doutrina e jurisprudência vão no sentido de que a garantia provisória de emprego da gestante é irrenunciável, por se tratar de direito trabalhista indisponível (art. 9º da CLT), garantido na Constituição Federal. Para esta corrente, a empresa possui função social e deve indenizar a trabalhadora que não mais deseja laborar na ré. Na mesma linha, há quem defenda a impossibilidade de renúncia da garantia de emprego da gestante, sob o fundamento de que o direito constitucional insculpido no art. 10, II, "*b*", da CF não é exclusivo da mulher, estendendo-se ao feto e ao nascituro.

Não obstante o quanto acima exposto, a corrente majoritária entende ser possível o pedido de demissão da trabalhadora gestante, uma vez que é um direito potestativo da empregada que não mais deseja trabalhar. Segundo esta corrente, a empregada gestante que pede demissão não teria direito a qualquer indenização referente à garantia de emprego.

No caso em comento, o Juiz da primeira instância entendeu ser possível o pedido de demissão da autora por videoconferência e, analisando friamente a decisão, o processo se resumiria ao seguinte aspecto: a reclamante efetivamente pediu demissão ou não?

Ficou claro para o Magistrado de primeiro grau que a reclamante não mais queria trabalhar para a ré e por isso, teria pedido demissão. A autora teria procurado a empresa para ser demitida assim como os demais empregados da ré tinham sido. Não obstante, a reclamante não queria "abrir mão de seus direitos" com o pedido de demissão. O intuito da autora era ser demitida sem justa causa, por isso teria procurado a ré. No entanto, diante da garantia provisória de emprego, a empresa afirmou que não poderia demiti-la sem justa causa, mas sim a autora deveria formular o pedido de demissão. E, apesar de não ter formulado o pedido de forma expressa, o Juiz considerou válido o pedido de demissão da autora, já que não mais tinha interesse em continuar a trabalhar para a ré.

O caso em análise é bastante comum na Justiça do Trabalho. No cotidiano, os Magistrados Trabalhistas se deparam com bastante frequência com casos similares. Há centenas de trabalhadoras gestantes que, por diversos motivos (ambiente de trabalho, jornadas exaustivas, distância a ser percorrida entre a residência e o local de trabalho, dificuldades na gestação etc) não desejam mais trabalhar durante a gestação. Não obstante, não querem perder a proteção que a lei garante as gestantes e seus bebês.

Analisando os casos sob uma perspectiva consuetudinária, o juiz poderia simplesmente julgar improcedente o pedido de nulidade do pedido de demissão, uma vez que está claro que a trabalhadora não mais deseja continuar a trabalhar na empresa, como foi o caso analisado neste artigo.

No entanto, o direito deve evoluir. E sob uma nova ótica do direito, os julgamentos devem ser pautados sob o viés da perspectiva de gênero. Nessa senda, o Tribunal reformou o julgamento de piso utilizando a perspectiva de gênero como uma lupa para invalidar o pedido de demissão da autora.

Na verdade, o juiz de segunda instância analisou a real vontade da trabalhadora. No caso em tela, a saída em massa dos funcionários da ré e a falta de condições de trabalho foi o real motivo da iniciativa da autora de rescindir o seu contrato de trabalho. O ambiente de trabalho da autora não estava adequado para que essa trabalhasse com tranquilidade em sua gestação. E, de acordo com o Magistrado, ficou claro que a reclamante teria interesse de ser desligada da empresa somente se recebesse a indenização equivalente ao período de garantia provisória no emprego, o que não foi acolhido pela empresa. Assim, mesmo sem a anuência da reclamante, a ré considerou o pedido de demissão da autora.

Percebe-se pela leitura dos autos que a reclamante não tinha intenção de renunciar aos direitos decorrentes da garantia provisória no emprego, o que afasta a tese de pedido de demissão autoral. Tanto isso seria verdade que a autora não teria assinado o pedido de demissão.

Desta feita, sob o enfoque da perspectiva de gênero, ficou patente que a trabalhadora gestante não tinha intenção de pedir demissão e renunciar seus direitos trabalhistas. Mas sim, queria ser desligada da empresa, já que estava sem condições de trabalho. Nessa senda, a intenção da autora em rescindir seu contrato de trabalho não pode ser entendida como pedido de demissão (pedido implícito).

Outro ponto que merece ser analisado diz respeito ao ônus da prova no pedido de demissão. À luz da Súmula n. 212 do C. TST e do princípio da continuidade das relações de emprego, é ônus do empregador a prova quanto ao término do contrato de trabalho. Faz-se necessário a prova robusta e inequívoca de que o trabalhador pediu demissão. E assim entendeu o Juiz de segundo grau.

A par disso, não é demais lembrar que o pedido de demissão é um poder potestativo do trabalhador, não sendo possível reconhecê-lo por mera suposição. Cabe ao empregado exercê-lo de forma clara e por escrito.

Nessa linha de raciocínio, especial atenção deve ter o Magistrado ao analisar um pedido de demissão de um trabalhador detentor de garantia provisória de emprego. Finalizou o Magistrado da segunda instância no sentido de que ainda que se admitisse a existência do pedido de demissão verbal da Reclamante durante o período da garantia provisória no emprego, tal pedido não teria validade, sendo evidente a nulidade da declaração de vontade, pois a Reclamante não contou com a assistência sindical ou da autoridade competente, na forma exigida pelo art. 500 da CLT, *in verbis*:

> Art. 500 – O pedido de demissão do empregado estável só será válido quando feito com a assistência do respectivo Sindicato e, se não o houver, perante autoridade local competente do Ministério do Trabalho e Previdência Social ou da Justiça do Trabalho.

Desse modo podemos concluir que o legislador teve especial preocupação com a garantia de sobrevivência da mãe, do feto e da criança, razão pela qual o Magistrado ao analisar um pedido demissão da empregada gestante também tem o dever de julgar com a extrema cautela, sempre analisando os fatos sob a perspectiva de gênero e a real vontade da trabalhadora.

Frise-se, a real vontade da trabalhadora de rescindir o contrato de trabalho e abrir mão da proteção legal que lhe é conferida deve ficar cabalmente provada de forma que o Juízo possa ter plena convicção de que aquela trabalhadora tem total ciência da perda dos direitos legais a ela conferidos, tendo escolhido abrir mão dessa proteção sem que nenhum fator externo esteja lhe influenciando ou lhe induzindo a fazê-lo, corrompendo o seu desejo interior. Deve, ainda, o Magistrado analisar todo o contexto social em que essa trabalhadora está inserida e avaliar se sua atitude poderá prejudicá-la, ou o feto, ou o nascituro, tendo um olhar mais abrangente dos fatos sob a perspectiva de gênero.

Referências

BRASIL. Tribunal Regional do Trabalho da 17ª Região. *Processo n. 0000585-86.2019.5.17.0002.* Desembargadora do Trabalho ANA PAULA TAUCEDA BRANCO. Pub. *PJE* 22.06.2022.

Conselho Nacional de Justiça (Brasil). *Protocolo para Julgamento com Perspectiva de Gênero* [recurso eletrônico] / Conselho Nacional de Justiça. Brasília: Conselho Nacional de Justiça — CNJ; Escola Nacional de Formação e Aperfeiçoamento de Magistrados — Enfam, 2021. Dados eletrônicos (1 arquivo : PDF 132 páginas). Disponível em: <http://www.cnj.jus.br> e <www.enfam.jus.br>.

Violência Sexual

Assédio Sexual no Trabalho: Perspectiva de Gênero e Relevância da Palavra da Vítima

Dulce Maria Soler Gomes Rijo

ASSÉDIO SEXUAL. PROVA DOS FATOS. DIFICULDADE. CULTURA OCIDENTAL MACHISTA. CULPA DA VÍTIMA. INIBIÇÃO DO DIREITO DE INSURGÊNCIA. DEPOIMENTO DA VÍTIMA. CIRCUNST NCIAS RAZOÁVEIS. PROVA SUFICIENTE. A submissão da mulher, na sociedade patriarcal ocidental machista, inclui, lamentavelmente, sua exposição mais frequente e iterativa ao assédio sexual. A prática social 'mediana', para não dizer medíocre, ainda reitera padrões de análise e avaliação que desprestigiam a igualdade de gênero e retroalimentam o sistema, para torná-lo ainda mais impermeável à evolução. Prova disso são as observações não incomuns de que a estuprada estava vestida de forma a convidar o estuprador; de que mulher sozinha não devia frequentar tal tipo de estabelecimento, já sabendo o que lhe caberia; ou que a exibição do corpo patrocina a violência. A jurisprudência firme no âmbito penal é a de que o depoimento da vítima, nesse quadro, ostenta caráter de prova. Apurou-se na instrução que (a) a vítima noticiou os fatos assim que ocorreram, no curso do plantão; (b) o ocorrido gerou atitude extrema da vítima, que abandonou o plantão no meio (dia 12/6), alegando que o assediador a estava questionando sobre a mudança de local de trabalho e lhe oferecendo um 'presente'; (c) não há prova do reclamante a demonstrar seu comportamento habitual em desconformidade com a denúncia; e (d) sua linha de argumentação, na sindicância, é culpar a vítima, dizendo que ela confidenciou fatos relacionados ao comportamento sexual (como estar afastada do pai de seu filho) e que ela agiu de forma estranha e sem justificativa, porque ele apenas 'conversou' sobre assuntos diversos e lhe ofereceu companhia para o jantar. Configurada, pois, a prática de assédio. Justa causa mantida. Recurso parcialmente provido."

1. Introdução

O presente artigo propõe comentar o Acórdão Proferido no processo de n. 1000150-07.2019.5.02.0037, de Relatoria do Juiz, Dr. Marcos Neves Fava, integrante à época da 15ª Turma, do Tribunal Regional do Trabalho de São Paulo TRT – 2 (SP), sob a perspectiva de gênero e o valor da palavra da vítima no sistema probatório. No caso concreto, o reclamante foi demitido com justa causa, em razão de praticar assédio sexual contra colega e pretendia na ação a reversão da rescisão com justa causa, negando os fatos inerentes à prática de assédio sexual e argumentando "culpa da vítima". O Acórdão fundamenta a decisão na submissão da mulher em uma sociedade "machista", salientando que a prática social reitera o desprestígio à igualdade de gênero. Neste sentido menciona: [...] "observações não incomuns de que a estuprada estava vestida de forma a convidar o estuprador; de que mulher sozinha não devia frequentar tal tipo de estabelecimento, já sabendo o que lhe caberia; ou que a exibição do corpo patrocina a violência." [...] Por outro lado, revela a inibição da mulher na procura de auxílio ou punição aos agressores, havendo receio de reiteração e de ser condenada sob o argumento de ter provocado a situação. A decisão adotou a jurisprudência da esfera penal no sentido de que o depoimento da vítima ostenta caráter de prova, considerando a dificuldade pela inibição do direito de insurgência, além da razoabilidade das circunstâncias como ensejadoras de prova suficiente.

Fundamenta o Acórdão duas temáticas importantes:

> 1 – "submissão da mulher numa sociedade 'machista', salientando que a prática social reitera o desprestígio à igualdade de gênero (...) Prova disso são as observações não incomuns de que a estuprada estava vestida de forma a convidar o estuprador; de que mulher sozinha não devia frequentar tal tipo de estabelecimento, já sabendo o que lhe caberia; ou que a exibição do corpo patrocina a violência."
>
> 2 – "Socorramo-nos, a esta altura, do ramo do Judiciário que enfrenta mais assiduamente os crimes contra a liberdade sexual. Inicie-se por essa obviedade: assédio sexual é <u>crime</u> e <u>crime</u> contra a <u>liberdade sexual</u>. A jurisprudência é farta no sentido de que nessa espécie de crime, por ausentes, em regras, outros elementos de prova, fá-la o depoimento da vítima."

Examina-se o assédio sexual sob a ótica das questões de gênero, a percepção do Magistrado ao considerar o assédio sexual como violência de gênero e a sua postura de assegurar o princípio constitucional da igualdade ao analisar a prova não se distanciando dos fatores que determinam o desequilíbrio social, político e econômico.

2. Violência sexual como questão de gênero. Dignidade humana. Igualdade e não discriminação

O princípio da Dignidade da Pessoa Humana é um valor supremo e **deve** ser respeitado em toda sociedade, pois é o meio para qual se reconduzem todos os direitos fundamentais. É um princípio construído pela história. Consagra um valor supremo do ordenamento jurídico, que foi extraída da Declaração Universal dos Direitos Humanos de 1948, que em seu art. 1º, assevera que todos os homens nascem livres e são iguais em dignidade e também em direitos. A homenagem ao princípio da dignidade da pessoa humana e da igualdade e em repúdio à discriminação e ao preconceito, demonstrando que a discriminação fere de forma cruel a dignidade do ser humano. Trata-se de um valor moral inerente à pessoa, pois todo ser humano é dotado desse direito que constitui o princípio máximo do Estado Democrático de Direito.

A prática de violência e assédio no ambiente de trabalho é tema tratado pela Organização Internacional do Trabalho (OIT) que entrou em vigor em Junho de 2021: Convenção 190. A Convenção Internacional n. 190 reconhece o direito a todas as pessoas a um mundo de trabalho livre de violência e assédio. A mencionada Convenção Internacional foi utilizada pelo Conselho Nacional de Justiça (CNJ) no "Protocolo para Julgamento com Perspectiva de Gênero". De acordo com o Protocolo, a desigualdade é analisada sob a ótica das relações interpessoais, práticas institucionais e forma como o direito é interpretado e aplicado. O protocolo refere-se à violência de gênero no sentido de desigualdade de gêneros decorrentes da sociedade patriarcal. A violência sexual no ambiente de trabalho está enumerada no protocolo.

Importante ressaltar a Convenção Interamericana para Prevenir, Punir e Erradicar a Violência Contra a Mulher, também conhecida como Convenção do "Belém do Pará" que foi adotada pela Assembleia Geral da Organização dos Estados Americanos (OEA) em 1994, e compõe o Sistema Interamericano de Proteção aos Direitos Humanos. É o primeiro tratado internacional legalmente vinculante que criminaliza todas as formas de violência contra a mulher, em especial a violência sexual, por isso é um marco histórico internacional. Significa dizer que o Protocolo para Julgamento com perspectiva de gênero do Conselho Nacional de Justiça (CNJ) é um meio eficaz para promover a justiça, fazendo com que o Magistrado esteja atento à presença de estereótipos de gênero e os identificar nos casos concretos, levando em conta as desigualdades históricas para eliminar todas as formas de discriminação promovendo a igualdade como preceito constitucional. O Conselho Nacional de Justiça reforça a importância do protocolo para Julgamento com Perspectiva de gênero por meio da Recomendação CNJ n. 128/2022 para enfrentar a violência contra as mulheres.

O assédio sexual consubstancia-se numa violação aos princípios de igualdade, de intimidade e da dignidade da pessoa humana, os quais são garantias constitucionais. O art. 5º, II, da Constituição Federal prevê:

> Art. 5º Todos são iguais perante a lei, sem distinção de qualquer natureza, garantindo-se aos brasileiros e aos estrangeiros residentes no País a inviolabilidade do direito à vida, à liberdade, à igualdade, à segurança e à propriedade, nos termos seguintes:
>
> (...)
>
> II – ninguém será obrigado a fazer ou deixar de fazer alguma coisa senão em virtude de lei; (BRASIL.1988)

A Lei n. 10.224/2001 definiu o assédio sexual como um tipo penal. O art. 1º desta Lei alterou o Código Penal e no art. 216 -A define assédio sexual:

> Art. 216 – A. Constranger alguém com o intuito de obter vantagem ou favorecimento sexual, prevalecendo-se o agente da sua condição de superior hierárquico ou ascendência inerentes ao exercício de emprego, cargo ou função. (BRASIL, 2001)

O assédio sexual manifesta-se com frequência no ambiente de trabalho e, normalmente, são as mulheres as assediadas e, por este motivo não se pode deixar de considerar uma questão de gênero. Não se trata apenas da diferença de sexos sob o enfoque biológico, mas também de organização social. A desigualdade entre homens e mulheres ao longo dos tempos na sociedade culminou no aumento de atitudes e práticas machistas dentro do ambiente de trabalho com destaque para o assédio sexual.

O conceito de assédio sexual no Direito do Trabalho é mais amplo ao fazer a comparação com o Direito Penal. O Ministério Público do Trabalho com o apoio da Organização Internacional do Trabalho definem assédio sexual no ambiente de trabalho na cartilha de perguntas e respostas de 2017:

> "Assédio sexual no ambiente de trabalho é a conduta de natureza sexual, manifestada fisicamente, por palavras, gestos ou outros meios, propostas ou impostas a pessoas contra sua vontade, causando-lhe constrangimento e violando a sua liberdade sexual."

A Resolução n. 351, de 28.10.2020, do CNJ assim conceitua o assédio sexual ao estabelecer:

> Art. 2º Para fins desta Resolução considera-se:
>
> (...)
>
> III – Assédio sexual: conduta de conotação sexual praticada contra a vontade de alguém, sob forma verbal, não verbal ou física, manifestada por palavras, gestos, contatos físicos ou outros meios, com o efeito de perturbar ou constranger a pessoa, afetar a sua dignidade, ou de lhe criar um ambiente intimidativo, hostil, degradante, humilhante ou desestabilizador.

O conceito na Resolução do CNJ reforça a construção doutrinária e jurisprudencial trabalhista sobre o tema, que prescinde do requisito da hierarquia, diferentemente da esfera criminal

Conforme se constata da análise da decisão o mundo Ocidental é regido pelo paradigma masculino o que influencia na produção cultural, além de evidenciar que a perspectiva de gênero não se dissocia da cultura construída pela evolução social.

Os atributos masculinos são valorados de forma positiva e, os atributos femininos de forma negativa. A sociedade foi organizada como se os atributos femininos fossem domésticos, permanecendo a inferioridade da mulher o que causa a vulnerabilidade feminina no mercado de trabalho. Apesar de grandes avanços, não são suficientes as alterações sociais para equilibrar as relações entre os sexos. Existe, ainda, uma assimetria de poder, o que leva o sexo masculino a pressionar a mulher para obter favores sexuais no ambiente de trabalho. A mulher na cultura machista é desvalorizada.

O julgamento sob a perspectiva de gênero cumpre a obrigação jurídica constitucional, considerando as relações assimétricas de poder e as situações estruturais de desigualdade. Deixa evidente a discriminação em função do gênero ao enfatizar que o machismo e o patriarcado estão incutidos na ordem social, assim como, a cultura que responsabiliza a vítima pela violência que sofreu em razão de algum comportamento discrepante do papel social esperado de seu gênero.

Alice Monteiro de Barros acentua que:

> O princípio da igualdade, com essa conotação, contribui para romper com um passado de regalias, de privilégios e garante aos cidadãos os mesmos direitos reconhecidos pelo ordenamento jurídico, vedando a discriminação (BARROS, 1995, p. 133).

Jorge Luiz Souto Maior afirma que:

> Discriminar é distinguir coisas, pessoas e conceitos em conformidade com as suas características próprias e critérios bem definidos. Dessa forma, discriminar é distinguir. O termo, por si só, não possui uma conotação pejorativa. Contudo, no desenrolar da história, o termo possui uma carga negativa. O campo para saber se uma distinção pode ser ou não realizada é tema da discriminação (SOUTO MAIOR, v. 68, n. 2, 2002, p. 97).

Mauricio Godinho Delgado, define a discriminação como "a conduta pela qual se nega a alguém, em função de fator injustamente desqualificante, tratamento compatível com o padrão jurídico assentado para a situação concreta vivenciada" (DELGADO, 2013, p. 162).

A Convenção Internacional n. 111 da OIT, de 1958, ratificada pelo Brasil, sobre discriminação em matéria de emprego e ocupação prevê:

> "Art. 1-1. Para os fins da presente convenção o termo "discriminação" compreende:
>
> a) toda distinção, exclusão ou preferência fundada na raça, cor, sexo, religião, opinião política, ascendência nacional ou origem social, que tenha por efeito destruir ou alterar a igualdade de oportunidade ou de tratamento em matéria de emprego ou profissão. (OIT, 1958)

Há necessidade de adequar o tratamento ao crime de assédio sexual e lembrar que deve ser encarado como violência a diferentes direitos: o direito à vida, à integridade física, mental e moral, o direito à liberdade sexual, o direito ao respeito e direito à igual proteção perante a lei. O assédio sexual submete a vítima ao constrangimento, sendo exposta e questionada para que se preserve a imagem do agressor. Demonstra a decisão que existe a tentativa de desqualificar a vítima argumentando-se "culpa da vítima".

A pessoa deve ser respeitada em todas as situações, ou seja, tanto o homem quanto a mulher têm direito ao trabalho de forma digna, respeitando cada um a sua individualidade não podendo agredir com palavras seu colega de trabalho, desrespeitando seus direitos.

O Ministro do Supremo Tribunal Federal Alexandre de Moraes assim se posiciona:

> A dignidade da pessoa humana é um valor espiritual e moral inerente a pessoa, que se manifesta singularmente na autodeterminação consciente e responsável da própria vida e que traz a pretensão ao respeito por parte das demais pessoas, constituindo-se em um mínimo invulnerável que todo estatuto jurídico deve assegurar, de modo que apenas excepcionalmente possam ser feitas limitações ao exercício dos direitos fundamentais, mas sempre sem menosprezar a necessária estima que merecem todas as pessoas enquanto seres humanos (MORAES, 2003, p. 128).

Na sociedade machista a mulher se apresenta frágil. Apesar das mulheres ao decorrer dos anos lutarem pela a sua posição de detentora de direitos, especialmente após os movimentos feministas, com os avanços de igualdade de tratamento, ainda existem resquícios sociais no sentido de que a mulher deve ser submissa figurando o assédio sexual um meio para a demonstração do papel de dominância do homem sobre a mulher. A cultura social ainda é extremamente sexista e puramente machista, não conseguindo de forma pacífica se desvincular de conceitos preconcebidos.

As mulheres são vítimas diariamente de reações preconceituosas, consequência de um comportamento social machista e que busca na culpabilização da mulher, a justificativa para as agressões praticadas. A sociedade é patriarcal, sendo as mulheres apontadas em razão da maneira de vestir, caminhar, sorrir, na maquiagem que usa, nos amigos que tem, pelo horário que está na rua, ou seja, são exigidos comportamentos como parâmetros sociais.

Há que se entender o fenômeno no trabalho sob a ótica do gênero para que atitudes e valores sejam mudados. O combate à cultura do machismo deve ser objeto primordial da sociedade. O comportamento machista instalado entre as mulheres contribui para a disseminação da violência contra o gênero, e não podem ser vistos com normalidade.

A decisão evidencia a necessária superação de estereótipos e de tendências tradicionais de gênero e raça, as relações assimétricas de poder, o machismo estrutural e organizacional, o patriarcado. Há que caminhar para a igualdade como dever da não discriminação.

Os julgamentos devem realizar o direito à igualdade e à não discriminação de todas as pessoas. O exercício da função jurisdicional deve concretizar a não repetição de estereótipos de tal forma que sejam rompidas as culturas de discriminação e preconceito. Interpretar o direito de maneira não abstrata e de forma atenta à realidade afasta as desigualdades estruturais o que é evidente na fundamentação do Acórdão.

De relevante importância mencionar nesta temática o controle de convencionalidade, devendo o Magistrado compatibilizar as normas internas aos tratados internacionais de direitos humanos. O Brasil é signatário da Convenção de Viena sobre Direito dos Tratados entre Estados e Organizações Internacionais ou entre Organizações Internacionais (1969) e deve cumprir os tratados firmados de boa-fé, não podendo invocar o direito interno para justificar o não cumprimento das disposições internacionais.

Afirma Valério de Oliveira Mazzuoli:

> "Dessa forma, com base na própria Carta da República de 1988, é de se entender que, em se tratando de direitos humanos provenientes de tratados internacionais em que a República Federativa do Brasil seja parte, há de ser sempre aplicado, no caso de conflito entre o produto normativo convencional e a Lei Magna Fundamental, o princípio (de hermenêutica internacional) pro homine, expressamente assegurado pelo art. 4º, II, da Constituição" (MAZZUOLI, 2009, p. 127).

A decisão ora comentada revela o dever jurídico com relação ao respeito, proteção e efetivação dos direitos humanos e a necessidade da construção de um sistema normativo de proteção à dignidade humana.

3. A palavra da vítima como prova

A decisão quanto à temática da prova demonstra ser essencial que o Poder Judiciário esteja atento para interpretar e aplicar a legislação com base na Constituição Federal. Os princípios da dignidade humana, igualdade e não discriminação devem ser valorizados.

Os crimes sexuais, geralmente são praticados de forma oculta, ganhando a palavra da vítima extrema relevância, observando-se a convicção, a firmeza e harmonia das informações com os demais elementos dos autos. O entendimento, tanto por parte da doutrina como da jurisprudência, é de que a palavra da vítima tem um valor maior em razão da escassez de prova. Neste sentido têm decidido os Tribunais:

> "EMENTA: AGRAVO REGIMENTAL NO AGRAVO RECURSO ESPECIAL. ESTUPRO DE VULNERÁVEL. **PALAVRA DA VÍTIMA. RELEVÂNCIA.** ABSOLVIÇÃO OU DESCLASSIFICAÇÃO. IMPOSSIBILIDADE. SÚMULA N. 7/STJ. INCIDÊNCIA. RECURSO NÃO PROVIDO. 1. O Tribunal estadual, ao analisar os elementos de prova constantes nos autos, entendeu pela ratificação da decisão de primeira instância que condenou o ora agravante pelo crime de estupro de vulnerável. 2. A pretensão de desconstituir o julgado por suposta contrariedade à lei federal, pugnando pela absolvição ou readequação típica da conduta, não encontra amparo na via eleita, dada a necessidade de revolvimento do material fático-probatório, que esbarra no óbice da Súmula n. 7/STJ. **3. Este Sodalício há muito firmou jurisprudência no sentido de que, nos crimes contra a dignidade sexual, geralmente ocorridos na clandestinidade, a palavra da vítima adquire especial importância para o convencimento do magistrado acerca dos fatos.** 4. Assim, a palavra da vítima mostra-se suficiente para amparar um decreto condenatório por delito contra a dignidade sexual, desde que harmônica e coerente com os demais elementos de prova carreados aos autos e não identificado, no caso concreto, o propósito de prejudicar o acusado com a falsa imputação de crime. 5. Agravo regimental improvido.[1]

A atividade probatória é função fundamental para que se alcance uma efetiva prestação jurisdicional. Na produção de provas não se pode permitir que a dignidade humana seja afrontada afastando-se quaisquer avaliações moralistas e ideológicas. Na produção de provas há que se entender que a desigualdade entre os gêneros não pode ser reafirmada e, nem mesmo, transformar vítima em réu.

O Superior Tribunal de Justiça se manifestou no sentido de que nos crimes contra a dignidade sexual, a palavra da vítima possui especial relevância, notadamente quando corroborada por outros elementos probatórios acostados aos autos.

O ministro do Superior Tribunal de Justiça (STJ) Nefi Cordeiro, ao julgar caso que envolve crime praticado no âmbito doméstico fundamenta:

> "É firme o entendimento do Superior Tribunal de Justiça de que, em crimes praticados no âmbito doméstico, a palavra da vítima possui especial relevância, uma vez que, em sua maioria, são praticados de modo clandestino, não podendo ser desconsiderada, notadamente quando corroborada por outros elementos probatórios"[2] e "a palavra da vítima tem especial relevância para fundamentar a condenação pelo crime de ameaça, mormente porque se trata de violência doméstica ou familiar"[3].

---

(1) STJ – *AgRg no AREsp 1211243 / CE 2017/0311378-6*, relator: Ministro JORGE MUSSI (1138), Data do Julgamento: 24.04.2018, Data da Publicação: 11.05.2018, T5 – QUINTA TURMA.

(2) STJ – *AgRg no AREsp: 1003623 MS 2016/0278369-7*, relator: Ministro NEFI CORDEIRO, Data de Julgamento: 1º.03.2018, SEXTA TURMA, Data de Publicação: *DJe* 12.03.2018.

(3) STJ – *AgRg no AREsp: 423707 RJ 2013/0367770-5*, relator: Ministro NEFI CORDEIRO, Data de Julgamento: 07.10.2014, SEXTA TURMA, Data de Publicação: *DJe* 21.10.2014.

É de extrema importância que se busque a verdade real, ressaltando que a dignidade sexual é um dos desdobramentos da garantia da dignidade da pessoa humana garantida pela Constituição Federal. A palavra da vítima tem credibilidade, uma vez que, os meios clandestinos usados nas condutas de violência sexual dificultam a comprovação dos fatos, sendo necessária uma valoração diversa. O Acórdão atribui especial relevância à palavra da vítima na formação do convencimento, considerando que as declarações foram firmes e coerentes. Por outro lado, é evidente a estratégia do ofensor em culpar a vítima.

A culpabilização da vítima exige o julgamento a partir da perspectiva de gênero criando-se mecanismos para a sua prevenção: a carência de material probatório não pode afastar a palavra da vítima como relevante e não se pode reforçar a impunidade, a culpabilização da vítima pela sociedade: Assegurar os direitos fundamentais constitucionais é primordial.

A análise da culpabilização da mulher torna-se de suma importância para que alcance a verdade real dos fatos e a uma justiça plena e com confiabilidade.

Por outro lado, não se pode deixar de mencionar a Recomendação n. 206 da OIT em complemento à Convenção Internacional n. 190 ao estabelecer:

> 16. Os mecanismos de apresentação de queixa e resolução de conflitos em casos de violência e o assédio com base no género a que se refere o art. 10. º, alínea e) da Convenção, deveriam incluir medidas tais como:
>
> (...)
>
> *e)* alteração do ónus da prova, conforme o caso, em processos que não sejam penais. (OIT, 2019)

Constata-se pelo próprio art. 818, § 1º, da CLT a possibilidade da distribuição dinâmica da prova:

> Art. 818. O ônus da prova incumbe:
>
> (...)
>
> § 1º Nos casos previstos em lei ou diante de peculiaridades da causa relacionadas à impossibilidade ou à excessiva dificuldade de cumprir o encargo nos termos deste artigo ou à maior facilidade de obtenção da prova do fato contrário, poderá o juízo atribuir o ônus da prova de modo diverso, desde que o faça por decisão fundamentada, caso em que deverá dar à parte a oportunidade de se desincumbir do ônus que lhe foi atribuído. (BRASIL, 1943)

A efetividade e razoabilidade do processo do trabalho enseja a importância da distribuição do ônus da prova para que as decisões sejam justas. Obstáculos processuais devem ser afastados e nem sempre o ônus da prova recai sobre quem alega os fatos constitutivos do direito "mas sobre a que se encontra em melhores condições de produzir a prova necessária à solução do litígio" (MALLET, 1999, p. 153).

O direito à igualdade e não discriminação não podem ser violados e julgar com perspectiva de gênero é concretizar tais princípios e, na temática produção de provas há que se analisar se a produção da prova foi direcionada por estereótipos de gênero, se as provas são suficientes e saber sobre a dificuldade de provar fatos inerentes ao assédio sexual.

O Protocolo para Julgamento com Perspectiva de Gênero assim menciona:

> "Um julgamento imparcial pressupõe, assim, uma postura ativa de desconstrução e superação dos vieses e uma busca por decisões que levem em conta as diferenças e desigualdades históricas, fundamental para eliminar todas as formas de discriminação contra a mulher. Considerar que os estereótipos estão presentes na cultura, na sociedade, nas instituições e no próprio direito, buscando identificá-los para não se submeter à influência de vieses inconscientes no exercício da jurisdição é uma forma de se aprimorar a objetividade e, portanto, a imparcialidade no processo de tomada de decisão. Além disso, a compreensão crítica de que a pessoa julgadora ocupa uma posição social, que informa a sua visão de mundo, muitas vezes bem diversa das partes, reduz a possibilidade de se tomar uma decisão que favoreça a desigualdade e a discriminação. O enfrentamento das várias verdades em jogo na relação processual, a identificação de estereótipos e o esforço para afastar eventuais prejulgamentos decorrentes de vieses inconscientes auxiliam, portanto, na percepção de uma realidade mais complexa e na construção da racionalidade jurídica mais próxima do ideal de justiça." (CNJ, 2021)

E quanto ao valor probatório da palavra da vítima menciona o protocolo:

> "Faz parte do julgamento com perspectiva de gênero a alta valoração das declarações da mulher vítima de violência de gênero, não se cogitando de desequilíbrio processual. O peso probatório diferenciado se legitima pela vulnerabilidade e hipossuficiência da ofendida na relação jurídica processual, qualificando-se a atividade jurisdicional, desenvolvida nesses moldes, como imparcial e de acordo com o aspecto material do princípio da igualdade (art. 5º, inciso I, da Constituição Federal)." (CNJ, 2021)

A decisão resolve o conflito de forma humanizada readequando o ônus probatório ao considerar a palavra da vítima como relevante.

4. Considerações finais

Analisou-se o Acórdão e seus fundamentos demonstrando que foi adotado o julgamento com perspectiva de gênero valorizando a dignidade humana, igualdade material e o dever da não discriminação numa sociedade machista e patriarcal que motiva a ideia da desigualdade sexual.

A postura ativa reconhecendo as desigualdades históricas, sociais, políticas, econômicas e culturais com relação à mulher combate a discriminação. Não pode o machismo levar à culpabilização da vítima de violência sexual.

O direito deve ser interpretado de forma não abstrata e observar a realidade para que seja possível identificar e afastar as desigualdades estruturais.

O controle de convencionalidade é de extrema relevância e deve ser utilizado na decisão para que se efetivem os direitos humanos e a dignidade humana.

Modifica-se a concepção de imparcialidade do julgador no sentido de afastar uma visão formal e limitada, deixando de aplicar normas que perpetuam estereótipos e preconceitos. Julgamento imparcial não significa inércia, e sim uma postura ativa, levando em consideração as relações de poder e observar a desigualdade estrutural no caso concreto.

Na produção de provas demonstrada a necessidade de Magistrado ativo buscando a verdade real e não apenas a verdade formal suprindo deficiências probatórias e efetivando princípios constitucionais como da igualdade e da dignidade da pessoa humana.

A estratégia de responsabilizar a mulher pela violência que sofreu demonstra a total inversão de valores, tendo o Poder Judiciário importante papel para afastar uma cultura machista e preconceituosa.

Referências

BARROS, Alice Monteiro de. *A mulher e o direito do trabalho*. São Paulo: LTr, 1995.

BRASIL. *Constituição da República Federativa do Brasil, de 05.10.1988*. Brasília, 1988. Disponível em: <https://www.planalto.gov.br/ccivil_03/constituicao/constituicao.htm>. Acesso em: 26 jan. 2023.

______. *Decreto-lei n. 5.452, de 1º de maio de 1943*. Aprova a Consolidação das Leis do Trabalho. Disponível em: <https://www.planalto.gov.br/ccivil_03/Decreto-lei/del5452.htm>. Acesso em: 26 jan. 2023.

______. *Decreto-lei n. 2.848, de 7 de dezembro de 1940*. Disponível em: <https://www.planalto.gov.br/ccivil_03/Decreto-lei/del2848compilado.htm>. Acesso em: 26 jan. 2023.

CONSELHO NACIONAL DE JUSTIÇA. *Protocolo para Julgamento com Perspectiva de Gênero*. 2021. Disponível em: <https://www.cnj.jus.br/wp-content/uploads/2021/10/protocolo-18-10-2021-final.pdf>. Acesso em: 23 jan. 2023.

______. *Resolução n. 351, de 28 de outubro de 2020*. Disponível em: <https://atos.cnj.jus.br/atos/detalhar/3557#:~:text=Art.,no%20%C3%A2mbito%20do%20Poder%20Judici%C3%A1rio>. Acesso em: 30 jan. 2023.

Convenção Interamericana para prevenir, punir e erradicar a violência contra a mulher: Convenção de Belém do Pará. 1994. Disponível em: <http://www.cidh.org/basicos/portugues/m.belem.do.para.htm>. Acesso em: 20 jan. 2023.

Declaração Universal dos Direitos Humanos. 1948. Disponível em: <https://www.oas.org/dil/port/1948%20Declara%C3%A7%C3%A3o%20Universal%20dos%20Direitos%20Humanos.pdf>. Acesso em: 26 jan. 2023.

DELGADO. Mauricio Godinho. *Princípios de direito individual e coletivo do trabalho*. São Paulo: LTr, 2013.

MALLET, Estêvão. Discriminação e processo do trabalho. *Revista do Tribunal Superior do Trabalho*, Brasília, v. 65, n. 1, out./dez. 1999.

MAZZUOLI, Valério de Oliveira. Teoria geral do controle de convencionalidade no direito brasileiro. *Revista de Informação Legislativa*, Brasília, ano 46, n. 181, jan./mar. 2009.

MORAES, Alexandre de. *Constituição do Brasil Interpretada e Legislação Constitucional*. São Paulo: Atlas, 2003.

MINISTÉRIO PÚBLICO DO TRABALHO. *Assédio sexual no Trabalho perguntas e respostas*. 2017. Disponível em: <http://www.mpce.mp.br/wp-content/uploads/2018/03/Cartilha-Assedio-Sexual-GT-G%C3%AAnero.pdf>. Acesso em: 23 jan. 2023.

ORGANIZAÇÃO INTERNACIONAL DO TRABALHO. *Convenção n. 111 da OIT*. 1960. Disponível em: <https://www.ilo.org/brasilia/convencoes/WCMS_235325/lang--pt/index.htm>. Acesso em: 27 jan. 2023.

______. *Íntegra da Convenção n. 190 da OIT*. 2019. Disponível em: <https://www.ilo.org/brasilia/noticias/WCMS_831984/lang--pt/index.htm>. Acesso em: 27 jan. 2023.

______. Recomendação n. 206. 2019. Disponível em: <https://www.ilo.org/wcmsp5/groups/public/---europe/---ro-geneva/---lisbon/documents/genericdocument/wcms_729461>.pdf. Acesso em: 27 jan. 2023.

SOUTO MAIOR, Jorge Luiz. O direito do trabalho e as diversas formas de discriminação. *Revista do Tribunal Superior do Trabalho*, v. 68, n. 2, Brasília, 2002.

STJ. *AgRg no AREsp 1211243/CE 2017/0311378-6*. Relator: Ministro JORGE MUSSI (1138), Data do Julgamento: 24.04.2018, Data da Publicação: 11.05.2018, T5 – QUINTA TURMA.

STJ. *AgRg no AREsp: 1003623 MS 2016/0278369-7*. Relator: Ministro NEFI CORDEIRO, Data de Julgamento: 1º.03.2018, SEXTA TURMA, Data de Publicação: *DJe* 12.03.2018.

STJ. *AgRg no AREsp: 423707 RJ 2013/0367770-5*. Relator: Ministro NEFI CORDEIRO, Data de Julgamento: 07.10.2014, SEXTA TURMA, Data de Publicação: *DJe* 21.10.2014.

TRT-2. *PROCESSO n. 10001500720195020037* (ROT). Relator: Marcos Neves Fava, 15ª Turma, Data de Publicação: 27 jan. 2020.

Assédio Sexual Contra Adolescente Aprendiz: A Violência de Gênero como Caracterizadora de Uma das Piores Formas de Trabalho Infantil

Yara Campos Souto

ASSÉDIO SEXUAL. ADOLESCENTE APRENDIZ. Foi reconhecida a prática de assédio sexual no ambiente laboral, pelo gerente e superior hierárquico, contra adolescente contratada como aprendiz. Na decisão, o boletim de ocorrência registrado pelo pai da vítima foi aceito como indício suficiente para comprovar a importunação sexual ocorrida. Não cumprimento do dever de cuidado pelas Reclamadas. A denúncia não foi apurada, ao revés, avaliação negativa da Reclamante sobre sua atuação com base em queixas do próprio assediador. Gerente permaneceu com seu contrato de trabalho ativo, sendo oferecido tratamento psicológico à Reclamante adolescente apenas após o ajuizamento da demanda. Reconhecida a rescisão indireta do contrato de aprendizagem. Empresa e entidade intermediadora condenadas solidariamente pelo pagamento das verbas rescisórias respectivas e de indenização por danos morais. (BRASIL. Tribunal Regional do Trabalho da 2ª Região. Processo com número omitido por tramitar em segredo de justiça. 17ª Vara do Trabalho de São Paulo. Juíza do Trabalho Lorena de Mello Rezende Colnago. *DEJT* 21.01.2022)(1)

Perspectiva interseccional: gênero e idade como eixos de subordinação

Em setembro de 2021 o Brasil sofreu sua primeira condenação na Corte Interamericana de Direitos Humanos envolvendo integralmente a temática da violência contra a mulher, no Caso Márcia Barbosa de Souza(2). Márcia era uma mulher negra,

(1) BRASIL. Tribunal Regional do Trabalho da 2ª Região. *Processo com número omitido por tramitar em segredo de justiça.* 17ª Vara do Trabalho de São Paulo. Juíza do Trabalho Lorena de Mello Rezende Colnago. *DEJT* 21.01.2022.

(2) CORTE Interamericana de Direitos Humanos. *Sentença de 7 de setembro de 2021 do caso Barbosa de Souza e outros* vs. *Brasil*. Redigida em San José, Costa Rica. Tradução em português.

pobre e periférica que foi assassinada por um Deputado Estadual da Paraíba. Toda a investigação e o processo criminal foram marcados por questionamentos e especulações sobre a vida sexual pregressa da vítima, histórico de drogadição, bem como o emprego de estereótipos de gênero. Na condenação, a Corte reconheceu, dentre outros aspectos, que a direção de estereótipos de gênero e preconceitos pessoais dos investigadores influíram em suas conclusões profissionais, colocando em dúvida a credibilidade da vítima. Concluiu ainda que a violência de gênero é um problema estrutural e generalizado no Brasil.

O Caso Márcia Barbosa de Souza foi um dos principais fatos ensejadores da edição, pelo CNJ, do Protocolo para Julgamento com Perspectiva de Gênero, sobre cuja aplicação prática no âmbito do Tribunal Regional do Trabalho da 2ª Região debruça-se este livro. Isso porque uma das determinações da Corte consistia na capacitação dos Poderes para a investigação de violências contra a mulher.

Mas não só por isso entendemos pertinente trazê-lo na abertura deste artigo. Embora em uma primeira análise possam parecer muito distintos, o caso de Márcia e o caso da adolescente assediada sexualmente, objeto da sentença em análise, possuem muitos pontos de contato em sua origem. Do ponto de vista de seu desfecho, contudo, estão separados por uma brutal mudança paradigmática institucional, fruto justamente da capacitação dos Poderes determinada pela Corte Interamericana e que, no caso do Poder Judiciário, materializou-se com a edição do Protocolo para Julgamento com Perspectiva de Gênero.

O maior ponto de contato entre os casos relaciona-se com a perspectiva interseccional que os atravessa. Segundo Kimberlé Crenshaw,

> A interseccionalidade é uma conceituação do problema que busca capturar as consequências estruturais e dinâmicas da interação entre dois ou mais eixos da subordinação. Ela trata especificamente da forma pela qual o racismo, o patriarcalismo, a opressão de classe e outros sistemas discriminatórios criam desigualdades básicas que estruturam as posições relativas de mulheres, raças, etnias, classes e outras. Além disso, a interseccionalidade trata da forma como ações e políticas específicas geram opressões que fluem ao longo de tais eixos, constituindo aspectos dinâmicos ou ativos do desempoderamento.(3)

Assim, se no Caso Márcia Barbosa de Souza interagiram os eixos de subordinação relativos ao gênero, raça e classe, no caso objeto da sentença, estavam presentes, ao menos, os eixos de subordinação relacionados ao gênero e à idade. Passamos então à análise da tenra idade como eixo de subordinação.

---

(3) CRENSHAW, Kimberlé. Documento para o encontro de especialistas em aspectos da discriminação racial relativos ao gênero. *Revista Estudos Feministas*. [*online*]. V. 10, n. 1, p. 171-188, 2002.

A infância e adolescência são especialmente protegidas em nossa sociedade em decorrência do reconhecimento pelo constituinte (art. 227, CF/88) e pela comunidade internacional (Convenção da ONU sobre os direitos da criança[4] e Convenções ns. 138 e 182[5]/OIT) da condição de vulnerabilidade deste grupo dentro de nossa estrutura social hierárquica.

A Constituição Federal de 1988, superando a Doutrina do Menor em Situação Irregular, instituiu a Doutrina da Proteção Integral, atribuindo ao Estado, à família e a toda a sociedade a responsabilidade pela realização dos direitos fundamentais das crianças (art. 227, CF/88). A condição de pessoa em desenvolvimento, decorrente da imaturidade física e psicológica, justifica a absoluta prioridade na realização de seus direitos fundamentais.

Nesse sentido, o Estatuto da Criança e do Adolescente — ECA[6] revogou o Código de Menores de 1979, reconhecendo crianças e adolescentes como sujeitos de direitos e não apenas objetos de direito.

Nesse contexto insere-se a luta pela erradicação do trabalho infantil e a proteção ao trabalho do adolescente. Trabalho infantil pode ser conceituado como todo aquele realizado por crianças e adolescentes abaixo da idade mínima permitida que, no Brasil, é de dezesseis anos. A partir dos quatorze anos, é admitido o trabalho exclusivamente na condição de aprendiz (art. 7º, XXXIII, CF/88). Certo ainda que, aos menores de dezoito anos, em qualquer circunstância, é vedado o trabalho noturno, em condições insalubres ou perigosas (art. 7º, XXXIII, CF/88), bem como que se enquadre entre as piores formas de trabalho infantil (Convenção n. 182 da OIT e Lista TIP[7]).

A Convenção sobre as Piores Formas de Trabalho Infantil da OIT determina que, nas matérias relacionadas ao trabalho infantil, os Estados levem em consideração a situação de especial vulnerabilidade das meninas (art. 2º, "*e*"). Ainda, lista, dentre as piores formas de trabalho infantil, aqueles suscetíveis de prejudicar a saúde, a segurança e a moral da criança (art. 3º, "*d*"), podendo ser assim considerados aqueles "que expõem a criança a abuso físico, psicológico ou sexual" (art. 3º, "*a*", Recomendação n. 190 da OIT[8]), definição acolhida também pela Lista TIP.

---

(4) BRASIL. Presidência da República. *Decreto n. 99.710, de 21 de novembro de 1990*. Legislação. Disponível em: <https://www.planalto.gov.br/ccivil_03/decreto/1990-1994/d99710.htm>. Acesso em: 10 jan. 2023.

(5) BRASIL. Presidência da República. *Decreto n. 10.088, de 5 de novembro de 2019*. Legislação. Disponível em: <http://www.planalto.gov.br/ccivil_03/_Ato2019-2022/2019/Decreto/D10088.htm#art5>. Acesso em: 10 jan. 2023.

(6) BRASIL. Presidência da República. *Lei n. 8.069, de 13 de julho de 1990*. Legislação. Disponível em: <https://www.planalto.gov.br/ccivil_03/leis/l8069.htm>. Acesso em: 10 jan. 2023.

(7) BRASIL. Presidência da República. *Decreto n. 6.481, de 12 de junho de 2008*. Legislação. Disponível em: <https://www.planalto.gov.br/ccivil_03/_ato2007-2010/2008/decreto/d6481.htm>. Acesso em: 10 jan. 2023.

(8) BRASIL. Presidência da República. *Decreto n. 10.088, de 5 de novembro de 2019*. Legislação. Disponível em: <http://www.planalto.gov.br/ccivil_03/_Ato2019-2022/2019/Decreto/D10088.htm#art5>. Acesso em: 10 jan. 2023.

A Aprendizagem surge, portanto, como exceção ao direito fundamental ao não trabalho assegurado aos menores de dezoito anos. Trata-se de forma especial de relação de emprego em que o empregador se obriga a assegurar formação técnico-profissional ao trabalhador entre 14 e 24 anos.

Apesar das críticas válidas às limitações do instituto enquanto instrumento efetivamente protetivo e emancipador[(9)], quando devidamente observados seus princípios e legislação de regência, pode ser importante meio de qualificação profissional, proporcionando aprendizado teórico e prático, que culmina em uma inserção qualitativa do jovem no mercado de trabalho, além de contribuir para a composição de sua renda familiar.

Contudo, infelizmente, este não parece ter sido o caso objeto da sentença em análise, no qual, ao contrário, gênero e idade concorreram para a dupla vulnerabilização e invisibilização da vítima, constituindo um primeiro contato certamente traumático com o mercado de trabalho, passível de ser classificado como uma das piores formas de trabalho infantil.

Assédio sexual no ambiente de trabalho: novas perspectivas

O conceito de assédio sexual no ambiente de trabalho vem passando por revisões paulatinas nos últimos anos. Inicialmente, ainda muito atrelado ao tipo penal inscrito no art. 216-A do Código Penal[(10)], que pressupõe a superioridade hierárquica do agressor (assédio sexual por chantagem ou *quid pro quo*), vem, aos poucos, assumindo, na seara trabalhista, necessária dimensão ambiental. Ademais, a edição da Convenção n. 190[(11)] pela OIT vem jogar uma pá de cal nas antigas discussões relativas à necessidade de reiteração da conduta para a configuração do assédio de modo geral e do assédio sexual em particular.

Nesse sentido, entendemos pertinente trazer o conceito inscrito na Resolução n. 351 do CNJ (art. 2º, III), que é revelador desta mudança de perspectiva em relação ao

(9) Nesse sentido, ver: MAEDA, Patrícia. Crítica ao contrato de aprendizagem como forma de promoção do trabalho decente do adolescente. *Revista LTr: Direito e Processo*, São Paulo, LTr, ano 13, n. 52, p. 167-177; e VERONESE, Josiane Rose Petry; SANTOS, Vívian de Gann dos. A erradicação do trabalho infantil no Brasil e a "pedagogia do trabalho": implicações ao instituto da aprendizagem profissional. *Revista do Tribunal Superior do Trabalho*, Porto Alegre, v. 88, n. 3, p. 197-212, jul./set. 2022.

(10) BRASIL. Presidência da República. *Decreto-lei n. 2.848, de 07 de dezembro de 1940.* Código Penal. Legislação. Disponível em: <https://www.planalto.gov.br/ccivil_03/Decreto-lei/del2848compilado.htm>. Acesso em: 09 jan. 2023.

(11) ORGANIZAÇÃO INTERNACIONAL DO TRABALHO (OIT). *Convenção sobre a eliminação da violência e do assédio no mundo do trabalho.* 21 jun. 2019. Disponível em: <https://www.ilo.org/wcmsp5/groups/public/---europe/---ro-geneva/---ilo-lisbon/documents/genericdocument/wcms_729459.pdf>. Acesso em: 10 jan. 2023.

assédio sexual e que, a nós, parece dar conta de acolher a complexidade da conduta e suas dimensões:

> Assédio sexual é a conduta de conotação sexual praticada contra a vontade de alguém, sob forma verbal, não verbal ou física, manifestada por palavras, gestos, contatos físicos ou outros meios, com o efeito de perturbar ou constranger a pessoa, afetar a sua dignidade, ou de lhe criar um ambiente intimidativo, hostil, degradante, humilhante ou desestabilizador. (grifo nosso)[12]

O conceito acima transcrito enfatiza as diversas formas que o assédio sexual pode assumir. Seja aquela mais facilmente reconhecível, em que há a investida física do assediador contra a vítima, sejam aquelas mais sutis, e também mais comuns, relativas a, por exemplo, olhares impertinentes e elogios fora de lugar.

A conceituação adotada pelo CNJ também acolhe a perspectiva ambiental que o assédio sexual pode assumir, tanto por prescindir do fator hierárquico para a sua caracterização, quanto por reconhecer que a sua ocorrência tem por efeito a criação de um ambiente laboral degradante e, portanto, nocivo à saúde obreira.

Some-se a isto a inovação trazida pela Convenção n. 190 da OIT (art. 1º, 1, *"a"*), segundo a qual o assédio sexual resta caracterizado por "ocorrência única ou repetida" e temos uma conceituação de assédio sexual laboral mais apta a alcançar a complexidade desta conduta, suas diferentes formas de manifestação, bem como os efeitos nefastos para a saúde do trabalhador.

Outro aspecto que não pode nos escapar quando do tratamento da temática é o fato, reconhecido na Convenção 190/OIT e também pelo Protocolo do CNJ para Julgamento com Perspectiva de Gênero[13], de que o assédio sexual pode ser classificado como uma das formas da violência de gênero. Ou seja, embora o gênero da vítima não seja determinante para a caracterização do assédio sexual, estatisticamente, a prática se dá preponderantemente em relação às mulheres, tendo como efeito, portanto, o aumento das desigualdades, pois reforça as relações de poder no ambiente de trabalho e retira oportunidades das vítimas.

Assim, pode-se dizer que a subordinação característica da relação de emprego soma-se aos demais eixos de "desempoderamento" (para continuarmos com as palavras de Kimberlé Crenshaw), tais como o gênero, a raça, a classe e, no caso em análise, a pouca idade, para atuar, portanto, como mais um fator propulsor do assédio sexual, tornando o

---

(12) BRASIL. Conselho Nacional de Justiça. *Resolução n. 351, de 28 de outubro de 2020*. Legislação. Disponível em: <https://atos.cnj.jus.br/atos/detalhar/3557#:~:text=Art.,Par%C3%A1grafo%20%C3%BAnico>. Acesso em: 10 jan. 2023.

(13) BRASIL. Conselho Nacional de Justiça. *Resolução n. 128, de 15 de fevereiro de 2022*. Anexo, p. 30 a 34. Disponível em: <https://www.cnj.jus.br/wp-content/uploads/2021/10/protocolo-18-10-2021-final.pdf>. Acesso em: 10 jan 2023.

ambiente de trabalho um local especialmente ameaçador para mulheres e meninas. Nas palavras de COTTA, entender o assédio sexual como violência de gênero:

> "significa posicioná-lo como parte de um conjunto de práticas que se apoiam tanto na assimetria de poder típica das relações de trabalho quanto na posição da mulher nessas relações. Esta assimetria evidentemente não começa nem termina no mundo do trabalho e também é afetada por outras estruturas de poder, como as baseadas em raça e classe.
>
> (...) a hierarquia no trabalho é correntemente instrumentalizada para a manutenção de práticas violentas que controlam as mulheres nesses espaços."(14)

O caso em análise é especialmente rico para esta discussão, pois, nele, é possível identificar as diversas formas que o assédio sexual pode assumir, bem como o modo como tais espécies interagem entre si e se retroalimentam.

Traçando um paralelo entre a violência doméstica e o assédio sexual laboral, COTTA desenha o ciclo da violência:

> "Em um primeiro momento, ocorre um aumento constante e progressivo de piadas e comentários inapropriados, culminando em um segundo momento o qual consiste em uma investida mais agressiva e incisiva. O terceiro e último momento do ciclo é identificado pela demonstração de arrependimento do assediador, que também vem acompanhada de promessas de mudança em seu comportamento. É possível até que ocorram estágios de tranquilidade em meio ao ciclo, fazendo com que a mulher acredite que a situação vai melhorar. Raramente, entretanto, um chefe assediador muda seu comportamento."(15)

No caso objeto da sentença analisada, ao menos as primeira e segunda fases deste ciclo podem ser identificadas. O chefe assediador, inicialmente, faz elogios às vestimentas, ao batom, e, por fim, à boca da adolescente. Escalonando sua investida, termina por segurar o braço e beijar a força o pescoço da aprendiz. Tais atos, que, por si só, já seriam suficientemente aviltantes da dignidade da vítima, podem ser classificados como assédio sexual em sua modalidade clássica, ou seja, assédio sexual por chantagem.

Contudo, em um segundo ato, inicia-se o que podemos classificar como assédio sexual ambiental em uma dimensão, por vezes ignorada como parte integrante do próprio assédio,

---

(14) COTTA, Mayra. Nem bodes espiatórios, nem complacência: em busca da responsabilização efetiva em casos de assédio sexual. In: GOTTI, Alessandra; SOARES, Inês Virginia P. ; CUREAU, Sandra (Coords.). *Mulheres e Justiça.* Os Direitos Fundamentais escritos por elas. Salvador: JusPodivm, 2021. p. 607 e 608.

(15) *Ibidem*, p. 611.

relativa às estruturas de poder que passam a atuar a fim de impedir a responsabilização do assediador. Nesse sentido, HELOANI, MARANHÃO e FERREIRA:

"Laura María Chinea identifica que são, pelo menos, três as partes envolvidas no assédio ou na violência do trabalho: o agressor, a vítima e o entorno — pelo que se conclui que não é possível conceber a prática de assédio laboral dissociada do meio ambiente de trabalho em que este ocorre."(16)

E também COTTA:

> "Não só isso como a naturalização de práticas violentas nas relações interpessoais com marcas de gênero se dá por meio da construção artificial de espaços privados, ainda que em ambientes públicos. Dessa forma, um assédio sexual de um superior hierárquico contra uma funcionária é simbolicamente apresentado como um flerte e colocado, portanto, como um tema privado, que não diz respeito a ninguém mais além das duas pessoas envolvidas. Se quisermos de fato enfrentar o assédio sexual precisaremos, tal qual o fizemos com a violência doméstica, romper as barreiras invizibilizantes de determinadas relações e começar a expô-las em toda a sua violência."(17)

Assim, conforme constata e bem qualifica a Magistrada sentenciante, a adolescente aprendiz, além de assediada sexualmente por seu superior hierárquico, teve sua palavra desconsiderada pela empresa quando da denúncia. Não bastasse, a empresa Reclamada usou as queixas formuladas pelo próprio assediador quanto ao trabalho da vítima para lhe atribuir avaliação negativa em reunião de *feedback* comportamental.

Fica evidenciado, portanto, o ciclo da violência de gênero em sua plenitude. Iniciado por microagressões verbais e comportamentais, consumado pela violação física não consentida, acobertado pelo silenciamento e descredibilização da vítima, culminando na não responsabilização do agressor e na penalização da adolescente assediada, afetando-lhe a autoestima, constituindo estreia traumática no mercado de trabalho e, consequentemente, afetando diretamente sua qualificação e oportunidades de crescimento profissional.

Assédio sexual: a questão do ônus da prova e aspectos instrutórios

Historicamente, um dos principais fatores que dificultam a responsabilização de assediadores é a prova do assédio sexual. É de seu próprio *modus operandi* que o assédio

---

(16) HELOANI, José Roberto; MARANHÃO, Ney; FERREIRA, Estevão Fragallo. Assédio e violência no trabalho: contribuições da Convenção n. 190 da OIT para a prevenção de riscos psicossociais. *Revista do Tribunal Superior do Trabalho*, São Paulo, v. 88, n. 1, p. 153, jan./mar. 2022.

(17) COTTA, Mayra. Nem bodes espiatórios, nem complacência: em busca da responsabilização efetiva em casos de assédio sexual. In: GOTTI, Alessandra; SOARES, Inês Virginia P.; CUREAU, Sandra (Coords.). *Mulheres e Justiça*. Os Direitos Fundamentais escritos por elas. Salvador: JusPodivm, 2021. p. 606.

se dê em ambiente privado, íntimo, longe dos olhos de terceiros. Por esse motivo, raros são os casos em que será possível a prova direta de sua ocorrência.

Assim, se tradicionalmente as normas que regem a distribuição do ônus da prova (arts. 373 do CPC e 818 da CLT) determinam que quem alega deve provar (teoria estática), a aplicação de tal preceito nos casos de assédio sexual praticamente inviabilizaria, como por muito anos inviabilizou e ainda inviabiliza, a responsabilização daqueles que praticam tal conduta.

É diante desta constatação que o Protocolo do CNJ para Julgamento com Perspectiva de Gênero dispõe que, na atuação judicial com perspectiva de gênero, é recomendável que haja uma readequação da distribuição do ônus probatório (teoria dinâmica), atribuindo-se especial valor ao depoimento pessoal da vítima, admitindo-se ainda a prova indiciária e indireta[(18)].

Nesse sentido, pertinente trazer à baila a teoria, de origem italiana, da Constelação de Indícios que muito pode contribuir para a análise de tais casos. Nos dizeres de FELICIANO:

> "Por fim, cabe falar da tecnologia que melhor se aplica às hipóteses de assédios morais e sexuais nas relações de trabalho: a das constelações de indícios. Baseia-se na ideia de que um conjunto coerente de fatos laterais tendentes ao fato principal (objeto da prova) satisfaz o respectivo *onus probandi* e permite atribuir à contraparte processual o ônus de provar a inocorrência do fato principal ou a imprestabilidade dos indícios para a inversão no caso concreto." (grifo nosso)[(19)]

Ou seja, fazendo a vítima alguma prova de elementos de fato que permitam ao juízo conjecturar a existência do assédio sexual, inverte-se o ônus probatório quanto ao fato principal (o assédio), devendo o acusado (ou, na seara trabalhista, o empregador) provar que tal fato não teria ocorrido ou que os fatos laterais não se sustentam.

Precisamente assim agiu a Magistrada prolatora da sentença em análise ao admitir o boletim de ocorrência lavrado pelo pai da adolescente aprendiz como indício suficiente à prova do fato. Considerou ainda que a única testemunha ouvida em juízo, além de ser empregada, e portanto, subordinada, na empresa reclamada, apenas relatou não ter presenciado os fatos narrados, o que, como visto, não significa que eles não tenham ocorrido.

---

(18) BRASIL. Conselho Nacional de Justiça. *Resolução n. 128, de 15 de fevereiro de 2022*. Anexo, p. 114. Disponível em: <https://www.cnj.jus.br/wp-content/uploads/2021/10/protocolo-18-10-2021-final.pdf>. Acesso em: 10 jan. 2023.

(19) FELICIANO, Guilherme Guimarães. Assédio e inversão do ônus da prova: breves considerações. *Revista do Tribunal Superior do Trabalho*, São Paulo, v. 83, n. 2, p. 158, abr./jun. 2017.

Considerou ainda que as falas das prepostas e da testemunha evidenciaram a não observância, pelas Reclamadas, do dever de cuidado que o ordenamento jurídico impõe em tais casos, sobretudo quando a vítima denunciante é uma adolescente, e, como tal, pessoa em desenvolvimento, em uma relação que guarda desigualdades brutais, quer pela diferença de idade e superioridade hierárquica entre a vítima e o agressor, quer pela inexperiência profissional e pessoal próprias e inerentes de uma adolescente iniciando sua vida profissional.

Ainda no âmbito da instrução probatória em casos de assédio sexual, a forma de sua condução mereceu destaque no Protocolo do CNJ para Julgamento com Perspectiva de Gênero. Assim, ao contrário do que a Corte Interamericana constatou ter ocorrido no Caso Márcia Barbosa de Souza, enfatiza o documento a necessidade de que o Judiciário não seja reprodutor de violências institucionais de gênero, impedindo que a instrução probatória seja meio de revitimização. Nesse sentido, dentre outros, alguns cuidados são necessários: a vítima não deve ser ouvida na presença do acusado; deve-se propiciar um ambiente seguro, preferencialmente, com a presença majoritária de mulheres; e não devem ser feitas ou admitidas perguntas que reproduzam estereótipos de gênero, exponham sua vida íntima ou desqualifiquem a sua palavra.

Mais uma vez aqui a Magistrada condutora do processo em análise atuou em consonância com tais recomendações criando um ambiente seguro e sadio para a vítima a quem foi facultado não presenciar os depoimentos de prepostas e testemunha, evitando que ela tivesse que reviver, desnecessariamente, a situação traumática vivenciada.

Possíveis efeitos do assédio sexual no contrato de aprendizagem e repercussões indenizatórias

Uma vez constatada a ocorrência de assédio sexual laboral contra adolescente aprendiz, alguns caminhos são possíveis.

Caso o empregador esteja comprometido com o combate a esta prática, além de mudanças estruturais e preventivas que podem e devem ser adotadas (inclusive independentemente de ocorrências prévias)[(20)], o ordenamento jurídico oferece uma série de medidas remediadoras. De um lado, mediante prévia sindicância, com observância do contraditório e da ampla defesa, é cabível a demissão por justa causa do assediador, por incontinência de conduta (art. 482, "*b*", CLT). De outro lado, é preciso fornecer à vítima o devido acolhimento, promovendo as alterações contratuais necessárias a fim de propiciar a recuperação pós-traumática, sempre em diálogo e com escuta ativa para os desejos e necessidades da vítima, bem como o acompanhamento da questão pelos responsáveis legais, em se tratando de criança e adolescente. O fornecimento de apoio psicológico é também fundamental.

---

(20) Nesse sentido: COTTA, Mayra. Nem bodes espiatórios, nem complacência: em busca da responsabilização efetiva em casos de assédio sexual. In: GOTTI, Alessandra; SOARES, Inês Virginia P.; CUREAU, Sandra (Coords.). *Mulheres e Justiça.* Os Direitos Fundamentais escritos por elas. Salvador: JusPodivm, 2021. p. 612-616.

No caso, contudo, tal comprometimento do empregador, infelizmente, não foi verificado pela Magistrada. Ao contrário, constatou-se que o assediador continuou trabalhando na empresa, apenas com mudança de seu local de trabalho. O fornecimento de apoio psicológico à adolescente se deu apenas após o ajuizamento da demanda. Ainda, a aprendiz foi negativamente avaliada pela empresa com base em queixas feitas pelo próprio agressor após o assédio sexual ser relatado à entidade intermediadora do contrato de aprendizagem.

Assim, ajuizada a reclamação trabalhista e constatada a ocorrência do assédio sexual, a Juíza declarou a rescisão indireta do contrato de aprendizagem por culpa de ambas as Reclamadas, condenando-as, de forma solidária, ao pagamento das verbas rescisórias respectivas.

Do ponto de vista da responsabilidade civil por assédio sexual sofrido no ambiente de trabalho, sobretudo quando praticado por outro empregado, prevalece entendimento[21] no sentido de que, em tais casos, deve ser aplicada a responsabilidade civil objetiva com fulcro no art. 932, III, do Código Civil, segundo o qual o empregador é objetivamente responsável por atos de seus empregados.

A par da discussão acerca da espécie de responsabilidade civil aplicável ao empregador nos casos de assédio sexual laboral, é certo que, no caso em apreciação, sob qualquer viés que fosse analisado, restaria configurada, como restou julgado pela Magistrada, a responsabilidade das Reclamadas pelo assédio sexual sofrido, quer por se

---

(21) Nesse sentido, os seguintes julgados do Tribunal Superior do Trabalho:

"AGRAVO DE INSTRUMENTO EM RECURSO DE REVISTA EM FACE DE DECISÃO PUBLICADA ANTES DA VIGÊNCIA DA LEI N. 13.015/2014. (...) RESPONSABILIDADE CIVIL DO EMPREGADOR. DANOS MORAIS CAUSADOS AO EMPREGADO. CARACTERIZAÇÃO. ASSÉDIO SEXUAL. Na hipótese, ficou registrado não só o comportamento inoportuno do assediador e a exposição da autora perante os colegas, mas até mesmo o oferecimento de supostas vantagens em troca dos pretendidos favores sexuais. Ainda que o Tribunal Regional tenha se equivocado na qualificação da espécie de dano (afirmando tratar-se de assédio moral, mas não sexual), é certo que houve a lesão extrapatrimonial, da qual surge o dever de reparação. Friso, finalmente, que, na espécie, a responsabilidade do empregador é objetiva, já que se trata de ato praticado por outro empregado, nos exatos termos preconizados pelos arts. 932, III, e 933 do Código Civil. Agravo de instrumento a que se nega provimento." (AIRR-144700-88.2006.5.01.0072, 7ª Turma, relator Ministro Cláudio Mascarenhas Brandão, *DEJT* 13.10.2017)

"I – AGRAVO DE INSTRUMENTO EM RECURSO DE REVISTA INTERPOSTO PELA RECLAMANTE – REGÊNCIA PELA LEI N. 13.015/2014 – INDENIZAÇÃO POR DANOS MORAIS. ASSÉDIO SEXUAL. RESPONSABILIDADE OBJETIVA. Demonstrada possível violação do art. 932, III, do Código Civil, merece provimento o agravo de instrumento para determinar o processamento do recurso de revista. Agravo de instrumento conhecido e provido. II – RECURSO DE REVISTA INTERPOSTO PELA RECLAMANTE – REGÊNCIA PELA LEI N. 13.015/2014 – INDENIZAÇÃO POR DANOS MORAIS. ASSÉDIO SEXUAL. RESPONSABILIDADE OBJETIVA. Constatado que os atos de assédio sexual foram praticados por empregado da reclamada, incide a responsabilidade objetiva do empregador, com esteio nos arts. 932, III, e 933 do Código Civil. Julgados. Recurso de revista conhecido e provido. III – RECURSO DE REVISTA INTERPOSTO PELA RECLAMADA – REGÊNCIA PELA LEI N. 13.015/2014 – HONORÁRIOS ADVOCATÍCIOS. AUSÊNCIA DE ASSISTÊNCIA SINDICAL. O deferimento de honorários advocatícios sem que a reclamante esteja assistida pelo sindicato da sua categoria profissional contraria a Súmula n. 219, I, do TST. Recurso de revista conhecido e provido." (RR-20866-94.2015.5.04.0251, 8ª Turma, relator Ministro Márcio Eurico Vitral Amaro, *DEJT* 05.10.2018)

tratar de ato praticado por empregado da empresa, quer por terem empresa e entidade intermediadora agido culposamente, com violação do dever de cuidado, conforme detidamente analisado anteriormente.

Por fim, de se destacar o acerto da sentenciante na determinação de expedição de ofício ao Ministério Público do Trabalho para apuração dos fatos. Nos dizeres de SILVA NETO:

> "Todavia, há repercussões quando ocorrido o assédio sexual na empresa que não se encaixam apenas no campo da tutela à intimidade da pessoa.
>
> A circunstância de as mulheres serem as principais atingidas com a conduta sexual irregular no meio ambiente de trabalho, aliada ainda à tendência de não denunciarem o assediante. faz com que o problema do assédio sexual na empresa seja analisado dentro de um contexto de proteção coletiva das trabalhadoras, porque é evidente ser o assédio ofensivo não apenas à empregada atingida, mas também a todas outras que se encontram em atividade na empresa. Por via de consequência, a prática do assédio sexual vulnera interesse transindividual trabalhista, aqui de compostura coletiva (art. 81, II, do CDC), porquanto o meio ambiente do trabalho, em tais ocasiões, se torna conflituoso. hostil, intimidador, com empregadas irritadiças e. destarte, com rendimento irremediavelmente comprometido."(22)

No caso, além de a ocorrência de assédio sexual no ambiente de trabalho, por si só, possuir repercussão coletiva, o caso ainda envolvia interesse de adolescente, sendo, portanto, pertinente a atuação do *parquet trabalhista*.

Considerações finais

Por todo o exposto, é possível concluir que, no caso objeto da sentença analisada, o gênero e a tenra idade da adolescente aprendiz, ao lado da hipossuficiência característica da relação de emprego, constituíram eixos de subordinação que atuaram como fatores propulsores da ocorrência do assédio sexual.

Podemos inferir ainda que as condições de trabalho enfrentadas pela adolescente aprendiz, dada a exposição ao abuso sexual, pode ser enquadrada como uma das piores formas de trabalho infantil, conforme Lista TIP e Recomendação 190 da OIT.

Ademais, pudemos observar a evolução do conceito de assédio sexual laboral que passou a prescindir do componente hierárquico, assumindo dimensão ambiental, abrangendo condutas, com conotação sexual, que incluem não apenas o contato físico, mas

(22) SILVA NETO, Manoel Jorge e. Constituição e assédio sexual. *Revista de Direito do Trabalho*, ano 29, n. 111, p. 103, jul./set. 2003.

também palavras e gestos, praticadas uma única vez ou de forma reiterada, e tendo como efeito a degradação do meio ambiente de trabalho.

Do ponto de vista processual, enfatizamos a necessidade de uma distribuição dinâmica do ônus da prova nos casos de assédio sexual, com especial atenção à palavra da vítima e à constelação de indícios, a fim de conferir efetividade às normas de direito antidiscriminatório. Ressaltamos ainda os cuidados a serem observados na condução da instrução probatória a fim de que o Judiciário não seja reprodutor de violências de gênero.

Quanto aos efeitos do assédio sexual no contrato de aprendizagem, destacamos a possibilidade de demissão por justa causa do agressor e o reconhecimento da rescisão indireta do contrato de trabalho. Enfatizamos ainda a necessidade de adoção de medidas preventivas, reparadoras e restaurativas, a fim de amparar a vítima dos pontos de vista psicológico, social e econômico.

Sobretudo, pudemos observar a mudança paradigmática que separa o caso analisado do Caso Márcia Barbosa de Souza, conferindo-lhes desfechos institucionais muito diversos. Embora haja muito a ser feito no combate à desigualdade de gênero, mormente considerando seu desproporcional impacto sobre as meninas, é certo que a capacitação do Poder Judiciário determinada pela Corte Interamericana e materializada no Protocolo do CNJ para Julgamento com Perspectiva de Gênero, já vem gerando profícuos frutos...

Referências

BRASIL. Conselho Nacional de Justiça. *Resolução n. 128, de 15 de fevereiro de 2022.* Anexo, p. 114. Disponível em: <https://www.cnj.jus.br/wp-content/uploads/2021/10/protocolo-18-10-2021-final.pdf>. Acesso em: 10 jan. 2023.

______. Conselho Nacional de Justiça. *Resolução n. 351, de 28 de outubro de 2020.* Legislação. Disponível em: <https://atos.cnj.jus.br/atos/detalhar/3557#:~:text=Art.,Par%C3%A1grafo%20%C3%BAnico>. Acesso em: 10 jan. 2023.

______. Presidência da República. *Decreto-lei n. 2.848, de 07 de dezembro de 1940.* Código Penal. Legislação. Disponível em: <https://www.planalto.gov.br/ccivil_03/Decreto-lei/del2848compilado.htm>. Acesso em: 09 jan. 2023.

______. Presidência da República. *Decreto n. 6.481, de 12 de junho de 2008.* Legislação. Disponível em: <https://www.planalto.gov.br/ccivil_03/_ato2007-2010/2008/decreto/d6481.htm>. Acesso em: 10 jan. 2023.

______. Presidência da República. *Decreto n. 10.088, de 5 de novembro de 2019.* Legislação. Disponível em: <http://www.planalto.gov.br/ccivil_03/_Ato2019-2022/2019/Decreto/D10088.htm#art5>. Acesso em: 10 jan. 2023.

______. Presidência da República. *Decreto n. 99.710, de 21 de novembro de 1990.* Legislação. Disponível em: <https://www.planalto.gov.br/ccivil_03/decreto/1990-1994/d99710.htm>. Acesso em: 10 jan. 2023.

______. Presidência da República. *Lei n. 8.069, de 13 de julho de 1990*. Legislação. Disponível em: <https:// www.planalto.gov.br/ccivil_03/leis/l8069.htm>. Acesso em: 10 jan. 2023.

______. Tribunal Regional do Trabalho da 2ª Região. *Processo com número omitido por tramitar em segredo de justiça*. 17ª Vara do Trabalho de São Paulo. Juíza do Trabalho Lorena de Mello Rezende Colnago. *DEJT* 21.01.2022.

CORTE Interamericana de Direitos Humanos. *Sentença de 7 de setembro de 2021 do caso Barbosa de Souza e outros* vs. *Brasil*. Redigida em San José, Costa Rica. Tradução em português.

COTTA, Mayra. Nem bodes espiatórios, nem complacência. SILVA NETO, Manoel Jorge e. Constituição e assédio sexual. *Revista de Direito do Trabalho*, ano 29, n. 111, jul./set. 2003.

CRENSHAW, Kimberlé. Documento para o encontro de especialistas em aspectos da discriminação racial relativos ao gênero. *Revista Estudos Feministas*. [*online*]. V. 10, n. 1, p. 171-188, 2002.

FELICIANO, Guilherme Guimarães. Assédio e inversão do ônus da prova: breves considerações. *Revista do Tribunal Superior do Trabalho*, São Paulo, v. 83, n. 2, p. 158, abr./jun. 2017.

GOTTI, Alessandra; SOARES, Inês Virginia P.; CUREAU, Sandra (Coords.). *Mulheres e Justiça*. Os Direitos Fundamentais escritos por elas. Salvador: JusPodivm, 2021.

HELOANI, José Roberto; MARANHÃO, Ney; FERREIRA, Estevão Fragallo. Assédio e violência no trabalho: contribuições da Convenção n. 190 da OIT para a prevenção de riscos psicossociais. *Revista do Tribunal Superior do Trabalho*, São Paulo, v. 88, n. 1, p. 153, jan./mar. 2022.

MAEDA, Patrícia. Crítica ao contrato de aprendizagem como forma de promoção do trabalho decente do adolescente. *Revista LTr:* Direito e Processo, São Paulo, LTr, ano 13, n. 52, p. 167-177;

ORGANIZAÇÃO INTERNACIONAL DO TRABALHO (OIT). Convenção sobre a eliminação da violência e do assédio no mundo do trabalho. 21 jun. 2019. Disponível em: <https://www.ilo.org/wcmsp5/groups/public/---europe/--- ro-geneva/---ilo-lisbon/documents/genericdocument/wcms_729459.pdf>. Acesso em: 10 jan. 2023.

VERONESE, Josiane Rose Petry; SANTOS, Vívian de Gann dos. A erradicação do trabalho infantil no Brasil e a "pedagogia do trabalho": implicações ao instituto da aprendizagem profissional. *Revista do Tribunal Superior do Trabalho*, Porto Alegre, v. 88, n. 3, p. 197-212, jul./set. 2022.

A Violência Sexual no Ambiente de Trabalho como Produto da Desigualdade de Gênero e a Responsabilidade do Empregador

Ana Paula Pavanelli Corazza Cherbino

> DANOS MORAIS. ESTUPRO NO AMBIENTE DE TRABALHO. Comprovado o estupro por meio vídeos. A reclamante, no dia dos fatos, se dirigiu até a câmara fria da empresa para retirar mercadorias, quando foi surpreendida por seu superior hierárquico (gerente), que, mediante violência física, constrangeu a vítima a com ele manter conjunção carnal, sendo, na sequência, preso em flagrante. Em sentença, as declarações da vítima, devidamente consideradas nos termos do Protocolo para Julgamento com Perspectiva de Gênero do Conselho Nacional de Justiça, unidas às demais provas produzidas, levaram à condenação da reclamada, com fulcro nos arts. 927 e 932, III, do Código Civil, ao pagamento da indenização postulada, diante do inequívoco abalo físico e psicológico sofrido. (BRASIL. Tribunal Regional do Trabalho da 2ª Região. Processo com número omitido por tramitar em segredo de justiça. 14ª Vara do Trabalho de São Paulo. Juíza do Trabalho Roselene Aparecida Taveira. *DEJT* 27.04.2022)[1]

Instituída a nova ordem jurídica com a Constituição Federal de 1988, o Estado brasileiro passou a ter, como fundamentos, a dignidade da pessoa humana, os valores sociais do trabalho e da livre iniciativa e, como objetivo, a construção de uma sociedade livre, justa e solidária, com vistas a erradicar a pobreza, a reduzir as desigualdades e a promover o bem de todos, sem preconceitos de origem, raça, sexo, cor, idade e quaisquer outras formas de discriminação.

No entanto, a despeito das disposições acima, não há dúvidas de que a sociedade brasileira ainda é manifestamente desigual e impõe papéis diferentes aos homens e às

(1) BRASIL. Tribunal Regional do Trabalho da 2ª Região. *Processo com número omitido por tramitar em segredo de justiça*. 14ª Vara do Trabalho de São Paulo. Juíza do Trabalho Roselene Aparecida Taveira. *DEJT* 27.04.2022.

mulheres, valorizando as características tidas como masculinas em detrimento daquelas estereotipadas como femininas, o que impacta na forma como as relações se estruturam, não só no âmbito doméstico, como também no ambiente de trabalho.

Nesse sentido, verifica-se que, historicamente, é atribuído aos homens o trabalho produtivo, remunerado e socialmente valorizado, ao passo que às mulheres restam, prioritariamente, as funções reprodutiva, doméstica e de cuidado, o que reafirma a divisão sexual do trabalho e reforça estereótipos de gênero.

E, a despeito da crescente participação das mulheres no mercado de trabalho, essas bases patriarcais permanecem intrínsecas em nossa sociedade, impossibilitando a igualdade substancial em termos de contratação, remuneração e ocupação de cargos.

Mantém-se, assim, a desigualdade entre homens e mulheres (social e econômica), a qual perpetua as condições culturais e ideológicas para que a violência sexual ocorra, não somente em vias públicas ou no âmbito doméstico, como também nas relações de trabalho, em que são reproduzidos os mesmos preconceitos arraigados no imaginário social.

Um levantamento produzido pelo Instituto Patrícia Galvão, elaborado em 2020, revela que 76% das mulheres já foram vítimas de violência no ambiente de trabalho. De acordo com o relatório, elaborado com o apoio da *Laudes Foundation*, 12% dessas mulheres entrevistadas foram vítimas de violência sexual, categoria do estudo que engloba tanto os casos de assédio sexual, quanto de estupro(2).

Dessa forma, não se pode analisar a violência sexual apenas sob o aspecto individual, como conduta que atenta contra a liberdade sexual e viola a dignidade humana. Ela persiste, e é até mesmo banalizada, em razão da sociedade patriarcal e estruturalmente desigual em que vivemos, na qual a mulher, ainda inferiorizada no mercado de trabalho, é colocada em posição de dominação e controle, erotizada, objetificada e culpabilizada pelas agressões sofridas.

Além disso, o comportamento do agressor sexual, que vai muito além da tipificação penal (art. 213 do CP), sustenta-se na cultura de que o poder sexual está no homem, que tem o direito de sujeitar a mulher a esse poder, em evidente reprodução de estereótipos de masculinidade e virilidade(3).

Esses estereótipos, repassados para toda a sociedade, também re-vitimizam a mulher, ao argumento de que ela se colocou em situação de risco ou não se comportou da forma

---

(2) *Percepções sobre a violência e o assédio contra mulheres no trabalho*. Disponível em: <https://agenciapatriciagalvao.org.br/violencia/pesquisa-revela-76-das-mulheres-ja-sofreram-violencia-e-assedio-no-trabalho/>. Acesso em: 19 dez, 2022.

(3) SOUSA, Renata Floriano. *Cultura do estupro:* prática e incitação à violência sexual contra mulheres. Disponível em: <https://www.scielo.br/j/ref/a/6pdm53sryMYcjrFQr9HNcnS/?lang=pt#>. Acesso em: 19 dez. 2022.

casta que deveria. Trata-se, pois, de uma cultura que incita o homem a aproveitar toda e qualquer oportunidade para a consumação sexual e que deposita na vítima a responsabilidade sobre os atos do agressor.

Não basta, portanto, que esteja prevista na Constituição Federal uma sociedade que não deve discriminar a mulher. A violência de gênero e, dentre elas, a sexual, não resulta apenas da falta ou da insuficiência de normas, mas de profundas desigualdades estruturais e do fato de um grupo ocupar uma posição que socialmente ainda é vista como inferior.

Tanto é assim que Convenção n. 190 da OIT[(4)], ainda não ratificada pelo Brasil, reconhece que a violência sexual no mundo do trabalho afeta desproporcionalmente as mulheres, razão pela qual é imprescindível uma abordagem inclusiva, integrada e com perspectiva de gênero, que enfrente as causas e os fatores de risco, incluindo estereótipos de gênero, além das várias formas de discriminação e desigualdade nas relações de poder devido ao gênero.

Dessa forma, o Poder Judiciário, inserido nesse contexto, não poderia ficar alheio às desigualdades históricas, sociais, culturais e políticas a que estão submetidas as mulheres. Assim, o Conselho Nacional de Justiça editou, em 2021, o Protocolo para Julgamento com Perspectiva de Gênero, a fim de que sejam removidos os obstáculos que impossibilita a substancial isonomia entre homens e mulheres.

O caso em análise traz em seu bojo fatos que implicam a necessária aplicação do Protocolo, uma vez que, tratando-se de estupro sofrido por uma empregada, praticado no local de trabalho e por seu superior hierárquico, a desigualdade estrutural acima mencionada tem papel relevante no deslinde da controvérsia.

Quanto aos aspectos processuais, foram observadas as diretrizes do Protocolo para a preservação da vítima durante a audiência, a fim de evitar constrangimento, estigmatização, sofrimento, reprodução do estereótipo de gênero, revitimização, desqualificação e interrupções em seu depoimento.

De igual modo, para a valorização da prova, não há dúvidas de que a mera aplicação das regras de distribuição do ônus probatório não seria suficiente para solucionar o caso concreto, pois o ato sexual violento foi praticado de forma clandestina — dentro da câmara fria —, não se podendo exigir da vítima a produção de prova cabal e ocular. Dessa forma, havendo verossimilhança nas alegações da própria vítima, bem como prova indiciária (inquérito policial e vídeo gravado fora da câmara fria), o fato foi considerado provado.

---

(4) OIT — Organização Internacional do Trabalho. OIT Brasília. *Eliminar a Violência e o Assédio no Mundo do Trabalho*. Convenção n. 190. Disponível em: <https://www.ilo.org/brasilia/noticias/WCMS_831984/lang--pt/index.htm>. Acesso em: 19 dez. 2022.

Frise-se, por oportuno, que a decisão foi expressa no sentido de que as declarações da vítima se qualificaram como meio de prova, que possuem inquestionável relevância em casos de violência de gênero. Também foi realçada a hipossuficiência processual da trabalhadora, silenciada pela impossibilidade de provar que não consentiu com a violência.

Ademais, a Magistrada considerou como as dinâmicas de desigualdades estruturais interferiram na vida da empregada, que, mesmo na posição de vítima, pediu demissão. Denota-se, portanto, que a tendência de naturalizar os comportamentos violentos de natureza sexual e de culpabilizar a vítima contribuiu para a preservação da desigualdade de gênero e, em termos econômicos, fulminou o papel da empregada no mercado de trabalho e seu próprio meio de subsistência.

Em outras palavras, o caso concreto revelou que nessa sociedade, marcada por relações desequilibradas e agravadas por questões de gênero, a utilização de poder dentro da relação empregatícia, da qual a trabalhadora se sujeitou para o seu próprio sustento, levou à violência sexual praticada por seu superior hierárquico, ao descaso do empregador que não tomou nenhuma providência quanto ao agressor e, finalmente, ao pedido de demissão.

No julgado, ainda há o registro de que "essa é a postura da mulher diante de um mundo que a exclui, trata desigualmente e a violenta de todas as formas", pois "não havia outra opção à reclamante, diante dos fatos e da postura visivelmente negligente do reclamado, explicitada pelo fato de manter o contrato de trabalho do agressor e pelo desinteresse em ofertar qualquer assistência à obreira".

Houve, ainda, o cuidado em rechaçar argumentos misóginos utilizados pela defesa, no sentido de que a empregada teria sorrido e demonstrado visível felicidade ao ver seu algoz, enfatizando, por derradeiro, que se faz necessário reforçar que a mulher estava na posição de vítima.

Em um julgamento sob a perspectiva de gênero, deve-se afastar todo e qualquer argumento que atrelem à reputação da mulher o *status* de vítima de estupro, vale dizer, ser vítima de estupro não está condicionado ao comportamento que precede ao crime.

Quanto à responsabilidade do empregador, incumbia a ele, ao assumir os riscos do empreendimento, manter o ambiente de trabalho sadio e equilibrado, nos moldes dos arts. 7º, XXII; 170, VI e XXII; 200, VIII; 225, § 3º, da Constituição Federal, 157 e 164 da CLT e 4º, § 1º, da Convenção n. 155 da OIT, bem como garantir à trabalhadora a segurança no local da prestação de serviços, com vistas a impedir todas as formas de violência, inclusive a sexual, que traz não só danos psíquicos, físicos e materiais, como também aprofunda o machismo estrutural na sociedade, ameaça a igualdade de oportunidades e obsta a efetiva isonomia entre homens e mulheres.

No caso em análise, não é preciso tecer maiores considerações para afirmar que a violência sexual afrontou os direitos da personalidade da vítima. Vale lembrar que a trabalhadora, muito antes de vestir a roupagem de empregada, é ser humano, dotada de dignidade, de modo que seu estado de subordinação não pode acarretar o despojamento de seus direitos fundamentais.

Demais disso, sabe-se que o poder privado emerge em situações caracterizadas por uma disparidade substancial entre as partes, tal qual se verifica nas relações de trabalho, indiscutivelmente marcadas pela hipossuficiência do empregado e pelo poderio econômico do empregador.

Nesse contexto, diante da organização econômica do empregador e de sua estrutura hierárquica, foi instituída uma situação de poder e de sujeição, de tal sorte que o contrato de trabalho se tornou um verdadeiro pacto de adesão, em que a liberdade e a vontade de uma das partes não são exercidas de forma ampla, tal qual se verifica nas demais relações civis[5].

Pode-se afirmar, portanto, que o poder diretivo e disciplinar do empregador consiste em potencial ameaça para os direitos fundamentais do trabalhador, o que autoriza a reparação pelos danos causados, inclusive por seus prepostos.

Nesse sentido, o art. 932, III, do Código Civil, utilizado na sentença para fundamentar a responsabilidade do réu, prevê que o empregador é responsável pelos atos que seus empregados e prepostos praticarem no exercício do trabalho que lhes competir ou em razão dele. E, de acordo com o art. 933, essa responsabilidade será sempre objetiva — ou seja, independentemente de o empregador ter procedido com dolo ou com culpa.

Assim, ainda que não haja culpa do empregador, ele responderá pelos atos de seus prepostos. É a chamada responsabilidade objetiva indireta, que requer apenas a demonstração de culpa do preposto, vale dizer, se o representante da empresa causou dano ao empregado, e isso no exercício do trabalho que lhe competia, o empregador responderá se comprovada a culpa. No entanto, em caso de violência sexual, a questão da culpa não é relevante e dispensa maiores considerações, já que a conduta só se verifica na modalidade dolosa.

Ademais, vale lembrar que os prepostos devem estar habilitados para representar o empregador, sob pena de restar caracterizada a culpa *in eligendo*, que decorre da má escolha em confiar a tarefa diretiva[6]. Não bastasse, incumbe ao empregador fiscalizar seus prepostos e implementar medidas para evitar a violência no ambiente laboral, a fim de que não responda pela culpa *in vigilando*.

---

(5) DELGADO, Mauricio Godinho. *Curso de Direito do Trabalho*. São Paulo: LTr, 2012. p. 500-501.

(6) OLIVEIRA, Sebastião Geraldo de. *Proteção Jurídica à Saúde do Trabalhador*. São Paulo: LTr, 2011. p. 296.

Nesse contexto, não se trata de transferir para o empregador o ônus estatal de zelar pela segurança pública, pois o estupro, na decisão em análise, ocorreu dentro das dependências do empregador e foi cometido por um de seus gerentes, durante a prestação de serviços.

Dessa forma, a despeito da omissão da Consolidação das Leis do Trabalho quanto à responsabilidade do empregador para o caso em exame, a Magistrada, nos termos do Protocolo de para Julgamento com Perspectiva de Gênero e com fulcro no art. 8º da CLT, aplicou as normas que prestam maior garantia à vítima.

Além dos fundamentos jurídicos acima explanados, é certo que, do ponto de vista sociológico, mostra-se imprescindível que o empregador seja responsabilizado em casos de danos oriundos da violência sexual ocorrida no ambiente de trabalho, pois, do contrário, restaria inviabilizada qualquer forma de combate da conduta nas relações de trabalho.

Assim, sendo a trabalhadora vítima de danos decorrentes de violência sexual praticada pelo superior hierárquico, o empregador será responsável, nos moldes das disposições contidas nos arts. 186, 927, 932, III, e 933, todos do Código Civil.

Quanto aos danos postulados, a vítima requereu tão somente a reparação pelos danos morais sofridos, que consistem no agravo decorrente da violação dos direitos inerentes à personalidade. No caso em análise, verificou-se não só a afronta à liberdade sexual, como também o dano à intimidade, o dano à vida de relação (honra, dignidade e imagem), o dano físico e o dano psíquico.

Cumpre ressaltar que o dano moral se encontra inserido na própria ofensa, vale dizer, decorre da gravidade do ato ilícito em si. Trata-se, pois, de dano moral *in re ipsa*, que deriva do próprio ato ofensivo(7) e, nesse sentido, dispensa a produção de prova das repercussões negativas do estupro na órbita subjetiva da vítima. Não se cogita, portanto, na prova da dor, do sofrimento ou da humilhação.

No que diz respeito ao valor da indenização, a natureza jurídica da reparação por danos morais corresponde a um caráter principal reparatório e a um caráter pedagógico ou disciplinador acessório, que visam a coibir novas condutas.

O Código Civil não fixou critérios objetivos para a quantificação da indenização por dano pessoal. A opção legislativa é razoável, na medida em que a adoção de um sistema rígido para a fixação do quantum indenizatório, no que se refere ao dano moral, faria com que as inúmeras particularidades do caso concreto ficassem à margem da análise do julgador.

---

(7) OLIVEIRA, Sebastião Geraldo de. *Proteção Jurídica à Saúde do Trabalhador*. São Paulo: LTr, 2011. p. 316.

A doutrina[8] e a jurisprudência têm estabelecido critérios norteadores para a fixação, com base nos arts. 944 e 945 do Código Civil, quais sejam, a extensão do dano; as condições socioeconômicas e culturais dos envolvidos; as condições psicológicas das partes e o grau de culpa do agente, de terceiro ou da vítima. Ademais, a reparação deve ser suficiente a desestimular o ofensor a praticar futuras lesões e, ao mesmo tempo, não ensejar o enriquecimento desproporcional do ofendido.

Por conseguinte, o art. 223-G da CLT, trazido pela Lei n. 13.467/17, é flagrantemente inconstitucional, pois o legislador, ao adotar como parâmetro para a fixação da indenização por danos morais o valor do salário percebido pelo trabalhador, afrontou não só o princípio da isonomia, como também a razoabilidade e a proporcionalidade, pois a indenização decorrente de um mesmo dano moral não pode ter valor diverso em razão do salário de cada ofendido.

Ademais, o Poder Judiciário não pode ser impedido de fixar, com base no caso concreto e de forma fundamentada, valor superior ao previsto no referido dispositivo com vistas a reparar o ofendido. Tanto é assim que o Supremo Tribunal Federal, nos autos da ADPF n. 130[9], declarou que o art. 52 da Lei n. 5.250/67 (Lei de Imprensa) não foi recepcionado pela Constituição Federal, já que impunha limitação ao Poder Judiciário, por meio de tarifação, para a fixação das indenizações por dano moral em casos de ofensa à intimidade, vida privada, honra e imagem das pessoas.

Nesse sentido, considerados os parâmetros acima, sobretudo a gravidade da conduta e das sequelas psicológicas comprovadas nos autos, o valor fixado no caso concreto revelou-se manifestamente proporcional e razoável, além de necessário para recompor o equilíbrio econômico-jurídico alterado pelo dano.

Consoante acima exposto, extrai-se do caso concreto e da decisão objeto de análise que a violência sexual contra a mulher é produto da desigualdade de gênero ainda presente na sociedade brasileira e que, no âmbito do Direito do Trabalho, ganha contornos mais dramáticos, pois a relação de dependência que a trabalhadora tem com seu emprego potencializa suas consequências.

A violência sexual é, de fato, mal a ser combatido em todas as esferas da sociedade. Reconhecer sua estreita relação com a cultura patriarcal e com a desigualdade estrutural é imprescindível para a conscientização e prevenção. Além disso, superar estigmas que comumente atribuem à vítima a responsabilidade pelo ato sexual violento é um estágio fundamental nesta evolução.

---

(8) OLIVEIRA, Sebastião Geraldo de. *Proteção Jurídica à Saúde do Trabalhador*. São Paulo: LTr, 2011. p. 319-320.

(9) BRASIL. Supremo Tribunal Federal. *Arguição de Descumprimento de Preceito Fundamental n. 130/DF*. Relator: Ministro Carlos Ayres Britto. Brasília, 05.11.2009. *DJ* de 1º.01.2012.

Por sua vez, o ambiente de trabalho, que também é hostil sob a perspectiva de gênero, deve ser analisado de modo a identificar, prevenir e reparar condutas nocivas, independentemente da condição da vítima. Além da corporação, também são atores necessários neste pacto as instâncias políticas e o ente coletivo social, pois a tolerância moral quanto à desigualdade de gênero e à violência sexual tem tanta responsabilidade pelos fatos aqui analisados quanto a má gestão empresarial.

Faz-se imprescindível, por fim, que a conduta seja juridicamente reprimida, incumbindo ao Poder Judiciário ter a sensibilidade de perceber as dinâmicas que reproduzem as desigualdades estruturais e, assim, proferir julgamentos com base na perspectiva de gênero, com vistas a promover a igualdade substantiva no caso concreto, contribuindo na aplicação de um direito verdadeiramente emancipatório.

Referências

BRASIL. Supremo Tribunal Federal. *Arguição de Descumprimento de Preceito Fundamental n. 130/ DF.* Relator: Ministro Carlos Ayres Britto. Brasília, 05.11.2009. *DJ* de 1º.01.2012.

DELGADO, Mauricio Godinho. *Curso de Direito do Trabalho*. São Paulo: LTr, 2012.

OIT — ORGANIZAÇÃO INTERNACIONAL DO TRABALHO. OIT Brasília. *Eliminar a Violência e o Assédio no Mundo do Trabalho*. Convenção n. 190. Disponível em: <https://www.ilo.org/brasilia/noticias/WCMS_831984/lang--pt/index.htm>. Acesso em: 19 dez. 2022.

OLIVEIRA, Sebastião Geraldo de. *Proteção Jurídica à Saúde do Trabalhador*. São Paulo: LTr, 2011.

Percepções sobre a violência e o assédio contra mulheres no trabalho. Disponível em: <https://agenciapatriciagalvao.org.br/violencia/pesquisa-revela-76-das-mulheres-ja-sofreram-violencia-e-assedio-no-trabalho/:. Acesso em: 19 dez. 2022.

Protocolo para Julgamento com Perspectiva de Gênero. Disponível em: <https://atos.cnj.jus.br/atos/detalhar/4377>. Acesso em: 19 dez. 2022.

SOUSA, Renata Floriano. *Cultura do estupro:* prática e incitação à violência sexual contra mulheres. Disponível em: <https://www.scielo.br/j/ref/a/6pdm53oryMYrjrFQr9HNcnS/?lang=pt#>. Acesso em: 19 dez. 2022.

A Condução da Instrução Processual em Casos de Assédio Sexual de Forma a Superar Desigualdades de Gênero. Análise de Caso Concreto sob a Égide do Protocolo para Julgamento com Perspectiva de Gênero 2021

Roselene Aparecida Taveira

ASSÉDIO SEXUAL. INSTRUÇÃO PROCESSUAL. CONDUÇÃO E ANÁLISE DA PROVA. Trata-se de decisão judicial proferida em reclamação trabalhista[1] na qual, entre outros temas, decidiu-se sobre o assédio sexual, concluindo que a conduta ilícita ofendeu os direitos da personalidade da trabalhadora, assim como pelo reconhecimento da rescisão indireta do contrato de trabalho por descumprimento contratual da empresa. No caso concreto, a juíza entendeu que a prática jurídica tem demonstrado que a mera aplicação das regras de distribuição do ônus probatório não é suficiente para solucionar as casuísticas das demandas judiciais. (ATOrd 1000231-25.2019.5.02.0014. 14ª vara do Trabalho de São Paulo. Juíza do Trabalho Ana Paula Pavanelli Corazza. *DEJT* 15.07.2019)

De início, é necessário destacar que o Protocolo para Julgamento com Perspectiva de Gênero 2021 decorreu na instituição de Grupo de Trabalho instituído pela Portaria CNJ n. 27, de 2 de fevereiro de 2021, para colaborar com a implementação das políticas nacionais estabelecidas pelas Resoluções CNJ n. 254 e 255, de 4 de setembro de 2018, relativas, respectivamente, ao Enfrentamento à Violência contra as Mulheres

(1) BRASIL. Tribunal Regional do Trabalho da 2ª Região. *ATOrd 1000231-25.2019.5.02.0014.* 14ª vara do Trabalho de São Paulo. Juíza do Trabalho Ana Paula Pavanelli Corazza. *DEJT* 15.07.2019

pelo Poder Judiciário e ao Incentivo à Participação Feminina no Poder Judiciário. O mencionado protocolo é fruto do amadurecimento institucional do Poder Judiciário, que passa a reconhecer a influência que as desigualdades históricas, sociais, culturais e políticas a que estão submetidas as mulheres ao longo da história exercem na produção e aplicação do direito.

Nunca é demais salientar que o Direito, como expressão do seio social que organiza e regulamenta, reflete a sociedade patriarcal que se construiu ao longo da história. As amarras sociais e culturais também devem ser superadas pelos legisladores e operadores do Direito de forma a avançar ao fim das desigualdades sociais por meio da construção jurídica de uma sociedade justa, igual e que garante a todos a dignidade da pessoa humana.

Para que se compreenda a importância do Protocolo para Julgamento com Perspectiva de Gênero 2021, é preciso que seja situada a condição da mulher na sociedade, especialmente da mulher trabalhadora, que se insere no mundo do trabalho em circunstancial desvantagem. O capitalismo apropria-se das diversas manifestações sociais de exploração e não pode deixar para trás o enraizado patriarcalismo.

Na lição de Simone de Beauvoir, ao ingressar no mercado de trabalho, no princípio do século XIX, a mulher era explorada mais vergonhosamente ainda que os trabalhadores do outro sexo (...) os patrões muitas vezes as preferem aos homens. "Trabalham menos e mais barato". Esta fórmula cínica esclarece o drama do trabalho feminino. Porque é pelo trabalho que a mulher conquista sua dignidade de ser humano; mas foi uma conquista singularmente árdua e lenta."(2)

No mundo do trabalho, portanto, a inserção da mulher em desvantagem ainda é refletida nas desigualdades substanciais de tratamento como salários inferiores, trabalhos precarizados, tratamento diferenciado, meio ambiente hostil e discriminatório, objetificação da mulher, dentre outros. O falso intuito protetivo sob o fundamento físico e biológico conferiu às mulheres um papel secundário na sociedade e as mantém em condições de pobreza e precarização. Ou seja, o discurso de que a mulher é mais frágil e deve ser protegida a mantém em sua condição de exploração dentro de um contexto social que se favorece disso.

Esses enfrentamentos diários de inserção e aceitação da mulher no mercado de trabalho resvalam no Poder Judiciário que, ao longo dos anos, perpetuou o tratamento inadequado às questões de gênero em razão da forma como conduziu inúmeras ações que envolviam discriminação contra a mulher, assédio moral e sexual, além de diversas formas de discriminação à pessoa, aqui não aprofundadas.

---

(2) BEAUVOIR, Simone de. *O segundo sexo:* fatos e mitos. 5 ed. Rio de Janeiro: Nova Fronteira, 2019. p. 166.

A preocupação, portanto, instituída oficialmente pelo Protocolo para Julgamento com Perspectiva de Gênero 2021, atual e urgente, é a de que essa perpetuação tenha fim, que o Judiciário institua forma de tratamento e condução adequada a casos de discriminação a fim de eliminar os estereótipos de gênero e incorporar a condução adequada de casos que lhe são submetidos, evoluindo, ainda que de forma lenta e gradativa, à tão almejada igualdade social.

Na análise da situação concreta do Processo n. 1000231-25.2019.5.02.0014, verifica-se que se tratou de ação movida por trabalhadora mulher, alegando, em síntese, que contratada como auxiliar de escritório, era importunada pelo pai do sócio, assediando-a sexualmente, o que culminou em seu pedido de demissão, em razão do insuportável ambiente de trabalho.

Em audiência, a reclamante narrou todas as situações extremamente constrangedoras de assédio que sofreu, sendo que afirmou que o autor cometia o assédio nos momentos em que a reclamante estava sozinha, que nenhum empregado presenciou o assédio.

Note-se que em um primeiro momento o julgador precisa analisar a viabilidade da oitiva da mulher vítima de casos como os de assédio, a situação desconfortável e a sua verdade já foram narradas na inicial e reviver os fatos pode ocasionar o que se chama de revitimização ou perpetuação da violência contra as mulheres. No julgamento com perspectiva de gênero, o julgador e os atores envolvidos devem sempre questionar se a situação pode ser desconfortável à vítima. Reviver atos como os de assédio sexual, muitas vezes na frente de pessoas que representam o próprio agressor ou dele mesmo, pode ser extremamente prejudicial à situação psicológica da vítima, o que em qualquer hipótese não pode ser negligenciado.

No tocante à dilação probatória, necessário destacar que situações de assédio sexual, como no caso em estudo, raramente são presenciadas por testemunhas. É que o agressor escolhe o melhor momento e ambiente para a prática dos atos ilícitos, motivo pelo qual a colheita de provas em instrução processual é diferenciada. Ademais, ainda que tenham presenciado, as testemunhas podem ter sentimento de temor ou receio de perda de emprego, o que dificulta a colheita de seus depoimentos.

Uma curiosidade processual, fato muito comum em ações que demandam matérias sensíveis, é a de que em primeira audiência a testemunha convidada pela autora recusou-se em comparecer, necessitando ser conduzida coercitivamente pelo Juízo. Após a sua condução coercitiva, o seu depoimento não elucidou fatos presenciados, seja por receio ou mesmo porque não presenciou atos que por sua natureza geralmente são privados. A testemunha afirmou ser amiga da autora, o que pode ter sido ou não uma manobra para ser dispensada de seu depoimento.

Em conclusão à instrução processual, a Juíza que apreciou a demanda sentenciou no sentido de que "quanto à prova do assédio sexual, a prática jurídica tem demonstrado que a mera aplicação das regras de distribuição do ônus probatório não é suficiente para solucionar as casuísticas das demandas judiciais. Assim, tendo em vista que o assédio sexual é praticado de forma clandestina, não se pode exigir da vítima a produção de prova cabal e ocular, sob pena de se permitir que o assediador se beneficie da conduta ilícita. Nesse contexto, havendo verossimilhança das alegações, bem como prova indiciária, o fato deverá ser considerado provado".

A verossimilhança ficou demonstrada pelos demais elementos nos autos, inclusive alguns vídeos que evidenciaram toques e carícias em face da trabalhadora, sendo que a reclamada foi condenada ao pagamento de indenização por dano moral no importe de R$ 10.000,00 nos termos dos arts. 186, 927, 932, II, e 933, além da reversão do pedido de demissão da trabalhadora em rescisão indireta. A decisão foi mantida pelo e. Tribunal Regional do Trabalho.

Algumas circunstâncias chamam atenção para o caso e devem ser analisadas sob a perspectiva de gênero, merecendo discussão ampla entre aqueles que atuam diariamente nas demandas trabalhistas:

a) a trabalhadora foi assediada sexualmente pelo pai do proprietário do estabelecimento e teve que se demitir, situação muito comum na seara trabalhista em que se torna impossível a manutenção do vínculo pela trabalhadora ou trabalhador que sofrem os abusos ou ilícitos intentados por prepostos da empresa. Nessa situação é mister o imediato tratamento pelo Judiciário assegurando a esses trabalhadores tutelas ou medidas de urgência que viabilizem no mínimo o reconhecimento cautelar da rescisão indireta contratual, garantindo meios de subsistência até a apreciação final da demanda. Na situação concreta, com o pedido de demissão, a trabalhadora abriu mão de direitos essenciais e alimentares como o aviso prévio, a multa de 40% e deixou de sacar o FGTS e se habilitar no seguro desemprego, medidas eficazes e complementares à garantia da dignidade da pessoa do trabalhador ou trabalhadora;

b) o depoimento pessoal da vítima, como apontado acima, é extremamente dificultoso e deve ser preterido em favor de outras provas nos autos, a fim de evitar novo constrangimento, revitimização, além da sensação de reviver perante ambiente extremamente inadequado à oitiva de vítimas de abusos ou ilícitos, o que já causou sérios danos à ordem psíquica e social da vítima;

c) o Judiciário pode e deve adequar-se ao acolhimento de vítimas de abusos e assédios, propiciando ambiente adequado ou até mesmo a oitiva por meio telepresencial e outros meios em que a vítima se sinta segura e confortável, na medida do possível, para narrar os fatos, quando necessária a sua oitiva;

d) a testemunha recusou-se em comparecer à audiência e mesmo comparecendo, seu depoimento não foi de grande valia porque nesses casos o medo impera sobre os mais vulneráveis. Aqui destaca-se orientação do Protocolo para Julgamento com Perspectiva de Gênero 2021 de extrema importância em situações como a posta:

> "O primeiro passo quando da análise de provas produzidas na fase de instrução é questionar se uma prova faltante de fato poderia ter sido produzida. Trata-se do caso clássico de ações envolvendo abusos que ocorrem em locais privados, longe dos olhos de outras pessoas. Estupro, estupro de vulnerável, violência doméstica são situações nas quais a produção de prova é difícil, visto que, como tratamos na Parte I, Seção 2.d. acima, tendem a ocorrer no ambiente doméstico. Esse questionamento pode ser feito também em circunstâncias nas quais testemunhas podem ter algum impedimento (formal ou informal) para depor. É o caso, por exemplo, de pessoas que presenciam casos de assédio sexual no ambiente de trabalho, mas que têm medo de perder o emprego se testemunharem. Em um julgamento atento ao gênero, esses questionamentos são essenciais e a palavra da mulher deve ter um peso elevado. É necessário que preconceitos de gênero — como a ideia de que mulheres são vingativas e, assim, mentem sobre abusos — sejam deixados de lado."[3]

Os indícios presentes nos autos, a primeira negativa da testemunha em depor, além da segunda negativa, ainda que velada, somados à palavra da vítima podem e devem ser suficientes para que se conclua pela ocorrência e dinâmica dos fatos.

e) atribuir à vítima o ônus de provar cabalmente os fatos é um erro, sendo que para esses casos o depoimento da vítima tem caráter de prova, especialmente quando confirmada por elementos indiretos de prova, como na situação concreta, em que haviam vídeos e depoimentos testemunhais nitidamente evasivos em relação ao ocorrido.

Importante notar que diante da dinamicidade dos casos que são submetidos ao Judiciário cabe ao julgador a análise do caso concreto, as especificidades da narrativa trazida em Juízo, a sensibilidade na condução da instrução e na indicação da dinâmica de colheita das provas, sempre atento às questões sociais sensíveis que demandam tratamento diferenciado do costumeiro.

Recentemente o Conselho Nacional de Justiça editou a Resolução n. 492, de 17.03.2023, que estabelece, para adoção de Perspectiva de Gênero nos julgamentos em todo o Poder Judiciário, as diretrizes do protocolo aprovado pelo Grupo de Trabalho constituído pela Portaria CNJ n. 27/2021, institui obrigatoriedade de capacitação de magistrados e magistradas, relacionada a direitos humanos, gênero, raça e etnia, em

---

(3) Conselho Nacional de Justiça (Brasil). *Protocolo para julgamento com perspectiva de gênero* [recurso eletrônico] / Conselho Nacional de Justiça. — Brasília : Conselho Nacional de Justiça — CNJ; Escola Nacional de Formação e Aperfeiçoamento de Magistrados — Enfam, 2021, p. 48.

perspectiva interseccional, e cria o Comitê de Acompanhamento e Capacitação sobre Julgamento com Perspectiva de Gênero no Poder Judiciário e o Comitê de Incentivo à Participação Institucional Feminina no Poder Judiciário.

O caminho para a evolução no tratamento de casos de discriminação de gênero, raça, sexo, cor, idade, especialmente do Poder Judiciário, é o estudo e identificação de comportamentos sociais e processuais que reproduzem a cultura de violência contra as minorias, tão arraigada socialmente. Há que se pensar um novo direito e interpretá-lo sob nova ótica, a fim de que no futuro próximo saibamos tratar e repreender todas as formas de discriminação de maneira imparcial, justa, acolhedora e sensível.

Referências

BEAUVOIR, Simone de. *O segundo sexo:* fatos e mitos. 5 ed. Rio de Janeiro: Nova Fronteira, 2019.

CONSELHO NACIONAL DE JUSTIÇA. *Protocolo para julgamento com perspectiva de gênero.* 2021. Disponível em: <https://www.cnj.jus.br/wp-content/uploads/2021/10/protocolo-18-10-2021-final.pdf>. Acesso em: 1º abr. 2023.

Violência Obstétrica

Julgamento com a Perspectiva de Gênero: Uma Visão Jurisprudencial

Erotilde Ribeiro dos Santos Minharro

RECLAMAÇÃO TRABALHISTA. MÉDICA OBSTETRA. CONDUTA INADEQUADA. Reclamações na ouvidoria do hospital reclamado. Erro de diagnóstico. Violência obstétrica caracterizada pela expulsão da paciente da sala de atendimento com empurrão agressivo. Conduta enquadrada no art. 482, CLT (mau procedimento). Justa causa confirmada.

Introdução

Quando a mulher deixou de ter protagonismo social e passou a ser tratada como incapaz ou relativamente incapaz? Quando que os povos minorizados passaram a ter seus direitos vilipendiados?

Engels relata que Johann Jakob Bachofen, quando escreveu sua obra Direito Materno[1], em 1861, formulou algumas teses sobre o surgimento do patriarcado e o início da subjugação feminina.

Segundo ele, primitivamente, a promiscuidade sexual era a regra e só havia certeza da filiação pela linhagem feminina. Nesta época, relata o autor, as mulheres gozavam de grande prestígio porque eram as únicas genitoras conhecidas das novas gerações, já que não se sabia, com certeza, quem eram os pais. Neste contexto, para o antropólogo retrocitado, havia uma sociedade matriarcal (matrilinear) e a sucessão era feita de mãe para filha. Porém, a passagem da poligamia para a monogamia trouxe como consequência que os homens passaram querer ter a posse da mulher e instauraram o patriarcado como regra.

Frise-se que as teorias sobre o direito matrilinear do antropólogo suíço supramencionado são muito polêmicas e têm sido contestadas por outros estudiosos do tema

(1) ENGELS, F. *A Origem da família, da propriedade privada e do Estado.* São Paulo: Ed. Lafonte, 2017. p. 15-17 (Prefácio à 4ª edição de 1891).

especialmente pelo fato de ele ter tirado suas conclusões a partir de textos da literatura greco-romana.

Em seu texto, Bachofen cita que, de todas as narrativas que dão testemunho da existência de um direito materno, as do povo lício são as mais explícitas quanto a este tema. O antropólogo diz que, da leitura dos textos de Heródoto, depreende-se que, para os lícios, a sucessão não era feita a partir dos pais, mas exclusivamente a partir das mães, *"enfatizavam nas informações genealógicas somente as linhas maternas e julgavam a posição das crianças exclusivamente com base naquela das mães"*.(2) Eram as mães que davam a nomenclatura familiar e o direito de herança previa o legado às filhas que, em contrapartida, tinham a obrigação de cuidar dos pais idosos.

Apesar de toda discussão que há em torno dos estudos de Bachofen, simbolicamente sua narrativa mítica de como os julgamentos realizados pelos deuses gregos eram, a princípio, influenciados por uma jurisprudência mais favorável ao gênero feminino e, posteriormente, a partir do nascimento de uma nova geração de deuses, houve um precedente que alterou esta visão jurídica para favorecer os homens em detrimento das mulheres é, ao mesmo tempo interessante e mostra que, a tendência descrita na literatura da Grécia Antiga, de ruptura com a regra matrilinear, tem perdurado até o século XXI.(3)

Ao interpretar a obra Oréstia, de Ésquilo, Bachofen enxerga o julgamento de Orestes, como a luta entre o antigo direito materno, já muito enfraquecido, e o novo direito paterno.

Clitemnestra, apaixonada por Egisto, ao saber que seu marido — Agamenon — retornara da Guerra de Troia, mata-o numa emboscada. Orestes, filho dela e de Agamenon, resolve vingar a morte do pai e para tanto, mata a mãe.

As Erínias, deusas encarregadas de castigar os delitos de sangue e em especial o mais grave deles, o matricídio, vêm ao mundo dos mortais para levar Orestes para o "inferno". Porém, o deus Apolo o protege. Inicia-se um julgamento em que Palas Atena atua como magistrada. As partes são ouvidas. Orestes argumenta em seu favor que, Clitemnestra, sua mãe, cometera um duplo crime, pois matou seu marido e o pai de seus filhos. Portanto, para ele, a falecida não seria uma simples vítima, mas alguém culpada de crime muito maior que o dele e, cujo ato o obrigara a vingar a morte do pai, assassinando-a. Enfim, a culpa era da vítima. As Erínias, por sua vez, entendiam que os crimes de Clitemnestra eram menos graves que os de Orestes, porque ela não estava unida por laços de sangue ao homem que assassinou. Ante a intervenção de Apolo, Atena

(2) BACHOFEN, Johann Jakob. 1861. *Das Mutterecht*. p. V-VIII, XII. O DIREITO MATERNO: Uma pesquisa sobre a ginecocracia do mundo antigo, em sua natureza religiosa e jurídica. Disponível em: <https://edisciplinas.usp.br/pluginfile.php/4610113/mod_resource/content/1/bachofen%20-%201861.pdf>. Acesso em: 02 mar. 2023.

(3) ENGELS, F. *A Origem da família, da propriedade privada e do Estado*. São Paulo: Ed. Lafonte, 2017. p. 15-17 (Prefácio à 4ª edição de 1891).

submete o caso ao Areópago — o Tribunal do Júri ateniense. No Tribunal, há empate. Cabe a Atena, como presidente da Corte, a decisão de condená-lo ou de absolvê-lo. Ela vota em favor de Orestes e o absolve. Simbolicamente, o direito paterno vence o materno.

A alegoria acima descrita, alicerçada na literatura mítica dos gregos, descreve situações que ocorrem até hoje, no século XXI, em muitos julgamentos, se a vítima é uma mulher, parte-se do princípio de que, de alguma forma, ela contribuiu para a situação a que foi submetida.

Exemplo disso, foi a famosa sustentação oral realizada por Evandro Lins e Silva, no Tribunal do Júri de Cabo Frio, em defesa de Raul Fernando do Amaral Street, por ocasião do assassinato de Angela Maria Fernandes Diniz, com quatro tiros que atingiram seu rosto e seu crânio. O argumento era de que a vítima provocara aquela reação de violência extrema, pois teria ofendido o agressor em sua dignidade masculina. Disse o jurista:

> As lutas neste Tribunal são cheias de dificuldades, de imprevistos, de apreensões, de preocupações, sobretudo quando o advogado tem um verdadeiro sentimento de sua responsabilidade, quando tem a consciência de que dele depende a liberdade de um cidadão**. Mais pesada é essa responsabilidade quando se tem a convicção de que a causa é justa, de que não há razão para mandar o acusado para a prisão**. Neste caso, como o Júri verá dentro em pouco, a condenação representaria apenas a satisfação de uma vindita. (...) Senhores jurados, nestes processos, como o que hoje ides julgar, como em todos os casos submetido à competência do Tribunal do Júri, se deve principiar pelo exame da personalidade dos protagonistas do fato**, o que permite verificar a participação que a vítima sempre tem, maior ou menor, na eclosão da deflagração da tragédia**. O cidadão jurado percebe rapidamente quando **o fato foi provocado pela** vítima, e isso eu tive oportunidade de observar nestes 48 anos de profissão.[4]

E mais:

> Qualquer pessoa vê na ação de Raul Fernando Street o gesto de desespero, e profundamente deplorável, de um homem apaixonado, dominado por uma ideia fixa, que o levou a um gesto de violência, que não é comum à sua personalidade (...) Não, não sustentamos o direito de matar. Não. Não suponha ninguém que eu vim aqui sustentar o direito que tenha alguém de matar. Não! **Tenho o direito de... explicar, de compreender um gesto**

(4) ORDEM DOS ADVOGADOS DO BRASIL — SÃO PAULO. *O Caso Doca Street*. Disponível em: <https://www.oabsp.org.br/sobre-oabsp/grandes-causas/o-caso-doca-street>. Acesso em: 02 mar. 2023.

> **de desespero, uma explosão incontida de um homem ofendido na sua dignidade masculina. Compreende-se, desculpa-se, escusa-se. Isto o júri faz não é só no Brasil, não, mas no mundo inteiro. Quando há razões, quando há motivos (...) Ela provocou, ela levou a este estado de espírito, este homem que era um rapagão, um mancebo bonito, um exemplar humano belo, que se encantou pela beleza e pela sedução de uma mulher fatal, de uma Vênus lasciva.**[5]

Esta visão patriarcal nas decisões judiciais foi estudada por meio de grupo de trabalho criado pelo Conselho Nacional de Justiça e resultou, em 2021, no Protocolo de Julgamento com a Perspectiva de Gênero e, posteriormente, em 17.03.2023, na adoção da Resolução n. 492/CNJ.

A falta de conhecimento sobre questões de gênero, temas étnicos-raciais e grupos subordinados em geral, muitas vezes levam a julgamentos efetuados em alicerces estereotipados. A preocupação do CNJ é a de corrigir estes vieses discriminatórios por meio de formação adequada de servidores e juízes, com vistas a evitar que grupos vulnerabilizados sofram nova revitimização ao buscarem o Poder Judiciário.

O presente artigo pretende analisar um caso concreto e verificar como o Poder Judiciário Trabalhista tem se posicionado em processos que envolvem mulheres, após o advento do Protocolo de Julgamento com a Perspectiva de Gênero.

1. Protocolo para Julgamento com a Perspectiva de Gênero

O Protocolo para Julgamento com a Perspectiva de Gênero é uma medida que tem sido adotada em diversos países ao redor do mundo. Em alguns casos ele é formalmente incorporado às leis locais, em outros, é implementado por meio de recomendações e orientações.

No Brasil, a adoção do Protocolo foi facultativa de 18 de outubro de 2021 até 16 de março de 2023. Em 17 de março de 2023, foi aprovada a Resolução n. 492/CNJ[6], que tornou obrigatória a capacitação de magistradas e magistrados nas temáticas relacionadas a direitos humanos, gênero, raça e etnia. Para tanto, os tribunais, em colaboração com as escolas de magistratura, promoverão cursos de formação inicial e formação continuada que incluam obrigatoriamente referidos temas.

---

(5) EPC. *Legítima defesa da honra:* contornos e questionamentos acerca da ADPF 779. Disponível em: <http://www.elciopinheirodecastro.com.br/site/artigos/legitima-defesa-da-honra-contornos-e-questionamentos-acerca-da-adpf-779/#:~:text=No%20Tribunal%20do%20J%C3%BAri%2C%20o,por%20ci%C3%BAmes%20e%20por%20amor>. Acesso em: 02 mar. 2023.

(6) CONSELHO NACIONAL DE JUSTIÇA. *Resolução n. 492, de 17 de março de 2023*. Disponível em: <https://atos.cnj.jus.br/files/original144414202303206418713e177b3.pdf>. Acesso em: 20 mar. 2023.

Uma das motivações para a adoção de uma regra pragmática a ser aplicada em processo que envolva a questão de gênero, etnia e qualquer outro tipo de discriminação, foi a condenação do Brasil pela Corte Interamericana de Direitos Humanos. Referido Tribunal entendeu que o Estado brasileiro violou o prazo razoável para investigação e tramitação processual no caso do homicídio de Márcia Barbosa de Souza, então com 20 anos de idade.(7)

Este caso é impregnado de interseccionalidades. Márcia,(8) uma afrodescendente pobre do interior da Paraíba vai à João Pessoa para trabalhar e estudar. Conhece o então deputado estadual Aércio Pereira de Lima. Num encontro com ele, acaba assassinada e seu corpo é descoberto em um terreno baldio.

> Em 19 de junho de 1998, iniciou-se formalmente a investigação policial n. 18/98 sobre a morte de Márcia Barbosa de Souza. Após a coleta de provas testemunhais e periciais, o Delegado de Polícia a cargo da investigação, emitiu um relatório em 21 de julho de 1998, no qual manifestou que todas as provas indicavam a participação direta do então deputado Aércio Pereira de Lima no delito. No entanto, afirmou que fora difícil tomar a declaração do então deputado em virtude de sus prerrogativas relacionadas com a imunidade parlamentar. (...) Durante o curso das investigações, a autoridade policial inquiriu diversas testemunhas a respeito da personalidade, da conduta social e da sexualidade da senhora Barbosa de Souza. Outrossim, durante a tramitação do processo penal contra Aércio Pereira de Lima, sobre o qual será feita referência mais adiante, a pedido de seu advogado, foram incorporados aos autos do processo mais de 150 páginas de artigos de jornais que se referiam à suposta prostituição, overdose e suposto suicídio de Márcia Barbosa. (...) Adicionalmente, o defensor realizou diversas menções no curso do processo sobre a orientação sexual da vítima, um suposto vício de drogas, comportamentos suicidas e depressão. Igualmente, descreveu a Márcia como uma "prostituta" e a Aércio como "o pai de família" que "se deixou levar pelos encantos de uma jovem" e que, em um momento de raiva, teria "cometido um erro". (...) Antes de que este recurso fosse examinado, em 12 de fevereiro de 2008, o senhor Pereira de Lima morreu de infarto. Portanto, foi extinta a punibilidade, e o caso foi arquivado. (...).

(7) CONSELHO NACIONAL DE JUSTIÇA. *Recomendação orienta magistratura brasileira a seguir Protocolo de Perspectiva de Gênero*. Disponível em: <https://www.cnj.jus.br/recomendacao-orienta-juizes-brasileiros-a-seguirem-protocolo-de-perspectiva-de-genero/>. Acesso em: 03 mar. 2023.

(8) CORTE INTERAMERICANA DE DIREITOS HUMANOS. *Caso Barbosa De Souza e Outros* Vs. *Brasil* — sentença de 7 de setembro de 2021 (Exceções Preliminares, Mérito, Reparações e Custas). Disponível em: <https://www.corteidh.or.cr/docs/casos/articulos/seriec_435_por.pdf>. Acesso em: 03 mar. 2023.

O Protocolo elaborado pretende sensibilizar o profissional da área jurídica para que atue de forma a não reproduzir estereótipos que levem à reificação da mulher e demais grupos vulneráveis e, desse modo, evitar a impunidade. Apenas para ficarmos no caso paradigma que gerou a elaboração do referido guia, enquanto Márcia fora assassinada e seu corpo literalmente jogado no lixo, seu algoz pôde gozar de uma vida confortável e, quando de sua morte, foi velado com pompas e homenagens, sem nunca ter cumprido nenhuma pena pelo crime cometido. Trata-se de *julgar com atenção* às desigualdades e com a finalidade de neutralizá-las, buscando o alcance de uma igualdade substantiva.(9)

Para tanto, o Conselho Nacional de Justiça emitiu a Recomendação n. 128/2022, que conclama aos órgãos do Poder Judiciário à adoção do Protocolo para Julgamento com Perspectiva de Gênero, a fim de colaborar com a implementação das Políticas Nacionais estabelecidas pelas Resoluções CNJs ns. 254/2020 e 255/2020, relativas, respectivamente, ao Enfrentamento à Violência contra as Mulheres pelo Poder Judiciário e ao Incentivo à Participação Feminina no Poder Judiciário. A Recomendação n. 128/2022 evoluiu e culminou com a adoção da Resolução n. 492/2023 – CNJ, supramencionada.

Dentre as etapas a serem observadas, o mencionado Protocolo aconselha o treinamento de magistrados e servidores para que compreendam a importância de considerarem a perspectiva de gênero em suas decisões, especialmente quando se tratar de violência doméstica, direitos reprodutivos e discriminação de gênero e de outros grupos vulneráveis (ou vulnerabilizados).

Note-se que, quando o documento ressalta os grupos vulneráveis em geral, deixa claro que o que se pretende é que o Poder Judiciário tenha um olhar "não neutro" não apenas nas questões de gênero, mas em todas as matérias e pessoas que possam ser passíveis de discriminação.

O Protocolo sugere que, ao julgar o magistrado identifique e elimine eventuais desigualdades estruturais do processo e para tanto estabelece um rol de instruções a serem seguidas.

O próprio guia esclarece que a aplicação do método interpretativo relativo à perspectiva de *gênero não significa dizer que a resolução do conflito será, em toda e qualquer situação, favorável à pretensão de grupos subordinados, mas sim que esse modo de julgar permitirá uma atuação jurisdicional mais transparente, legítima, fundamentada e respeitosa às partes envolvidas.*(10) Portanto, o juiz não perde sua imparcialidade, apenas ganha mais sensibilidade.

---

(9) CONSELHO NACIONAL DE JUSTIÇA. *Protocolo para julgamento com perspectiva de gênero 2021*. Disponível em: <https://www.cnj.jus.br/wp-content/uploads/2021/10/protocolo-18-10-2021-final.pdf>. Acesso em: 03 mar. 2023.

(10) *Idem.*

O primeiro passo seria analisar o contexto onde o objeto do processo está inserido para verificar se as desigualdades estruturais exercem algum papel relevante na controvérsia a ser dirimida.

O segundo ponto, diz respeito ao acesso equitativo à justiça. De algum modo a estrutura processual dificulta o acesso à Justiça de mulheres e grupos vulneráveis?

O próximo item refere-se às medidas especiais de proteção. Por exemplo, por vezes é necessário verificar se, o fato de a pauta de audiências ser pública, não exporá a mulher, vítima de violência doméstica, a seu agressor que, sabendo de antemão o dia e o horário em que a mulher estará no Fórum, pode vir a emboscá-la.

Outro ponto importante concerne à instrução processual, esta não deve reproduzir violências de gênero institucionais e deve propiciar a produção de provas com qualidade.

Na valoração da prova, exemplificadamente, num caso de assédio sexual, não deve o julgador alicerçar sua convicção em fatos irrelevantes e estereotipados, tais como, a circunstância de a pessoa assediada ser mãe solo ou divorciada, ou ainda, estabelecer seu juízo de valor com base na vestimenta da vítima no dia dos acontecimentos.

Importante, também, a verificação de existência de precedentes da Comissão Interamericana de Direitos Humanos ou Resoluções da Corte Interamericana ou do sistema internacional de direitos humanos (Organização das Nações Unidas) que contenham semelhanças com o caso a ser analisado e julgado.

Deve-se, por fim, examinar se a interpretação dada ao caso reflete a realidade dos grupos subordinados ou apenas a percepção que o julgador tem do mundo.

Nos itens subsequentes analisar-se-ão dois julgados oriundos do Tribunal do Trabalho da Segunda Região para verificar como o Poder Judiciário Trabalhista de São Paulo tem se posicionado relativamente ao Protocolo de Julgamento com a Perspectiva de Gênero, ainda que este documento não tenha sido explicitamente mencionado no texto da sentença.

2. Estudo de caso: justa causa em razão de violência obstétrica

Trata-se de reclamação trabalhista na qual a autora, uma médica obstetra, dentre outros pedidos, pleiteia a reversão da justa causa que lhe fora aplicada pelo empregador.

Disse que embora tenha sido verbalmente informada que a dispensa se dava por justa causa, na prática, a seu ver, não havia cometido nenhuma conduta específica que pudesse ser enquadrada no art. 482 da CLT, ou em qualquer outro dispositivo suficiente a sustentar a pretensão patronal.

Em defesa, o hospital narra que a reclamante apresentava comportamento inadequado havia algum tempo e que tratava as pacientes de maneira ríspida e descuidada, o que gerou — no ano de 2019 — diversas advertências verbais e uma advertência escrita.

Relata, ainda, a existência de várias reclamações neste mesmo sentido na ouvidoria do hospital, emanadas por diferentes pacientes. Uma das queixas foi feita por psicóloga da própria instituição, que descreveu o comportamento negligente da reclamante em relação a uma paciente menor de idade, vítima de violência sexual.

Segundo o empregador, a dispensa por justa causa da reclamante foi motivada pela constatação de erro de diagnóstico e de violência obstétrica. A médica havia afirmado que a paciente estava com 31 semanas e 2 dias de gestação, mas na verdade, ela já estava com 40 semanas, ou seja, prestes a dar à luz. De acordo com a queixa da paciente, quando ela contestou a data informada pela médica, esta a expulsou da sala de atendimento, empurrou-a agressivamente e se negou a realizar o parto.

Em documento carreado aos autos, a reclamante nega ter perpetrado as agressões, mas admite que cometeu erro na contagem obstétrica da idade gestacional da paciente. Argumentou que este erro não gerou danos nem à gestante, nem ao bebê.

Após a dispensa da recorrente por justa causa, houve nova reclamação na ouvidoria. Neste caso, a reclamante diagnosticou que o bebê da paciente estava morto e iniciou manobras para a expulsão do feto, incluindo o ato de pular com força na barriga da grávida com o objetivo de expeli-lo, o que resultou em sangramento para a gestante. Ao consultar outro médico, foi constatado que o bebê ainda estava vivo. No entanto, após alguns dias, a gestante acabou por perder a criança. De acordo com a paciente, o aborto foi causado pelas manobras realizadas pela médica.

Na sequência do processo, foram colhidos depoimentos de testemunhas.

A sentença manteve a justa causa aplicada pelo empregador e muito embora não tenha explicitamente utilizado o julgamento com a perspectiva de gênero, da leitura da peça, percebe-se a existência de seus elementos.

Em relação ao primeiro passo do Protocolo, identifica-se pelo contexto do caso em estudo que, o fato de a reclamante ser médica obstetra, faz com que sejam identificadas algumas vulnerabilidades: a primeira, da própria reclamante, por ser mulher; a segunda, dos pacientes que ela atende — mulheres grávidas, nascituros, recém-nascidos, adolescentes, meninas e vítimas de violência sexual.

O segundo passo é identificado pela seguinte questão-guia: *"existem circunstâncias especiais que devem ser observadas para que a justiça seja um espaço igualitário para mulheres?"* Neste ponto, o Juízo precisa verificar se alguma das testemunhas era potencialmente uma das pacientes atendidas pela reclamante, pois essas pessoas — gestantes, mães com crianças de colo ou vítimas de violência sexual — são especialmente vulneráveis e requerem cuidados extras na abordagem e no trato do processo. Por exemplo, se a audiência for presencial, é importante que seja agendada de forma a evitar atrasos que possam prejudicar as subsequentes. A depender da situação, também seria interessante que as testemunhas não ficassem na mesma sala de espera que a médica-autora.

O terceiro passo concentra-se na questão da proteção ou não dos envolvidos. Havia algum risco de que algum familiar ou amigo das pacientes que fizeram as denúncias agredisse a reclamante no Fórum? Se sim, é preciso tomar medidas adequadas para garantir a proteção da parte autora da reclamação trabalhista. Por exemplo, a audiência pode ser realizada de forma telemática e, se isso não for possível devido ao conteúdo das questões a serem resolvidas, é necessário reforçar a segurança do Fórum. Além disso, pode-se determinar o segredo de justiça. De acordo com o conteúdo dos autos, a audiência, no caso em questão, foi realizada de forma presencial e transcorreu de maneira segura, o que mostra que o Poder Judiciário seguiu o Protocolo também nesse aspecto.

O passo seguinte é o da instrução processual em si e as perguntas guias são:

a) A instrução processual está reproduzindo violências de gênero institucionais?

b) A instrução está permitindo um ambiente propício para a produção de provas com qualidade?

A ata de audiência demonstra que foram ouvidas duas testemunhas, uma de cada parte e que foram indeferidas as perguntas que reforçavam estereótipos de gênero. Uma delas, imputava à própria paciente a obrigação de saber a idade gestacional, o Juízo de Primeiro Grau indeferiu o questionamento porque — a seu ver — ficou claro, pela leitura dos documentos constantes nos autos, que a gestante sabia exatamente o tempo de sua gestação, que quem errou na contagem foi a médica. Ademais, a elaboração de diagnósticos cabe ao profissional médico e não à paciente.

Outra pergunta indeferida, coloca na suposta vítima, a culpa pelo ocorrido. O(A) advogado(a) da autora perguntou qual a conduta que o médico deve ter quando o(a) paciente decide sair da sala. Ocorre que, no caso em apreço, a paciente não decidiu sair da sala, foi expulsa do local pela médica. Indeferiu-se, ainda, a pergunta feita pelo(a) patrono(a) da reclamante que pretendia saber se há risco à paciente em se recusar a ser atendida por um médico e pedir para ser examinada por outro; o indeferimento ocorreu porque é direito do(a) paciente não se submeter contra a vontade a atendimento médico com quem não deseja. Constata-se pelos indeferimentos ora apontados que houve preocupação por parte do Juízo em reduzir os estereótipos de gênero, bem como manter um ambiente propício para a realização das audiências com qualidade e respeito aos envolvidos.

O quinto passo refere-se à valoração da prova e identificação dos fatos. Entendemos que o Juízo Sentenciante identificou bem o caso como violência obstétrica.

A violência obstétrica é uma forma de agressão que ocorre durante o atendimento de saúde para mulheres grávidas, parturientes ou pós-parto. Inclui qualquer tipo de abuso ou negligência por parte de profissionais de saúde, incluindo médicos, enfermeiros e parteiras, durante o processo de gravidez, parto ou pós-parto.(11)

Este tipo de violência é reconhecida como violência de gênero e pode incluir uma grande gama de práticas, como por exemplo, negligência médica, abuso verbal ou emocional, agressão física, intervenções médicas desnecessárias, falta de privacidade e de confidencialidade, incluindo a exposição do corpo sem consentimento.

No que tange ao sexto passo, marco normativo e precedentes aplicáveis, o Juízo identificou regra aplicável ao caso concreto e, de forma bastante detalhada, enquadrou cada situação fática no referido normativo. Ressalte-se que, apesar de a autora da demanda ser uma mulher, o contexto dos acontecimentos propiciou-lhe utilizar de sua posição de médica para subjugar grupos subordinados e este ponto de vista ficou evidenciado na sentença. Entretanto, não foram apontados precedentes nacionais ou internacionais relacionados ao tema.

Por fim, no sétimo passo do guia, deve-se fazer a seguinte indagação: minha interpretação reflete a realidade de grupos subordinados ou está restrita à minha percepção do mundo? Percebe-se que a sentença prolatada, que confirmou a justa causa imputada pelo empregador à reclamante, efetivamente reflete a visão do grupo vulnerável, qual seja, gestantes, mulheres vítimas de violência sexual, parturientes, lactantes. Não transpareceu no julgado nenhuma interpretação particular do juiz/da juíza quanto a sua visão de mundo.

Em suma, muito embora, o Poder Judiciário não tenha dito explicitamente que estava a seguir o Protocolo de Julgamento com a Perspectiva de Gênero, visível que o(a) magistrado(a) sentenciante pautou-se em referido documento ao conduzir o feito e prolatar sua decisão.

3. Conclusões

A Corte Interamericana de Direitos Humanos(12) entendeu que o Brasil trata os casos relacionados à violência de gênero e de grupos subordinados em geral com descaso e displicência. Por isso, em setembro de 2021, o referido Tribunal condenou o Brasil a criar um Protocolo de ação dos membros do Poder Judiciário que visa a prevenir situações que reforcem estereótipos. A ideia é coibir a perpetuação de discriminações institucionais em

---

(11) MINISTÉRIO DA SAÚDE. *Violência obstétrica.* Disponível em: <https://www.as.saude.ms.gov.br/wp-content/uploads/2021/06/livreto_violencia_obstetrica-2-1.pdf>. Acesso em: 04 mar. 2023.

(12) Esta conclusão foi o resultado da análise do caso concreto que envolveu do assassinato da jovem Márcia Barbosa de Souza, ocorrido em 1998, cujo desfecho foi a extinção da punibilidade e o arquivamento do feito em 2008, pela morte do acusado pelo homicídio.

face de grupos minorizados, por meio de treinamento de magistrados e servidores para uma interpretação jurisprudencial mais justa e equitativa, sem vieses discriminatórios. A criação do Protocolo de Julgamento com a Perspectiva de Gênero, veio a lume no próprio ano de 2021 e ganhou força coercitiva com a Resolução n. 492/2023, que torna obrigatória a formação inicial e continuada de magistrados e magistradas relacionada a direitos humanos, gênero, raça e etnia, em perspectiva interseccional, e cria o Comitê de Acompanhamento e Capacitação sobre Julgamento com Perspectiva de Gênero no Poder Judiciário e o Comitê de Incentivo à Participação Institucional Feminina no Poder Judiciário.

Sob a óptica do Direito do Trabalho, muito embora os juízes não apontem textualmente a observância do passo a passo sugerido no documento, a análise de casos concretos demonstram que há uma preocupação em eliminar a discriminação estrutural no acesso e na distribuição da Justiça.

O ponto de mais difícil aplicação e que a nosso ver requer mais treinamento e sensibilização, diz respeito à interpretação e aplicação do direito, inclusive com a utilização de marcos nacionais e internacionais de combate à discriminação, seja ela de gênero, etnia, religião ou qualquer outra que afete a grupos subordinados.

Desse modo, a criação de comunidades de discussão e de treinamentos práticos (com simulações de casos, por exemplo), podem deixar esta tarefa mais fácil para o magistrado e conscientizá-lo da importância da utilização de referida técnica no dia a dia da judicatura para a concretização dos direitos humanos e a realocação do Brasil na rota dos países que respeitam a diversidade e que lutam contra os preconceitos e discriminações.

Referências

BACHOFEN, Johann Jakob. 1861. *Das Mutterecht*. p. V-VIII, XII. O DIREITO MATERNO: Uma pesquisa sobre a ginecocracia do mundo antigo, em sua natureza religiosa e jurídica. Disponível em: <https://edisciplinas.usp.br/pluginfile.php/4610113/mod_resource/content/1/bachofen%20-%201861.pdf>. Acesso em: 02 mar. 2023.

CONSELHO NACIONAL DE JUSTIÇA. *Protocolo para julgamento com perspectiva de gênero 2021*. Disponível em: <https://www.cnj.jus.br/wp-content/uploads/2021/10/protocolo-18-10-2021-final.pdf>. Acesso em: 03 mar. 2023.

______. *Recomendação orienta magistratura brasileira a seguir Protocolo de Perspetiva de Gênero*. Disponível em: <https://www.cnj.jus.br/recomendacao-orienta-juizes-brasileiros-a-seguirem-protocolo-de-perspectiva-de-genero/>. Acesso em: 03 mar. 2023.

______. *Resolução n. 492, de 17 de março de 2023*. Disponívcel em: <https://atos.cnj.jus.br/files/original144414202303206418713e177b3.pdf>. Acesso em :20 mar. 2023.

CORTE INTERAMERICANA DE DIREITOS HUMANOS. *Caso Barbosa de Souza e Outros* Vs. *Brasil* — sentença de 7 de setembro de 2021 (Exceções Preliminares, Mérito, Reparações e Custas). Disponível em: <https://www.corteidh.or.cr/docs/casos/articulos/seriec_435_por.pdf>. Acesso em: 03 mar. 2023.

ENGELS, F. *A Origem da família, da propriedade privada e do Estado*. São Paulo: Ed. Lafonte, 2017. (Prefácio à 4ª edição de 1891).

EPC. *Legítima defesa da honra:* contornos e questionamentos acerca da ADPF 779. Disponível em: <http://www.elciopinheirodecastro.com.br/site/artigos/legitima-defesa-da-honra-contornos-e-questionamentos-acerca-da-adpf-779/#:~:text=No%20Tribunal%20do%20J%C3%BAri%2C%20o,por%20ci%C3%BAmes%20e%20por%20amor>. Acesso em: 02 mar. 2023.

MINISTÉRIO DA SAÚDE. *Violência obstétrica*. Disponível em: <https://www.as.saude.ms.gov.br/wp-content/uploads/2021/06/livreto_violencia_obstetrica-2-1.pdf>. Acesso em: 04 mar. 2023.

ORDEM DOS ADVOGADOS DO BRASIL — SÃO PAULO. *O Caso Doca Street*. Disponível em: <https://www.oabsp.org.br/sobre-oabsp/grandes-causas/o-caso-doca-street>. Acesso em: 02 mar. 2023.

RECOMENDAÇÃO CEDAW n. 33, parágrafo 15, alínea *"g"*: "Revisem as regras sobre o ônus da prova, a fim de assegurar a igualdade entre as partes, em todos os campos nos quais as relações de poder privem as mulheres da oportunidade de um tratamento justo de seus casos pelo judiciário". NAÇÕES UNIDAS. Comitê Sobre a Eliminação da Discriminação Contra as Mulheres (CEDAW). Recomendação Geral n. 33: acesso das mulheres à justiça. Disponível em: <https://assets-compromissoeatitude-ipg.sfo2.digitaloceanspaces.com/2016/02/Recomendacao-Geral-n33-Comite-CEDAW.pdf>.. Acesso em: 06 mar. 2023.